AF548776

AMRA

PAUL
WALLIS

DIE ECHOS VON EDEN

Welche verborgenen Fähigkeiten erwachen in uns durch unser neues Wissen?

Der neue Däniken unserer Generation

Aus dem Englischen von
Thomas Görden

Besuchen Sie unseren Shop:
www.AmraVerlag.de

Ihre 80-Minuten-Gratis-CD erwartet Sie.
Unser Geschenk an Sie … einfach anfordern!

Australische Originalausgabe:
Echoes of Eden. What Secrets of Human Potential Were
Buried with Our Ancestor's Memories of ET Contact?

Deutscher Erstdruck im AMRA Verlag
Auf der Reitbahn 8, D-63452 Hanau
Hotline: + 49 (0) 61 81 – 18 93 92
Kontakt: Info@AmraVerlag.de

Herausgeber & Lektor	Michael Nagula
Einbandgestaltung	Guter Punkt
Layout & Satz	Birgit Letsch
Druck	CPI books GmbH

ISBN Hörbuch-CD 978-3-95447-638-1
ISBN Hardcover 978-3-95447-636-7
ISBN eBook 978-3-9544a7-637-4

Vom selben Autor sind außerdem im AMRA Verlag erschienen:
Flucht aus Eden. Mit einem exklusiven Vorwort von Erich von Däniken
Die Narben von Eden. Hoch gelobt & empfohlen von Erich von Däniken

Inhalt

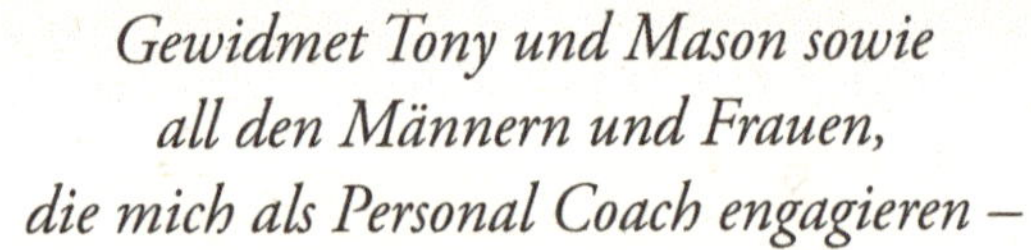

Gewidmet Tony und Mason sowie
all den Männern und Frauen,
die mich als Personal Coach engagieren –

und all denen, die mich an ihren Erfahrungen
teilhaben lassen und
mich durch ihren Mut inspirieren.

Einleitung: Meine eigene Nahbegegnung

Zehn, neun, acht …

»Du wachst auf.«

Sieben, sechs, fünf …

»Du kannst deinen ganzen Körper spüren.«

Vier, drei, zwei …

»Du liegst auf der Couch und fühlst dich ausgeruht.«

Und eins …

»Öffne deine Augen. Du bist jetzt hellwach und erfrischt.«

Ich fühle mich tatsächlich sehr wohl, wach und völlig munter, wenn auch seltsam schwer und ziemlich hungrig. Das Licht blendet mich, als ich meine Augen öffne, und ich muss blinzeln, um mich wieder zu konzentrieren. Es ist ein verletzliches Gefühl, derjenige zu sein, der benommen daliegt, während die andere Person ruhig und gefasst neben einem sitzt.

Sie macht sich Notizen. Ich höre das Kratzen des Stifts auf dem Papier, als ich mich aufsetze und meine Sinne in den gegenwärtigen Augenblick zurückkehren.

Meine Arbeit befasst sich mit der Paläokontakt-Theorie, die davon ausgeht, dass unsere Vorfahren in ferner Vergangenheit

Kontakt mit außerirdischen Zivilisationen hatten. Es fühlt sich an, als hätte ich mein Leben in die eigenen Hände genommen, indem ich mich öffentlich mit einem Thema befasse, das die meisten Menschen, milde ausgedrückt, ein wenig schräg finden. Aber das, was ich soeben erlebt habe, hat den Einsatz noch weiter erhöht. Mein Einstieg in die Welt der ET-Kontakte begann unerwartet, während ich mich ganz meiner Arbeit in der anglikanischen Kirche widmete. Ich war als Gemeindeberater und in der Pfarrerausbildung tätig. Bei Letzterem lag mein Schwerpunkt auf der Bibelübersetzung und der Auslegung alter Texte. Diese Arbeit machte mir Freude, und es war schön, in einem Bereich tätig zu sein, in dem ich mir schon zahlreiche Fähigkeiten und Fachkenntnisse angeeignet hatte.

Doch dieses Gefühl des Vertrauens und der Sicherheit sollte sich bald ändern. Als ich mich mit verschiedenen Übersetzungsanomalien im Buch *Genesis* beschäftigte, überraschten mich die Daten über die Wurzelbedeutung verschiedener Schlüsselwörter in den alten Texten. Zu meiner großen Überraschung führten mich diese mir zuvor unbekannten Informationen allmählich, aber unaufhaltsam zu einer für mich damals überraschenden Schlussfolgerung: Viele der vertrauten biblischen *Genesis*-Erzählungen, die auch ich lange Zeit als Geschichten über das Handeln Gottes interpretiert hatte, haben höchstwahrscheinlich eine ganz andere Bedeutung. Und ich konnte gar nicht anders, als dem Weg zu folgen, auf den diese Daten mich führten.

Während meines monatelangen Rückzugs in meine Garten-Studierstube, einen umgebauten hölzernen Seecontainer neben unserer Einfahrt, tauchte ich in ein Meer von antiken Quellen ein. Dabei wurde mir klar, dass ich auf eine geheime Welt der ET-Kontakte und UFO-Nahbegegnungen gestoßen war, die sich in den biblischen Schöpfungsberichten verbargen. Als ich die biblischen Berichte mit den Mythologien anderer Kulturen und den mündlichen Überlieferungen der indigenen Völker verglich, wurde das Bild immer deutlicher. Die Schöpfungserzählungen unserer Vorfahren sind voller Paläokontakte!

Dieser persönliche Paradigmenwechsel vollzog sich bei mir sehr schnell und hatte tiefgreifende Auswirkungen auf mein Leben und meine Arbeit. Ich denke, man kann mit Fug und Recht behaupten, dass die Welt, in der ich aufwachte, eine ganz andere ist als die, in der ich eingeschlafen war. Aber während ich jetzt tief durchatme, meine Schläfen massiere und mich auf der Couch in Barbara Lambs Behandlungszimmer aufsetze, kann ich Ihnen eines mit Sicherheit sagen: Außerirdische in alten Überlieferungen zu finden ist *eine* Sache – aber ihnen im eigenen Leben zu begegnen, ist noch mal eine ganz *andere* Geschichte!

Ich mache mir keine Illusionen darüber, wie schwer es den meisten Menschen fällt, das Thema ET-Kontakte ernst zu nehmen, und ich habe gewiss keine Ambitionen, der nächste Whitley Strieber zu werden. Falls Sie Whitley Strieber nicht kennen: Er war lange Zeit das Aushängeschild für ET-Nahbegegnungen der traumatischen Art. Larry King machte sich in seiner kultigen Talkshow über Whitley lustig, der öffentlich geschildert hatte, wie er von andersweltlichen Besuchern auf höchst intime und unangenehme Weise untersucht worden war. Whitley musste lange warten, bis die Welt bereit war, ihm respektvoll zuzuhören. Seine berüchtigten Nahkontakte ereigneten sich 1985, im selben Jahr, in das ich gerade bei meiner Regressionssitzung mit Barbara zurückgereist war. Ich sollte Ihnen jedoch gleich sagen, dass ich, anders als Whitley, nichts Gruseliges zu berichten habe. Wie die große Mehrheit der Menschen, die solche Erfahrungen machen, habe auch ich Dinge erlebt, die ich mir nicht erklären kann. Die Erinnerung, die ich gerade in meiner Sitzung wiedererlebte, besteht aus den ersten paar Momenten einer Begegnung, weiter nichts. Keine Pointe. Keine Untersuchung. Keine Analsonde. Und doch hat mich die Wirkung dessen, was ich Ihnen jetzt mitteilen werde, gezwungen, mit der gleichen Frage zu ringen, die sich Whitley vor vierzig Jahren stellte: *»Wie findest du wieder in dein Alltagsleben zurück, wenn deine ganze Welt sich total verändert hat?«*

Mein Bedürfnis, zu verstehen, hat mich um die ganze Welt geführt, und an jedem Ort in jedem Land, das ich besuche, und aus jeder indigenen Erzählung höre ich ein ähnliches Lied heraus. In Gesellschaft von Stammesältesten werde ich Zeuge traditioneller Initiationszeremonien. In deutlicher Resonanz dazu stehen die persönlichen Erfahrungsberichte der Männer und Frauen, die sich mit ihren eigenen seltsamen Begegnungen und Erlebnissen an mich wenden. Hüter indigener Überlieferungen teilen mir die Geschichten ihrer Ahnen mit und verweben dabei Themen wie die Paläokontakte mit uralten Methoden zur Freisetzung des menschlichen Potenzials. Während ich all diese Puzzlestücke zusammensetze, lerne ich, dass die menschliche Geschichte – sei sie schriftlich oder mündlich überliefert – eine Schatzkammer von Offenbarung und Unterdrückung, von Geheimnissen und deren Enthüllung ist. Im Laufe der Geschichte geschieht es offenbar immer wieder, dass diejenigen, die das meiste Gold finden, es oft schnell wieder in ihren eigenen Gewölben und Festungen verbergen. Auf unserer gemeinsamen Reise durch dieses Buch werden Sie und ich feststellen, dass das Gold der Erinnerung unserer Vorfahren genau dem gleichen Muster folgt.

Dass ich mich diesem Thema widme, hat mich Einkommen, Ansehen und ein paar Freunde gekostet. Aber, Hand aufs Herz, ich würde diese Reise um nichts in der Welt missen wollen. Ich betrachte es als Privileg, mit Ihnen alles zu teilen, was ich dabei herausgefunden habe. Während ich an meinem Schreibtisch sitze und überlege, wie ich das alles am leichtesten für Sie zugänglich machen kann, komme ich zu dem Schluss, dass ich Ihnen am besten die Menschen vorstelle, denen ich begegnet bin – Menschen mit ET-Erfahrungen und UFO-Forscher, Gelehrte und Weise, alte und moderne.

Kommen Sie, besuchen Sie mit mir traditionelle Älteste und Hüter kostbaren Wissens, die uns ihre Geheimnisse offenbaren. Lassen Sie uns gemeinsam den jahrhundertealten Schatz der Erinnerungen unserer Vorfahren heben – Erinnerungen an ET-Kontakte, die für lange Zeit in Vergessenheit geraten waren. Wir werden entdecken, von welch drängender Bedeutung diese Geheimnisse für Sie und mich heute sind. Von Senatsanhörungen in Washington werden wir zu geheimen Zeremonien im südlichen Afrika und bei den amerikanischen Ureinwohnern reisen. Wir werden seltsame Phänomene in Australien und im Irak erforschen und von mysteriösen Nahbegegnungen im modernen Brasilien und im alten Griechenland erfahren. Was wir dabei herausfinden, wird erhellen, warum Militär, Geheimdienste und andere staatliche Stellen sich im einundzwanzigsten Jahrhundert so sehr für Archäologie, indianische Riten und Einweihungspraktiken interessieren – und warum Sie und ich uns auch dringend dafür interessieren sollten. Am Ende unserer gemeinsamen Reise werden Sie sich vielleicht ebenso wie ich fragen: »Wie finde ich wieder in mein Alltagsleben zurück, wenn meine ganze Welt sich total verändert hat?«

Ein paar Seiten weiter wird deutlich werden, dass Sie und ich nicht die ersten sind, die sich diese Frage stellen. Bei weitem nicht. Sie stellt sich uns Menschen immer wieder – und zwar schon seit Jahrtausenden.

Ihr Paul Wallis

1

Als Troy entführt wurde

Arizona, USA – 2006

Vor Troys Haus in einem Vorort von Süd-Arizona parkt ein schwarzer Kleinbus. Diesen Wagen hat Troy noch nie gesehen. Am Ende eines langen Schultages ist Troy verschwitzt und müde, und er hat überhaupt keine Lust auf Gäste. Er will sich einfach nur entspannen und es ruhig angehen lassen, ohne den Freunden seiner Mutter und seines Vaters zu begegnen. Als er das Haus betritt, zieht Troy seine Schuhe aus, stellt seine Schultasche im Flur ab und geht ins Wohnzimmer. Der Anblick, der sich ihm bietet, lässt ihn innehalten. In der hinteren Ecke des Zimmers steht Troys Großvater, der seine Mutter und seinen Vater in den Arm nimmt und sie leise tröstet. Irgendetwas ist geschehen. Ist jemand gestorben? Seiner Familie gegenüber sitzen die Gäste – zwei große, streng aussehende Männer. Als Troy sich zu dem Familienkreis gesellt, bemerkt er, dass seine Stiefel neben seinem Koffer und seinem Rucksack stehen. Die Sachen wurden sorgfältig in der gegenüberliegenden Ecke des Zimmers bereitgelegt. Reisefertig gepackt.

Seine Mutter unterdrückt die Tränen, als sie Troy in den Kreis der umstehenden Familie zieht. »Du bist ein guter Junge, mein

Sohn. Denk einfach an alles, was wir dir beigebracht haben, okay? Man wird sich gut um dich kümmern. Du gehst jetzt mit diesen Männern mit.«

Troy besucht die achte Klasse. Er ist dreizehn Jahre alt. Er hat keine Ahnung, was geschehen wird. Vierundzwanzig Stunden später starren Troy und eine kleine Gruppe von dreizehnjährigen Jungen auf einen unbekannten, bergigen Horizont. Sie befinden sich in einem anderen US-Bundesstaat, in einer Gegend, die sie nie zuvor gesehen haben, und sie haben keine Ahnung, was mit ihnen geschehen wird. »Ihr müsst euch Wasser, Essen und eine Unterkunft suchen. Wir kommen euch wieder besuchen … nach einer Weile.«

Nach einer Weile? Was bedeutete das? Stunden? Tage? Wochen? »Als Erstes solltet ihr Jungs Trinkwasser finden.«

Mit diesen wenigen Worten lassen die beiden streng dreinblickenden älteren Männer die verwirrten Jungen zurück. Während sie zusehen, wie das Fahrzeug in der Ferne verschwindet, dämmert den Jungen, dass sie entweder sterben oder in Windeseile eine ganze Reihe neuer Überlebensfähigkeiten erlernen müssen. Hier und jetzt müssen sich Troy und seine jugendlichen Kameraden das Wissen aneignen, das es ihren Vorfahren ermöglichte, über Zehntausende von Jahren in diesem Land zu überleben, trotz aller Herausforderungen und Ungewissheiten. Sie müssen sich das wichtigste Wissen des Volkes der Navajo selbst aneignen, und zwar von Grund auf.

Als Troy seine Eltern das nächste Mal sieht, ist er nicht mehr derselbe. Nach drei Monaten karger Ernährung, Barfußlaufen und Leben im Freien hat sich Troys Körper merklich verändert. Er ist größer, stärker und schlanker geworden. Seine Füße sind aus den Schuhen herausgewachsen, und sein Körper ist aus der Kleidung herausgewachsen. In der Wildnis mussten Troy und seine Altersgenossen lernen, wie sie ihre Kleidung selbst herstellen und ihre Mokassins selbst nähen. Troys Fußsohlen sind jetzt härter. Sein Haar ist länger. Seine Stimme ist tiefer, und er redet weniger. Sehr zum Leidwesen von Troys Schulfreunden haben sich Troys Vorlieben, was Essen und Trinken angeht, verändert, seit sie ihn das letzte Mal sahen. Die typische dickmachende Kost aus zuckerhaltigen Getränken und Junk Food, die so oft das soziale Leben von Teenagern bestimmt, ist für ihn nahezu ungenießbar geworden. Schon einen Burger zu essen oder eine Cola zu trinken, ist nun eine echte Herausforderung. Obwohl seine Schulfreunde froh sind, ihn wieder zu Hause zu haben, zögern sie nicht, Troy zu sagen, dass er sich verändert hat. Er hat einen tiefgreifenden Initiationsprozess hinter sich. Draußen in der Wüste hat er sich Ritualen unterzogen, die über Jahrtausende entwickelt und verfeinert wurden. Ihr Zweck ist es, den Jungen mitzunehmen und ihn als Mann zurückzubringen. Allerdings ist dieser Prozess noch lange nicht abgeschlossen. Denn das monatelange Bootcamp, das Troy gerade durchlaufen hat, ist nur das erste von vielen.

In traditionellen Kulturen überall auf der Welt wird dieser Zeitpunkt in der Entwicklung eines Jungen gewählt, um ihn von der Sicherheit des Elternhauses loszulösen und ihn mit der Weisheit seiner Ahnen bekannt zu machen. Es ist der Beginn des Übergangs zum Erwachsensein. Auf diese Weise werden die jungen Männer in der großen weiten Welt willkommen geheißen. Ich glaube, dass wir in der westlichen Mainstream-Kultur spüren, wie sehr uns solche Riten des Übergangs fehlen. Ohne diese gezielt durchgeführten Zeremonien und Riten sind wir davon abhängig, dass die Zufälle des Lebens uns ab und zu Momente der Initiation liefern. Das kann unser erster Job sein, der erste Bankkredit, die Bewältigung einer Krise, das Überleben eines Unfalls, ein körperlicher Angriff, eine Verletzung oder ein persönlicher Verlust. Oder wir unternehmen eine Rucksack-Weltreise, ziehen in eine andere Stadt, knüpfen neue Freundschaften, verlieben uns, binden uns an einen Partner, die Geburt eines Kindes – Momente wie diese bieten uns die Chance, zu wachsen und unser Wissen über die Welt um uns herum zu erweitern und zu vertiefen. Manche Menschen, die mich für ein persönliches Coaching aufsuchen, tun dies, weil sie gerade einen ebensolchen Übergang durchlaufen.

Andere wenden sich an mich, weil sie mit einer bizarren oder anomalen Erfahrung konfrontiert wurden. Es ist etwas Unerwartetes geschehen, das ihnen die Augen für eine neue Realität geöffnet hat. Sie kommen zu mir, weil sie sich orientierungslos fühlen und niemanden haben, der sie in eine Lebensweise einweiht, die ihrer nun stark veränderten Welt angemessen ist. Meine Aufgabe als Coach ist es dann, ihnen dabei zu helfen, den verwirrenden Teil ihrer Reise zu verarbeiten und sich neu zu orientieren. Manche Menschen werden durch eine spirituelle Notsituation, eine paradigmenverändernde Entdeckung oder einen ET-Kontakt in unbekanntes Terrain katapultiert. Allein auf sich gestellt, ohne Zeugen, die das Mysteriöse miterlebten, ohne Hilfe, mühen manche Menschen sich jahrzehntelang ab, mit dem klarzukommen, was sie gesehen und gehört haben.

Mein Freund John ist ein Beispiel für dieses Muster. John ist ein Veteran der U.S. Army und ein echter Gentleman. Die Begegnungen mit der Anderswelt während seiner Einsätze in Afghanistan und im Irak haben bei ihm ein Gefühl sozialer Entwurzelung und eine PTBS hinterlassen, eine posttraumatische Belastungsstörung. Er ringt mit Fragen zum Ursprung der Menschheit und zum Paläokontakt und nahm deshalb Kontakt mit mir auf. Ich bin sicher, John ist Ihnen auf Anhieb sympathisch, wenn Sie ihn kennenlernen. Er wird ein paar Kapitel später unseren Weg kreuzen.

In den Bergen – 2006

Während sich Troys Augen und Ohren an die Stille und die Dunkelheit gewöhnen, beginnt er, Licht und Bewegungen wahrzunehmen. Allmählich stellen sich seine Ohren auf den schwachen Klang gedämpfter Stimmen ein.

Der heutige Abend ist ein weiterer Moment im Rhythmus der Initiation, die zu einem Teil von Troys Teenagerleben geworden ist. Inzwischen hat Troy herausgefunden, dass jede seiner Reaktionen von unsichtbaren Zeugen und Helfern beobachtet wird. Heute spürt er die Gegenwart von Weisen, die gleichzeitig anwesend und doch irgendwie weit entfernt sind. Einige dieser Zeugen sind seine Vorfahren. Andere kommen vielleicht von weiter weg, wie aus einer anderen Dimension. Dieses Aktivieren von Troys zusätzlichen Sinnen, das Einstimmen auf andere Dimensionen der Realität, ist der Beginn jener Ausbildung, durch die Troy ein Seher und Hörer für sein Volk werden wird. Bald wird er schamanische Aufgaben für die Gemeinschaft der Navajo übernehmen.

Man wird sich auf ihn verlassen, wenn es darum geht, über die vertrauten vier Dimensionen des Lebens, wie wir es kennen, hinauszublicken. Seine Bestimmung ist es, ein Wächter und Beschützer seines Volkes zu sein, der die alten Wege der Navajo pflegt und ihr lebenswichtiges Wissen über die Menschheit, unsere ferne Vergangenheit, unseren Planeten und unseren Kosmos hütet und bewahrt.

Seit der Veröffentlichung von *Flucht aus Eden* und *Die Narben von Eden* hatte ich das Privileg, mit Menschen wie Troy zusammenzusitzen, den Stammesältesten und Hütern traditioneller Kulturen, die seit Zehntausenden von Jahren das Wissen um unseren Ursprung bewahren. Was ich neu entdeckt habe, wissen diese Ältesten schon seit Generationen.

Im Laufe der Jahrhunderte haben die Kulturen, in denen ich aufwuchs – Großbritannien, Kanada und Australien – diesen Kanon indigenen Wissens absichtlich an den Rand gedrängt und mutwillig verschüttet. Das brachte es mit sich, dass meine Lernreise eine ständige Erfahrung des Überschreitens kultureller Grenzen und des Bruchs kultureller Tabus war.

Was ich hier in diesem Buch beschreibe, hat mit der Geschichte der Menschheit als der dominierenden Spezies auf dem Planeten Erde zu tun. Es berührt unsere Ursprünge ebenso wie unser gegenwärtiges menschliches Potenzial. Das Bild, das sich daraus ergibt, hat enorme Auswirkungen auf unser Leben als Individuen und unser Überleben als Zivilisation.

Je weiter ich in dieses Thema vordringe, desto klarer wird mir, warum während all der Jahrhunderte so viel Aufwand betrieben wurde, um diese Informationen vor der Öffentlichkeit zu verbergen. Deshalb bin ich, nachdem ich gehört habe, dass Troy im zarten Alter von dreizehn Jahren in diese Welt der Geheimnisse eingeweiht wurde, so daran interessiert, den erwachsenen Troy zu treffen. Ich möchte wissen, was seitdem geschehen ist.

Vor diesem Treffen stehen jedoch noch einige andere Termine in meinem Kalender. Die hüpfenden Klingeltöne von Skype, die mich gerade an meinen Schreibtisch gerufen haben, stammen von einem alten Freund und Kollegen aus der kirchlichen Welt. Offenbar ist er mit der aktuellen Richtung meiner Forschungen wenig zufrieden und möchte »ein klärendes Gespräch«. Na, dann los …

2

Drachen und Lehrer

Canberra, Australien – 2021

»Paul, Paul, Paul!« Die Enttäuschung im Tonfall des Bischofs klingt niederschmetternd. »Wie schnell du offenbar vergessen hast, dass unser Gott der Schöpfer ist und dass Gott zugleich Vater, Sohn und Heiliger Geist ist! Da ist es doch klar, warum es in der Bibel eine Mehrzahl von ›Mächtigen‹ gibt! Warum also gibst du dich mit UFO-Verrückten ab?!«

Bischof Greg ist ein aufrichtiger, guter Mensch mit großem Mitgefühl, der eine warmherzige seelsorgerische Präsenz ausstrahlt. Aber mein geschätzter bischöflicher Kollege betrachtet jede Diskussion über ET-Kontakterfahrungen, sei es in der Bibel oder in der Gegenwart, als No-Go für einen Christen – erst recht für einen gestandenen älteren Kirchenmann wie mich.

Um es gleich vorwegzunehmen: Ich betrachte mich auch weiterhin als gläubigen Christen.

Seit meiner Veröffentlichung von *Flucht aus Eden* gibt es jedoch viele, die das nicht mehr tun. Als eine Frisbee-Verletzung mir Zeit und Gelegenheit gab, die moralischen und übersetzungstechnischen Anomalien des Buchs *Genesis* näher zu untersuchen, entfernte ich mich dabei überraschend schnell vom sicheren Boden des Konsens-Christentums.

Mehr als fünfzehn Jahre lang war ich als theologischer Dozent tätig. Ich entwickelte Schulungsprogramme für Pfingstpastoren in Großbritannien und bildete in Australien nichtkonfessionelle Pastoren aus. Meine Themen waren die *Geschichte des christlichen Denkens* und die *Grundsätze der Hermeneutik*. Im Seminar *Formkritik* brachte ich meinen Studenten bei, sich bei jedem Text zu fragen, um welche Art von Literatur es sich handelt, und ich zeigte ihnen, wie sie die Hinweise in den Texten selbst und in ihrem Kontext finden können. In der *Quellenkritik* lernten wir zu fragen*: Welche Quellen wurden für den jeweiligen Text verwendet? Inwiefern weicht der Text von den Originalfassungen ab und warum?* Stets gingen wir auch der linguistischen Grundfrage nach: *Was genau bedeuten die Worte?* Die Anwendung solcher Fragen auf die biblischen Schöpfungsgeschichten war es, die mich veranlasste, dem weißen Kaninchen zu folgen – und zwar zu den Hinweisen auf ET-Kontakte in den religiösen Schriften des Altertums. Damit verabschiedete ich mich vom Konsens des Mainstream-Christentums.

Um die wichtigsten Wendepunkte auf meiner hermeneutischen Reise zusammenzufassen:

- Die Entdeckung, dass die Grundbedeutung des biblischen Wortes *Elohim* nicht »GOTT« ist, sondern »die Mächtigen«, war der erste Schritt.
- Der zweite Schritt war die Erkenntnis, dass die biblischen *Elohim*-Texte eine Zusammenfassung alter sumerischer, babylonischer, akkadischer und assyrischer Erzählungen sind – also eines großen Archivs von Keilschrifttexten, in denen der Kontakt mit außerirdischen Besuchern und Kolonisatoren beschrieben wird.

- Darauf folgte als dritter Schritt die Einsicht, dass diese Keilschrifttexte, die ET-Kontakte im Altertum beschreiben, den mündlichen Überlieferungen von Kulturen aus aller Welt ähneln. Alle diese Erzählungen bestätigen sich in vielen Details gegenseitig. Eins, zwei, drei, und raus bist du!

Plötzlich »draußen« zu sein, außerhalb der amtlichen Kirchenmeinung, bedeutete eine ziemliche Umstellung für mich.

»Ich bin überrascht, Paul, wie du so schnell vergessen konntest, dass unser Gott Vater, Sohn und Heiliger Geist ist. Ist das nicht die offensichtliche Antwort darauf, warum es in der Bibel mehrere ›Mächtige‹ gibt? Die Mächtigen sind doch die Personen der Heiligen Dreifaltigkeit.«

Manchmal muss ich mir auf die Lippe beißen. Was in der Erklärung meines Freundes Greg fehlt, sind die Tausende von Menschen, die in den biblischen Berichten abgeschlachtet werden, in denen von den Konflikten zwischen den *Elohim* erzählt wird. Würden wir, wenn die Personen der Heiligen Dreifaltigkeit miteinander streiten, ein derartiges Gemetzel erwarten? Wohl kaum. Als ich diese Gedanken zum ersten Mal einigen meiner akademischen Freunde in der gehobenen Welt der Universität Oxford vortrug, hoffte ich, von ihnen etwas differenziertere Antworten zu erhalten. Das war eine vergebliche Hoffnung.

Einer von ihnen brachte es wieder einmal auf den Punkt: »Paul, wenn du ein Christ bist, dann ist es doch ziemlich irrelevant, was Kulturen außerhalb des Christentums und des Judentums über die Ursprünge des Planeten oder der Menschheit erzählen. Warum ist es wichtig, was die alten Sumerer, die Babylonier, Akkader oder Assyrer darüber sagten – ganz zu schweigen von Kulturen in Afrika oder Amerika? Die Autoren der Bibel lehnten doch ganz offensichtlich die Auffassungen dieser anderen Kulturen ab. Die biblischen Autoren sagen uns, dass Gott die

Menschheit erschaffen hat. Ich meine, das ist doch die Grundlage unserer Religion, oder etwa nicht?!«

Was die Erklärung meines Oxforder Freundes nicht berücksichtigt, ist die Tatsache, dass die biblischen Geschichten, die wir einander schon so lange als Geschichten über das Wirken Gottes erzählen, in Wahrheit auf den sumerischen und anderen mesopotamischen Geschichten beruhen. Das wissen Bibelwissenschaftler, seit im neunzehnten Jahrhundert die mesopotamischen Keilschriften erstmals übersetzt wurden. Im Jahr 1835 wurde dem Engländer Henry Rawlinson, einem Offizier im Dienst der Britischen Ostindien-Kompanie, die Behistun-Inschrift im Südirak gezeigt. Sie war der Übersetzungsschlüssel zu den alten Keilschrifttafeln. In den 1870er Jahren nutzte George Smith vom British Museum diesen Übersetzungsschlüssel und verfasste sein Buch *The Chaldean Account of Genesis*, das auf Deutsch *George Smith's Chaldäische Genesis* heißt. Darin zeigte er, dass es eindeutig ältere mesopotamische Entsprechungen zu den Texten der biblischen *Genesis* gibt. In den 1890er Jahren veröffentlichten die Colgate University und Nathaniel Schmidt von der Cornell University Forschungsarbeiten, mit denen noch deutlicher nachgewiesen wurde, wie sehr die Bibel sich auf Informationen aus der Literatur der alten mesopotamischen Kulturen stützte. Heute muss ein Bibelleser nichts weiter tun, als die Fußnoten der wissenschaftlicheren Bibeln zu lesen, um sich voll bewusst zu werden, aus welchen Quellen die Autoren der Bibel schöpften.

Wenn man die Sprache der Bibel nach ihren Wurzeln übersetzt, wird sonnenklar, dass die biblischen Autoren die sumerischen, babylonischen, akkadischen und assyrischen Erzählungen keineswegs ablehnten, sondern, ganz im Gegenteil, bestätigten. Und dabei handelt es sich eben nicht um Geschichten über Gott. *Es sind die Erinnerungen unserer Vorfahren an die Kolonialisierung durch außerirdische Besucher.* Ob Sie diese Geschichten nun glauben wollen oder nicht, ist eine andere Frage. Aber genau so steht es nun einmal in den alten Texten.

Inzwischen leben wir im einundzwanzigsten Jahrhundert, und ich muss sagen, dass es mich ärgert, von Bischöfen und Theologen auf dem Niveau einer Sonntagsschulstunde der ersten Klasse abgewiesen zu werden. Und um ehrlich zu sein: Ich kann nicht anders, als mich dadurch ein bisschen beleidigt zu fühlen! Mein natürlicher Instinkt will in solchen Fällen immer, dass ich zu einer heftigen Erwiderung ansetze. Ich möchte meine skeptischen Kollegen daran erinnern, dass ich, was die Auslegung biblischer Texte angeht, nun wirklich kein Anfänger bin. Ich möchte sie daran erinnern, dass ich seit fünfzehn Jahren Vorlesungen über Hermeneutik halte und seit fast vier Jahrzehnten Bibelkurse leite. Aber dann schweige ich doch lieber. Denn seit ich *Flucht aus Eden* und dann *Die Narben von Eden* veröffentlichte, habe ich in vielen Gesprächen wie diesen gelernt, dass das Problem nicht meine Fachkompetenz ist. Das Problem besteht darin, dass seit dem zweiten Jahrhundert die Frage des Paläokontakts im Christentum ein absolutes Tabu ist.

Was Berichte über heutige ET-Kontakte betrifft, so drückt sich unser kulturelles Vorurteil seit Jahrzehnten in Spott und Hohn aus. Leugnen durch Lächerlichmachen ist seit den 1940er Jahren die Politik von Regierungen und Mainstream-Medien, und die Kultur des Lächerlichmachens ist in kirchlichen Kreisen genauso verbreitet wie anderswo. Als ich zu dieser paläontologischen Forschungsreise aufbrach, war jedenfalls, so viel sei gesagt, das Feedback meiner kirchlichen Kollegen nicht gerade ein Chor der Ermutigung. Doch die Bibel selbst, bestehend aus dem hebräischen Kanon und dem Neuen Testament, enthält genug Informationen, durch die das offizielle Bild schnell ins Wanken gerät – diese Vorstellung von einem angeblich sauberen, aufgeräumten Universum, in dem merkwürdigerweise jeder Planet unbewohnt ist, mit der Erde als einziger Ausnahme. Die moralischen und übersetzerischen Anomalien der Bibel genügten, um mich davon zu überzeugen, mutig dorthin zu gehen, wohin sich nur wenige Pastoren wagen.

In Wahrheit weiß jeder Prediger, dass eine offensichtliche moralische Unvereinbarkeit besteht zwischen dem Gott, den Jesus »*Vater*« nennt, und dem Charakter von »Gott«, »dem Herrn« oder »JHWH/*Jahwe*« in den hebräischen Schriften, die dem Christentum als Altes Testament bekannt sind. Die entscheidende Frage, die sich daraus ergibt, lautet: »Wie geht der Prediger mit dieser Unvereinbarkeit um?«

Diese Frage ist nicht neu. In *Apostelgeschichte 15* des Neuen Testaments sind wir sozusagen live dabei, wie die wichtigsten Führer der Urkirche zusammenkommen und darum ringen, in welcher Beziehung das Christentum zum Glauben an den hebräischen Textkanon stehen soll. Nachdem die Mitglieder des Konzils von Jerusalem unter der Leitung von Jakobus, dem Bruder Jesu, sich die Zeit genommen haben, ihre Notizen zu vergleichen, gelangen sie zu der gemeinsamen Schlussfolgerung, dass Jesus den Anspruch zurückwies, die hebräischen Schriften seien unabänderliches Gesetz, das der Gottsuchende zu bejahen und zu befolgen habe. Folglich darf der Glaube an den hebräischen Kanon nicht als Grundlage für das Christentum angesehen werden. Diese Schlussfolgerung war nur möglich, weil die apostolischen Führer klar erkannten, dass Jesus sich sowohl von den *Elohim*- wie auch von den *Jahwe*-Erzählungen des hebräischen Kanons distanziert hatte. Einer der einfühlsamsten Hinweise auf diese kritische Distanz findet sich, als Jesus eine Frage an seine jüdischen Zuhörer richtet, die sich damit beschäftigt, welche Vorstellung von GOTT sie haben. Jesus fragt sie: »Ist [ein Vater] unter euch, der seinem Sohn einen Stein gibt, wenn er um Brot bittet, oder eine Schlange, wenn er um einen Fisch bittet?«

Für den heutigen Hörer wirkt das Bild, das Jesus heraufbeschwört, schockierend. Was veranlasste ihn dazu, ein so perverses Szenario zu entwerfen? Seinen damaligen Zuhörern war dagegen sofort klar, worauf Jesus hinauswollte, denn sie kannten das Szenario mit dem Stein und der Schlange gut. Jesus verknüpft hier nämlich zwei dramatische Szenen aus den hebräischen Texten. Das Volk Israel, unter der Führung *Jahwes*, ist in der Wüste in Not geraten. Es leidet unter Hunger und Durst. Eine Zeit lang hat es sich von einer täglichen Ration Manna ernährt – einer Substanz, von der es nicht weiß, was es ist. Doch nun erweist sich diese recht spärliche Nahrung als unzureichend. Sie kann die Menschen nicht auf Dauer gesund und glücklich erhalten, und außerdem fehlt es dem Volk an sauberem Trinkwasser. Als Antwort auf ihre Hilferufe gibt *Jahwe* den Israeliten einen Stein. Er gibt Mose Anweisungen, aus diesem Stein Wasser zu gewinnen. Das geschieht zweimal, und beim zweiten Mal sind sowohl das Volk als auch Mose, sein Anführer, dieser Notmaßnahmen überdrüssig. Als sich das Volk bei Mose über die schlimme Situation beschwert, lässt *Jahwe* zur Strafe Schlangen, genauer gesagt »feurige Schlangen«, auf das Volk los. Nachdem *Jahwe* das hungrige Volk auf diese grausame Weise angegriffen hat, ordnet er an, dass nur diejenigen, die bereit sind, das Bildnis der feurigen Schlange anzubeten, verschont werden sollen. Die anderen erwartet ein qualvoller Tod. (Sie können diese Geschichten in *Exodus 17, Numeri 20* und *Numeri 21* nachlesen. Momente wie diese geben uns Aufschluss darüber, warum dieses gepeinigte Volk fünf Bibelbücher später darum bittet, *Jahwe* durch einen menschlichen König zu ersetzen.)

Als Jesus fragt: »Ist [ein Vater] unter euch, der seinem Sohn einen Stein gibt, wenn er um Brot bittet, oder eine Schlange, wenn er um einen Fisch bittet?«, verspottet er also in Wahrheit die Vorstellung, das Wesen *Jahwe* aus diesen Geschichten könnte überhaupt ein Gott oder Vater sein. Jesus verdeutlich hier, dass der Gott, den er als *Vater* anspricht, nichts mit dem drakonischen, tyrannischen *Jahwe* aus diesem alttestamentarischen Kanon zu tun hat.

Möglicherweise überrascht es Sie zu erfahren, dass die Bibel tatsächlich voll von Geschichten über Schlangen ist – *feurigen Schlangen* –, eine Bezeichnung die mit dem Wort *Drache* austauschbar ist. An mehr als einer Stelle vergleicht *Jahwe* seine eigene Stärke mit der physischen Stärke anderer *Drachen* und *Monster* aus der Palette der hebräischen Untiere. An verschiedenen Stellen wird auf die Schnauze, die Flügel und die Flugfedern *Jahwes* hingewiesen, und jedes Mal, wenn *Jahwes* Nasenlöcher erwähnt werden (*Ap* auf Hebräisch), wird ihre große Länge beschrieben, ebenso wie die Gefahr der feurigen Zerstörung durch den *»Atemstoß«* aus diesen Nasenlöchern, wenn jemand *Jahwes* Zorn erregt. Seien wir doch mal ehrlich. Klingt das für Sie irgendwie nach dem Vater, dem Sohn und dem Heiligen Geist? Für meine Ohren klingen diese Schilderungen vielmehr nach alten Erzählungen darüber, wie die Menschen von Drachen beherrscht und tyrannisiert wurden. Diese Berichte finden sich weltweit in den Chroniken zahlreicher Kulturen. Sie erinnern mich an die von den alten Ägyptern beschriebenen *Akhekh*, an die *Kolchis* aus Georgien sowie an *Kukulkan*, *Ququmatz* und *Quetzalcoatl* aus Mesoamerika. Es klingt nach den *Kur* aus Griechenland, nach den *Kuraokami*, *Khuzuryu* und *Ikuchi* aus Japan oder den *Kuçedra* aus Albanien. Bei Spaniern und Portugiesen heißen solche Wesen *Coca.*

Haben Sie die phonetische Ähnlichkeit all dieser Namen bemerkt? Es gibt ein wiederkehrendes phonetisches Muster in diesen Wörtern: ***k-k*** oder **k-c** oder **c-c** oder **k-ch** oder ***q-q.*** Woran mag das liegen? Ich frage mich, ob es sein kann, dass derselbe Eigenname oder eine Erinnerung an denselben Klang durch diese

Namen hervorgerufen wird, eine Erinnerung, die von Kulturen überall auf unserem Planeten bewahrt wird.

Auf den ersten Blick scheinen diese Ähnlichkeiten meilenweit vom hebräischen Namen JHWH *(Jahwe)* entfernt zu sein. Da Vokale eingefügt wurden, um den Namen aussprechbar zu machen, verschwindet das ***h-h*** fast aus der Aussprache des Wortes. Im Laufe der Zeit verändern sich die Sprachen jedoch. Schlagende Plosive werden im Laufe der Zeit oft weicher und werden zu längeren, weicheren Frikativen:

- ***t*** wird zu ***ts*** oder ***s***
- ***d*** wird zu ***dz*** oder ***z***
- ***p*** wird zu ***pf*** oder ***f***
- ***b*** wird zu ***bv*** oder ***v***
- ***v*** wird zu ***vw*** oder ***w***

Dieser Prozess der Lautverweichlichung wird als Affrikation bezeichnet. Das Gleiche ist mit dem semitischen ***h*** passiert. Früher war ***h*** nicht der weiche, fast stumme glottale Frikativ, der er heute ist. Im Proto-Nordwestsemitischen wurde ***h-h*** wie ein deutsches ***ch-ch*** ausgesprochen – die affrizierte Version von ***k-k***. Ich wage also zu behaupten, dass wir auch in den JHWH-Erzählungen, wenn wir das Wort weit genug historisch zurückverfolgen, auf den ***k-k***-Laut stoßen werden, der weltweit mit Drachengeschichten assoziiert wird. Im älteren nordwestsemitischen Lautsystem wird die Ähnlichkeit in der Aussprache zwischen dem Namen der *Elohim* bei den Hebräern und dem *Elohim*-Drachen im alten Ägypten offensichtlich: *Akhekh* heißt der Drache auf Ägyptisch. *Yakhwekh* lautet der hebräische Name.

Die Welt hat noch andere Namen für alte Drachen. Die keltischen Überlieferungen sprechen vom *Stoor*-Wurm, der Schottland regiert, und vom *Griffin* oder Greif, der *über* Wales herrscht.

Die Inder erzählen Geschichten von den *Nagas*, und die Chinesen berichten von *Teng*, der fliegenden Schlange, sowie von mehr als einem Dutzend anderer Drachenwesen, die mit überlegenen physischen Fähigkeiten in Verbindung gebracht werden. Warum berichten so viele Kulturen, dass unsere entfernten Vorfahren von nichtmenschlichen Wesen beherrscht wurden? Warum werden so viele dieser Wesen, einschließlich *Jahwes*, als geflügelte Reptilien beschrieben? Verherrlicht wird in diesen Erzählungen niemand – weder unsere Vorfahren noch ihre Beherrscher. Wenn Theologen die Tatsache, dass *Jahwe* sich selbst als drachenartig beschreibt, damit abtun wollen, dies müsse metaphorisch gemeint sein, lassen sie dabei etwas Wesentliches außer Acht – es gibt überall auf der Welt zahlreiche Erzählungen, deren Ähnlichkeiten ganz andere Fragen aufwerfen:

- Was haben unsere Vorfahren gesehen, gehört und erlebt, das sie, unabhängig voneinander, überall auf der Welt dazu veranlasste, ähnliche Erzählungen über jene Zeit zu hinterlassen?
- Welche Einsichten wollten sie uns, ihren Nachfahren, damit vermitteln?
- Wie kommt es, dass dieses Wissen in Vergessenheit geriet?

In der Bibel wie auch in diesen anderen kulturellen Erzählungen wird berichtet, dass die von unseren Vorfahren beschriebenen mächtigen Drachenwesen über ihre jeweiligen menschlichen Kolonien herrschten. Sie sollen gegeneinander Krieg geführt und um Vorherrschaft und Ressourcen konkurriert haben. Währenddessen forderten sie von den Menschen als Tribut enorme Mengen an Schlachtvieh für ihre Ernährung, riesige Mengen an Gold und anderen Waren sowie einen ständigen Nachschub an Jungfrauen. Ein biblisches Beispiel für dieses Muster finden wir in einem Fall, in dem das Wesen, das im Buch *Numeri* mit dem

Namen *Jahwe* bezeichnet wird, einen Anteil an der Beute eines Überfalls auf die menschliche Kolonie eines benachbarten *Elohim* fordert. Unmissverständlich fordert Jahwe: »Sechshundertfünfundsiebzig Schafe und Ziegen, zweiundsiebzig Rinder, einundsechzig Esel, zweiunddreißig Jungfrauen und vierhundertzwanzig Pfund Gold.« Den Rest dürfen seine menschlichen Avatare behalten. Die Frage, die diese ganze Episode aufwirft, ist offensichtlich. Was soll ein transzendenter Gott der Liebe mit solchen Opfergaben anfangen? Als ich den Text zum ersten Mal las, nahm ich unschuldig an, dass dieser Vorrat an Mädchen, Gütern und Speiseopfern sicherlich für die Priester bestimmt war, die *Jahwe* dienten, und nicht für *Jahwe* selbst. Ein anderer Text aus dem biblischen Kanon spricht jedoch eindeutig gegen diese Interpretation. Der Text heißt *Vom Drachen zu Babel* [Apokryphen der Lutherbibel, *Stücke zum Buch Daniel*; 2,23-42. In der Einheitsübersetzung: *Daniel und der Drache.* Dan 14,23-42.] Es handelt sich um ein Buch der Septuaginta.

Die Septuaginta ist die griechische Übersetzung der hebräischen Schriften, aus der Jesus und die Apostel immer dann zitierten, wenn sie sich auf die alten hebräischen Geschichten bezogen. In der Geschichte *Vom Drachen zu Babel* macht sich der Erzähler über die mit den Israeliten rivalisierende babylonische Kultur lustig, weil die Babylonier alle Ausrüstungsgegenstände der Drachenverehrung beibehalten haben. Wie das Volk Israel besitzen auch die Babylonier ein riesiges Zelt, aus dessen dunkelster Ecke dichter Rauch entweicht, eine Ecke, die nur den Priestern und Jungfrauen zugänglich ist. In dieser Ecke wohnt der *Elohim* der Babylonier – ein Drache, der in der tiefen, rauchigen Dunkelheit lebt. Das Zelt, wie auch das von *Jahwe*, muss ständig mit Gold, Speiseopfern und jungfräulichen Mädchen versorgt werden. Die Pointe bei *Vom Drachen zu Babel* ist, dass es sich bei diesem ganzen Arrangement um nichts weiter als einen Schwindel handelt. Die Babylonier, so heißt es, tun nur so, als würde in ihrem Zelt ein *Elohim*-Drache hausen. Die Wahrheit ist, dass der *Elohim*-Drache der Babylonier bereits in einem anderen Kapitel von Daniel, dem jüdischen Prinzen, getötet worden war. Seit der Tötung ihres Drachens haben die Priester und Jungfrauen nur so getan, als hätte ihr *Elohim*-Drache überlebt. In Wirklichkeit sind sie selbst es, die sich heimlich an all den Speiseopfern laben, die für den Drachen bestimmt sind. In *Vom Drachen zu Babel* deckt der jüdische Prinz Daniel den Betrug auf. Der Witz ist also, dass die mit den Israeliten konkurrierende Gesellschaft nicht wirklich einen furchterregenden Drachen in ihrem Zelt hat. Das Volk Israel dagegen ist tatsächlich mit einem Drachen im Bunde: Sein Name ist *Jahwe*.

Stellen wir noch einmal die offensichtliche Frage: *Klingt dieses Feuer und Rauch speiende, Rinder fressende, nach Jungfrauen und Gold gierende Wesen für Sie irgendwie nach dem Vater, dem Sohn und dem Heiligen Geist? Haben wir es hier nicht vielmehr mit einem Ungeheuer zu tun?*

Geschichten wie diese prägten die Theologie der frühen Kirchenväter, unter anderem von Origenes – dem großen Pionier der christlichen Hermeneutik. Im dritten Jahrhundert nach Christus argumentierte Origenes, dass wir, wenn wir die *Elohim*- und Drachengeschichten des hebräischen Kanons als Geschichten über Gott akzeptieren und sie auf dieser Ebene lesen wollen, von Gott »*Dinge* glauben müssten, die wir nicht einmal von den barbarischsten und ungerechtesten Menschen glauben würden«.

Dem muss ich zustimmen. Wenn man die *Elohim*- und Drachengeschichten in der Bibel liest, kann man eigentlich gar nicht anders, als zur gleichen Schlussfolgerung wie Origenes zu gelangen. Diese Geschichten künden nicht von der Begegnung mit Gott, sondern von etwas anderem.

Dazu sagt Mauro Biglino, ein 1950 geborener italienischer Bibelwissenschaftler: »Ja, das ist das Problem der Trennung zwischen dem, was die *Elohim* tatsächlich taten, wie die *Elohim* sich verhielten, und dem von Jesus Christus verkündeten ›Gesetz der Liebe‹. Die Verkündigung der Liebe durch Jesus passt überhaupt nicht zu dem Wesen, das wir *Jahwe* nennen.«

Ich führe heute ein Gespräch mit ihm. Mauro Biglino ist bei seiner eigenen Arbeit im Bereich der Bibelübersetzung zu sehr ähnlichen Schlussfolgerungen gelangt.

Viele Jahre lang übte er für die Mediengruppe Paulist Press die sehr anspruchsvolle Tätigkeit aus, wörtliche Übersetzungen für vom Vatikan genehmigte Interlinearbibeln zu erstellen. Mauros Treue zu den ursprünglichen und grundlegenden Wortbedeutungen führte ihn weit über das hinaus, was der Vatikan zu billigen bereit war. Seine Erkenntnis, dass die hebräischen Originaltexte des Alten Testaments klare Hinweise auf anomale Technologien und fremde Wesen enthalten, brachte ihn in Schwierigkeiten, denn sie stand im Widerspruch dazu, was die Kurie von einem so wichtigen Mitarbeiter erwartete.

In dieser eher unangenehmen Situation machte es Mauros intellektuelle Integrität ihm unmöglich, die ursprüngliche Bedeutung jener Texte zu beschönigen, die eindeutig von Paläokontakten handelten. Seine Bemühungen, diese Bedeutungen herauszuarbeiten, haben ihn zu einem der heute führenden internationalen Experten auf dem Gebiet der Paläokontakte gemacht. Ich muss zugeben, dass ich von seiner Arbeit erst erfuhr, als ich *Flucht aus Eden* bereits veröffentlicht hatte und mehrere meiner Paläokontakt-Dokumentarfilme für The 5th Kind TV fertig produziert waren. Es war mir eine große Freude, ihn zu treffen und mit ihm zusammenzuarbeiten. Wir stimmen nicht in jedem Punkt überein, aber es gab genug Überschneidungen für einige sehr interessante und bereichernde Gespräche. Ich bewundere Mauro sehr für seine intellektuelle Strenge und für die Integrität, mit der er bei seinen Bibelübersetzungen den echten Daten treu blieb, selbst auf die Gefahr hin, dass es ihn den Job kostete – was dann auch geschah. Mauro verfügt über beachtliche Referenzen. Er gilt als Autorität in der Welt der biblischen Linguistik. Wenn also heutzutage Bischöfe und Akademiker meine Glaubwürdigkeit in Frage stellen wollen, weil ich Bibelinterpretationen vorschlage, die ihrer Meinung nach tabu sind, verweise ich gerne auf meinen Mitstreiter Mauro und sage: *»Mauro ist mit mir einer Meinung!«*

Über einen längeren theologischen Zeitraum betrachtet, befinde ich mich mit meinen Schlussfolgerungen sogar in höchst erlauchter Gesellschaft. Der griechische Philosoph Platon beispielsweise präsentierte der Welt vor zweieinhalb Jahrtausenden ganz ähnliche Schlussfolgerungen über unsere Geschichte als Spezies, und in den ersten beiden Jahrhunderten des Christentums übernahmen Kirchenväter wie Justin der Märtyrer, Clemens von Alexandria, Origenes und Marcion ausdrücklich Platons Weltanschauung. Sie lasen die Bibel durch die Linse früherer Paläokontakte – durch die gleiche Linse, mit der ich sie heute lese. Sie vertraten die Ansicht, dass die hebräischen Texte – das, was heutige Christen das Alte Testament nennen – Erzählungen über technologisch sehr fortschrittliche Wesen enthalten, die weder menschlich noch göttlich waren. *Sie waren anders, und sie stammten nicht von der Erde. Sie waren das, was wir heute als Außerirdische bezeichnen würden.*

Es genügt zu sagen, dass mein Sinneswandel über unseren Platz im Kosmos große Auswirkungen auf mein Leben hatte. Im Licht dessen, was ich gelernt hatte, musste ich mein Bild von GOTT, der Bibel, der Weltgeschichte und Frühgeschichte und sogar der Geopolitik des einundzwanzigsten Jahrhunderts völlig umgestalten. Da ich damit die Grenzen des Konsens-Christentums verlassen hatte, musste ich auch die Art, wie ich meinen Lebensunterhalt verdiente, radikal ändern. Mein berufliches und seelsorgerisches Umfeld veränderte sich ebenso wie mein gesellschaftliches Leben. Deutlich gesagt: Meine Beschäftigung mit diesem Thema hatte tiefgreifende und sehr persönliche Auswirkungen. Und es gibt auch sehr persönliche Gründe dafür, warum ich überhaupt Bücher zum Thema UFOs und Außerirdische schreibe.

Ein alter Deckenventilator sorgt für frische Luft im Sprechzimmer von Barbara Lambs Praxis in San Diego. In Gedanken bin ich gerade ganz woanders. Ich bin wieder ein kleiner Junge, der mitten in der Nacht barfuß in einem Wald in Buckinghamshire, England, steht. Eine weitere Erinnerungsschicht ist soeben abgetragen worden. Während ich diese Erinnerung verarbeite, zeigen mir Barbara Lamb und Mary Edwards eine Illustration in einem wunderschön gestalteten Buch, das sie gemeinsam verfasst haben. Barbara Lambs mehr als vierzigjährige Erfahrung in der Familien- und Kindertherapie ergänzt sich hier wunderbar mit dem künstlerischen Können von Mary Edwards. Mary widmet sich als Architektin und Künstlerin der Aufgabe, Innenräume von Gebäuden psychologisch ansprechender und wohnlicher zu gestalten. Diese Fähigkeiten brachte sie auch in ihre Arbeit bei der NASA ein, wo sie an der Gestaltung der Innenräume der ISS mitwirkte, der Internationalen Raumstation.

Was Barbara und Mary mir zeigen, beeindruckt mich tief. Das Buch *ET Friends in Space* – »Außerirdische Freunde im Weltraum« – soll Familien helfen, deren Kinder Nahbegegnungen mit ETs hatten. Die naiven, kindlichen Bilder sollen die Kinder dazu anregen, offen von ihren eigenen Erfahrungen zu erzählen, auf eine Art, die sie selbst und ihre Familien verstehen können. Manchmal wecken die Bilder eine verschüttete Erinnerung. Die Illustration, die Barbara und Mary nun aufgeschlagen haben, zeigt einen kleinen Jungen auf einem Fahrrad, der mitten in der Nacht von seinem Haus wegfährt. Mir klappt die Kinnlade herunter.

»Oh, mein Gott! Barbara! Mary! Das bin ich!«

Buckinghamshire, England – 1975

In der kalten, feuchten Schwärze eines späten Abends fahre ich mit dem Fahrrad in ein Waldgebiet in den Chiltern Hills. Ich weiß nicht, warum. Plötzlich stehe ich barfuß mitten im Wald und suche und lausche nach etwas. Ich bin zehn Jahre alt. Was um alles in der Welt mache ich hier? Ich habe keine Ahnung. Ich weiß nur, dass ich ab und zu das Bedürfnis habe, der Wärme und Sicherheit meines Elternhauses zu entfliehen, indem ich mich aus der Hintertür schleiche, während meine Eltern in unserem Wohnzimmer zufrieden in den Fernseher vertieft sind. So leise ich kann, umgehe ich die lärmenden Kieselsteine der Einfahrt und laufe oder fahre dann mit dem Fahrrad hinaus in die Dunkelheit, in Richtung Felder und Wald.

Als unverwüstlicher Zehnjähriger ahne ich nichts von der Gefahr, der ich mich aussetze. Ich fühle mich völlig sicher. Ich weiß nicht, wohin ich gehe oder warum, ich weiß nur, dass ich aus irgendeinem Grund dort sein muss. Bevor meine Eltern meine Abwesenheit überhaupt bemerkten, war ich schon wieder zurück in meinem Zimmer, sicher unter die Decke gekuschelt. Zu meinem Erstaunen erklärt mir Barbara, dass dieses bizarre Muster aus meiner Kindheit gar nicht selten vorkommt.

»Das passiert vielen Kindern«, sagt sie. »Sie wachen mitten in der Nacht auf und fühlen den Drang, nach draußen zu gehen, auf ihr Fahrrad zu steigen und in den Wald zu fahren, wo eine Versammlung von ETs stattfindet. Und es ist eine Art Schule. Einige Experiencer nennen sie die ›Geheime Schule‹.«

Für die Ohren westlich geprägter Menschen des einundzwanzigsten Jahrhunderts klingt die Vorstellung absurd, es gäbe eine Gruppe wohlmeinender Außerirdischer, die still und leise Kinder zu geheimen Schulungen in den Wäldern versammelt. Es klingt nach Geschichten, die Kinder mit überbordender

Fantasie erzählen. Doch Berichte über außerirdische Besucher, die auf die Erde kommen, um die Menschen zu erziehen und zu unterrichten, sind uralt. Sie finden sich in den Erzählungen indigener Kulturen auf der ganzen Welt. Aber warum sollten Außerirdische so etwas überhaupt tun? In welcher Beziehung stehen sie zur Menschheit, dass es wichtig für sie ist, uns ihr Wissen zu vermitteln? Und angenommen, es gibt diesen ET-Unterricht, oder es gab ihn einmal in früheren Zeiten, was genau würden sie uns dann beibringen?

Inzwischen beherbergt der Seecontainer in unserem Garten mein Coaching-Beratungszimmer. Oft höre ich von meinen Klienten, dass sie sich an eine »Geheime Schule« erinnern. Ich habe keine Möglichkeit festzustellen, ob es sich dabei um reale oder um eingebildete Erinnerungen handelt. Was ich sagen kann, ist, dass solche Erfahrungen weder einzigartig noch neu sind. Dadurch, dass ich ihnen das Erinnerte jetzt zumindest persönlich bestätigen kann, habe ich Menschen Trost gespendet, die unter dem Gefühl leiden, dass ihre Erinnerungen dem Konsens ihrer beruflichen und familiären Kultur zuwiderlaufen.

Immer wieder haben mir Kriegsveteranen berichtet, dass sie bei ihren Einsätzen auf den Kriegsschauplätzen der Gegenwart auf Geheimnisse über die Geschichte unseres Planeten und die Geopolitik stießen – Geheimnisse, die mit der ordentlichen und aufgeräumten Welt, in der sie aufwuchsen, unvereinbar sind. Einige Veteranen, die in Afghanistan und im Irak im Einsatz waren, kommen nicht nur mit einem anderen Verständnis unserer Gegenwart nach Hause, sondern auch mit Informationen über die ferne Vergangenheit unseres Planeten, die so weit zurückreichen, dass sie sogar den Ursprung unserer Spezies betreffen. Aber davon wird im nächsten Kapitel die Rede sein.

Ich höre von Soldaten und Soldatinnen, die während ihres aktiven Dienstes ET-Nahbegegnungen hatten. Sie erstatteten pflichtbewusst darüber Bericht, worauf ihnen Schlaftabletten oder Medikamente gegen PTBS verordnet wurden, zusammen mit dem dringenden Rat, mit niemandem über das Erlebnis zu sprechen und sich nicht weiter damit zu beschäftigen. Wohin soll man sich wenden, wenn der zuständige Militärarzt einem nicht helfen kann oder wenn der Pfarrer oder Kaplan versucht, einen davon zu überzeugen, dass man das Erlebnis, das einen so verstört hat, gar nicht wirklich hatte, sondern alles angeblich nur Einbildung war? Ich betrachte es als eine Ehre, dass einige dieser Menschen mich aufsuchen.

Ich höre von Priestern, die sich an ihre Bischöfe gewandt haben, weil Gemeindemitglieder von Nahbegegnungen berichten und weder Theologie noch pastorale Ausbildung sie darauf vorbereitet haben, eine sachkundige seelsorgerische Antwort zu geben. Linda, eine englische Pfarrerin, erzählte mir, dass sie ihren Bischof auf das Problem hinwies, und argumentierte, dass eine seelsorgerische Antwort in ihrer Diözese dringend notwendig sei. Er antwortete: »Danke, Linda. Sie haben völlig Recht. Aber erwähnen Sie das Thema bitte trotzdem nie wieder.« Und wohin wenden sich Seelsorger dann? Einige kommen zu mir. Und es ist mein Privileg, ihnen ein verständnisvolles, unterstützendes Gespräch anbieten zu können.

Monat für Monat berichten mir Menschen nervös und zögernd von Phänomenen – UFO-Beobachtungen oder sogar ET-Kontakten –, die Jahrzehnte zurückliegen. Sie haben bisher nie, oder nur ganz selten, darüber gesprochen und wenden sich an mich, weil das Erlebte immer noch unverarbeitet ist. Woche für Woche höre ich von Pfarrerinnen und Pfarrern in der Ausbildung, im aktiven Dienst und im Ruhestand, die mir erzählen, dass auch sie durch genauere, rigorosere Übersetzungen der alten Überlieferungen der Menschheit, einschließlich der Bibel, in diesen Texten auf außerirdische und transdimensionale Wesen stießen.

Einige wurden aufgrund dieser Entdeckung von ihren Glaubensgemeinschaften geächtet, und einige verloren Arbeitsplatz und Existenzgrundlage. Ich kann das nachempfinden.

Durch meine Arbeit bei The 5th Kind TV hatte ich das Privileg, Barbara Lamb, Nick Pope, Richard Dolan, Mauro Biglino und Erich von Däniken zu begegnen. Diese Gespräche trugen dazu bei, meine eigenen verschütteten Erinnerungen wieder zum Vorschein zu bringen, und mir ist jetzt klar, dass ich mit denjenigen, die mich kontaktieren, viel mehr gemeinsam habe, als ich je hätte ahnen können, bevor ich mich auf diesen Weg begab. Deshalb sitze ich jetzt mit Barbara Lamb zusammen, in der Hoffnung, ein wenig mehr von meinen Erinnerungen ausgraben zu können. Und ich möchte ein Gefühl dafür bekommen, warum Menschen heute Nahbegegnungen erleben und warum unsere Besucher sich die Zeit nahmen, in ferner Vergangenheit Wissen an unsere Vorfahren weiterzugeben.

Mit ihrer charakteristischen Präzision und Ruhe beschreibt Barbara, was ihr zahlreiche Kinder in den Sitzungen berichteten, die sie über einen Zeitraum von fünfundzwanzig Jahren durchgeführt und sorgfältig katalogisiert hat. »In dieser nächtlichen Schule im Wald wird ihnen alles Mögliche über das Universum beigebracht, über die anderen Wesen, die dort draußen leben. Es wird ihnen vermittelt, wie sie besondere psychische Fähigkeiten entwickeln können, wie sie sich der Kostbarkeit der Erde stärker bewusst werden können und wie wichtig es ist, sich um die Erde zu kümmern.«

Dieser ET-Lehrplan stimmt mit dem überein, was ich von Erwachsenen höre, wenn sie mir von ihren Kindheitserlebnissen erzählen – Geschichten, die nicht davon handeln, dass die Außerirdischen ihnen Schaden zufügen wollen, sondern dass sie uns Menschen Hilfe, Wissen und Inspiration schenken. Es handelt sich dabei um uralte Themen.

Mein Gespräch mit Barbara und Mary macht mich nachdenklich. Auf dem Rückflug von San Diego, Kalifornien, in meine neue Heimat im ländlichen New South Wales, Australien, quillt mein Notizblock über vor neuen Fragen – einige persönlicher, andere kosmischer Natur. Ich wundere mich über die Kinder, die Therapeuten wie meine Freundin Barbara oder Geistliche wie Linda ohne viel Aufhebens an ihren Erinnerungen bezüglich der »Geheimen Schule« teilhaben ließen.

Es ist faszinierend, wenn ein Kind ausführlich und detailliert über Themen spricht, die weit über alles hinausgehen, was unsere Kultusministerien Kindern dieses Alters je in den Lehrplan schreiben würden. Warum sollten »außerirdische Freunde im Weltraum« Kindern solches Wissen vermitteln wollen? Aus welchem Grund sollte eine fortgeschrittene außerirdische Spezies überhaupt die unvorstellbaren Ressourcen aufwenden, die nötig sind, um die riesigen Entfernungen des interstellaren Raums zu durchqueren – nur um den Kindern auf dem Planeten Erde ein außerschulisches Bildungsprogramm anzubieten?

Für Sie und mich ist das vielleicht einfach eine Frage, die uns neugierig macht. Mein Freund Sean dagegen hat diesbezüglich etwas erlebt, was sein ganzes Leben auf den Kopf stellte.

Er rief mich heute an, um mir davon zu erzählen.

Es hat etwas mit einem Baby zu tun.

3

Seans Baby

Atlanta, Georgia – Juli 2010

»Was um Himmels willen ist das?«

»Meine Mutter und meine Tante«, berichtet mir Sean, »sind soeben aus dem Schlafzimmer im hinteren Teil des Hauses gestürmt, aufgescheucht durch ein intensives weißes Licht, das unseren Garten hinter dem Haus hell erleuchtet. Es ist zehn Minuten nach Mitternacht, und meine Mutter und meine Tante hatten schon etwa zwanzig Minuten geschlafen, als das Licht auftauchte.«

»Was ist das? Ist das da draußen ein Polizeihubschrauber?«

»Channing, unser Scottish Terrier, der draußen im Garten ist, stimmt in den Chor ein. Als ich hinausgehe, um Channing ins Haus zu holen, laufe ich in das Licht, das sich direkt über unserem Haus befindet. Das Licht ist so hell, dass ich nicht erkennen kann, woran es befestigt ist. Es muss an einer Art Luftfahrzeug befestigt sein. Ich kann nur nicht sehen, was für ein Gefährt das ist. Ich hebe Channing hoch, trage ihn ins Haus und schließe die

Tür hinter mir. Jetzt fällt mir etwas auf. Es gibt keine Geräusche, kein Surren von Rotorblättern, keine Tierlaute, außer Channing, nicht einmal Verkehrslärm von der Hauptstraße vor unserem Haus. Nur Stille. Jetzt werden meine Mutter und meine Tante langsam unruhig. Sie bekommen es mit der Angst zu tun.«

»Das verstehe ich nicht. Wieso hören wir nichts?«

»Da das Licht seine Position nicht verändert und wir alle schlafen müssen, und weil meine Mutter und meine Tante beide durch das, was passiert, beunruhigt sind, beschließen sie, mit mir das Zimmer zu tauschen. Ihr Schlafzimmer liegt auf der Rückseite des Hauses, direkt hinaus zum Garten und dem hellen Licht, und sie wollen heute Nacht auf keinen Fall dort schlafen.

Ich wurde vor zwei Monaten aus einer Spezialeinheit der U.S. Army entlassen und schlafe seitdem bei meiner Mutter auf der Couch. Heute Nacht werden meine Mutter und meine Tante im Wohnzimmer schlafen, das an der Vorderseite des Hauses liegt, weit weg vom lichtgefluteten Garten. Zuvorkommend erkläre ich mich bereit, ins Schlafzimmer mit dem Fenster zum Garten umzuziehen. Sie sind entschlossen, etwas Schlaf zu bekommen, auch wenn ich es nicht kann.

Das Zimmer hat zwei Einzelbetten, eines an der Wand, das andere neben dem Fenster. Ich setze mich aufs Bett neben dem Fenster und schaue hinaus in den Garten und frage mich, woher dieses Licht kommt. Es ist ein wenig schwächer geworden, seit wir es zum ersten Mal gesehen haben, aber immer noch hell genug, um den gesamten Rasen zu beleuchten.

Jetzt wird es noch seltsamer. Ich erinnere mich nicht daran, ins Bett gegangen zu sein. Ich kann mich nicht erinnern, mich hingelegt zu haben. Das nächste, was ich weiß, ist, dass ich auf dem kalten Boden eines Raumes sitze, den ich nicht kenne.

Ich fühle mich, als würde ich aus einer Narkose erwachen. Vor zwei Jahren wurden mir die Weisheitszähne gezogen. Das geschah unter Vollnarkose, und ich kann mich noch lebhaft an das seltsame Gefühl des Aufwachens erinnern. Genau dieses Gefühl habe ich nun wieder, als ich in diesem unbekannten Raum zu mir komme.

Der Raum ist vollkommen rund. Ich kann keine Tür sehen. In die gewölbten Wände sind Regale eingelassen. Der Raum ist beleuchtet, obwohl ich keine Lichtquelle erkennen kann. An einem Ende steht ein Tisch, an dem ein technisch sehr fortschrittlich aussehender Roboterarm angebracht ist – so etwas wie der Schwenkarm eines Zahnarztbohrers, aber mit mehr Werkzeugen und Elementen. Der Boden, auf dem ich sitze, ist kalt und glatt wie Marmor, und es schwebt eine Nebelschicht darüber. Mir ist kalt, während ich dort sitze, doch wenn ich meine Hände auf den Boden lege, fühlt er sich warm an. Ich habe keinen Schimmer, wo ich bin.

Ich bin immer noch groggy, aber wach genug, um aufzustehen. Jetzt, stehend, nehme ich eine Person wahr, die sich, nur vier oder fünf Meter von mir entfernt, in dem Raum aufhält. Als ich mich der Gestalt nähere, erkenne ich, dass es sich um eine Frau handelt. Sie ist in einen melangegrauen Ganzkörperanzug gekleidet. Aber obwohl ich einige Details ihre Kleidung sehe, kann ich keine Einzelheiten ihres Gesichts erkennen.

Sie hat feines schwarzes Haar, das fast bis zu den Schultern reicht, und ihre Haut ist olivfarben. Ich meine damit nicht die etwas dunklere Hautfarbe eines Menschen aus dem Mittelmeerraum oder dem Nahen Osten. Ihre Haut ist wirklich grün wie eine Olive. Dennoch habe ich keine Angst. Als ich meinen Kopf nach rechts drehe, befinden wir uns plötzlich in einer anderen Zeit und einem anderen Raum. Sie und ich stehen zusammen an einem Strand. Ich drehe den Kopf nach links, und wir beide gehen gemeinsam einen Weg entlang. Sie hält meine Hand. Diese Frau mit der olivgrünen Haut kennt mich schon lange. Wir sind uns schon viele Male zu verschiedenen Zeiten und an verschiedenen Orten begegnet. Das kann ich spüren.

Ich kann die Muskeln und Knochen ihrer Hand spüren. Sie fühlt sich an wie eine normale Hand. Bis auf die Haut. Die Haut fühlt sich an wie ein Zuchtchampignon. Man sollte meinen, dass ich mich gefürchtet hätte, aber ich empfand überhaupt keine Angst. Ich fühlte mich sicher. Jetzt drehe ich mich zu dieser ungewöhnlichen Frau um, und als ich das tue, wendet sie sich zur Seite und enthüllt einen sich rund vorwölbenden Bauch. Spontan sage ich laut: ›Oh, du bist schwanger!‹

Augenblicklich ändert sich die Szene. Die olivgrüne Frau sitzt jetzt in einem Entbindungsstuhl und steht kurz vor der Geburt. Die Zeit scheint sich erneut zu wandeln, und nun steht sie vor mir und hält ihr Baby, das auf traditionelle Weise in reinweißen Stoff gewickelt ist. In der Stille höre ich die Worte: ›Möchtest du es halten?‹

Ich beginne, meine Arme zu bewegen, um nach ihr zu greifen, und sehe, dass das gewickelte Baby bereits in meinen Armen liegt. Sie ist wunderschön und ohne den Schatten eines Zweifels weiß ich sofort, dass sie meine Tochter ist. Ich weiß es ganz genau. Es steckt etwas von mir in diesem Baby. Ich kann es in meinem Körper spüren.«

»Sie heißt Simone.«

»Simone! Simones Teint ist hell. Ihre bezaubernden Augen haben die gleiche Farbe wie meine, es sind strahlend helle Augen mit haselnussbrauner Iris. Nur dass Simones Augen riesig sind. Sie hat *eindeutig* etwas von mir. Der andere Teil ihrer Natur ist nicht von dieser Welt. Und jetzt – ich kann mich nicht erinnern, mich bewegt zu haben – liegt sie auf meiner Brust. Sie will mich anschauen, aber sie ist ein Neugeborenes und hat noch nicht die Kraft, den Kopf zu heben, obwohl ich spüre, dass sie es will.

Sie ist einfach hinreißend!

Es ist Samstagmorgen, und ich wache auf. Der Sonnenaufgang erfüllt den Raum mit natürlichem Licht, aber etwas stimmt nicht. Ich bin auf dem Rücken aufgewacht. In meinen siebenundzwanzig Lebensjahren bin ich noch nie auf dem Rücken aufgewacht. Niemals. Ich kann in dieser Position einfach nicht schlafen. Ich habe in Kasernen, in Schiffskojen, in Betten, auf Sofas und auf dem Boden geschlafen.

Aber ich habe nie auf dem Rücken geschlafen oder bin auf dem Rücken aufgewacht. Das habe ich nie getan. Und das ist nicht das Einzige, was nicht stimmt. Ich bin in dem Bett aufgewacht, das auf der dem Fenster gegenüberliegenden Seite des Zimmers stand. Letzte Nacht habe ich mir das Bett neben dem Fenster gemacht. Daran erinnere ich mich genau. Dort saß ich und schaute aus dem Fenster. Und dann? Dann kommt die Erkenntnis. Es trifft mich wie ein Schlag in die Brust. Wo ist Simone? Wo ist mein wunderschönes kleines Mädchen? Wo ist sie und wie bin ich hierher zurückgekommen?

Ich bin bei klarem Verstand. Das Gefühl der Betäubung ist völlig verschwunden, und ich bin wach und klar im Kopf, als ich aus dem Bett steige und meine Mutter und meine Tante suche. Ich muss ihnen sagen, was gerade passiert ist. Draußen im Wohnzimmer wachen auch sie nach der Unruhe der letzten Nacht auf. Wir sitzen zusammen und reden, und ich erzähle ihnen jedes Detail, das ich dir gerade erzählt habe.

Und ich kann die Tränen nicht zurückhalten, als ich mich daran erinnere, wie ich dieses wunderschöne kleine Mädchen im Arm hielt. Mein Baby.«

Canberra, Australien – 2021

Es dauerte vier Jahre, bis Sean einer anderen Seele erzählte, was ihm in jener Nacht in Atlanta, Georgia, widerfahren war. Heute erzählte er es mir. Die Geschichte, die er mir mitteilte, ist seine eigene. Doch sie ist zugleich Jahrhunderte alt.

Frauen und Männer aus allen Zeiten und Kulturen haben von solchen Erlebnissen berichtet, von Nahbegegnungen und Entführungen, von anomalen Geburten und von der Ausbeutung von Menschen zur Zeugung von Hybridwesen. Sie finden es in der Bibel. Lesen Sie *Genesis 6* und *18*, *Richter 13*, *Lukas 1* bis *2*. Lesen Sie die Geschichten über den Gelben Kaiser von China, über den Buddha Vipassi und Laotse, den Begründer des Taoismus. Hören Sie sich die Mami-Wata-Geschichten aus Ghana oder die Mahurani-Überlieferungen aus Kenia an. Lauschen Sie den Geschichten, die in der Karibik über die Yemoja erzählt werden, auf Haiti über Lasiren und die Simbi und auf den Philippinen über Biringan, Engkantos und Dwende. Lesen Sie die Sage über die Göttin Europa und ihre drei hybriden Söhne, zu denen Minos, der Begründer der minoischen Kultur auf Kreta gehörte. Beschäftigen Sie sich mit dem Geschlecht der Titanen aus der griechischen Mythologie, mit den Göttern der nordischen Sagen, den Feen in den keltischen Ländern, *Fairies* oder *Fay* genannt. Gehen Sie nach Wales und hören Sie sich die Geschichte über die koboldhaften Tylwith Teg an. Kurz gesagt, wohin Sie auch auf der Welt reisen, wenn Sie bereit sind, mit Respekt zuzuhören, werden Sie auf lokale Geschichten über Nahbegegnungen mit nichtmenschlichen Wesen, über Entführungen und Hybridisierung stoßen. Meine eigene Reise auf diesen Spuren schildere ich ausführlich in *Die Narben von Eden*.

Wenn ich heute mit Sean spreche, möchte ich mehr über das Vorher und Nachher seines Erlebnisses erfahren. Gibt es etwas an ihm, das ihn für einen solchen Kontakt empfänglich macht? Hatte diese Nahbegegnung ein Nachspiel? Hat er sich dadurch in irgendeiner Weise verändert? Hat er in seinem Leben eine neue Richtung eingeschlagen? Im Laufe unseres Gesprächs erfahre ich bald, dass Sean ein großes Interesse an Ökologie hat. Er erforscht leidenschaftlich gern Möglichkeiten für ein harmonisches Zusammenleben mit unserem Planeten, unserer Umwelt und unseren tierischen Mitbewohnern. Obwohl sich sein Interesse an der Ökologie in den Jahren seit der Nahbegegnung, die sich im Jahr 2010 ereignete, noch verstärkt hat, ist es bei ihm angeboren. Es ist tief verwurzelt. Seans Mutter bestätigt das, als wir in ihrem neuen Wohnzimmer in Boston sitzen. »Du warst schon immer einen Schritt voraus«, sagt sie und strahlt. »Du hast nie gelernt, zu krabbeln, und du hast nie gelernt, zu laufen. Eines Tages hast du einfach angefangen zu laufen. Das war's. Und du bist nie einfach nur gegangen. Wenn wir irgendwo nach draußen gingen, musstest du rennen!« Wir lachen alle über ihre Erinnerung.

»Irgendwie hast du immer Schritte übersprungen, Sean. Du hast nie gelernt, Fahrrad zu fahren. Du hast einfach eines Tages das Fahrrad eines anderen Jungen genommen, eines Freundes von dir, und bist einfach losgefahren. Als du sprechen gelernt hast, hast du nicht mit einzelnen Wörtern angefangen, sondern gleich mit ganzen Sätzen, und du hast schon sehr früh angefangen zu lesen. Und, Paul, mein Sean hat die Natur immer geliebt und gar nicht genug davon bekommen, mehr über sie zu lernen. Seit er sieben Jahre alt war, stand er jeden Samstag- und Sonntagmorgen vor mir auf, oft schon um halb sieben oder sieben, schwang sich auf sein Fahrrad und fuhr zur Bibliothek, wo er den Vormittag damit verbrachte, Bücher über Natur und Zoologie zu lesen. Diese Dinge haben ihn immer fasziniert. An manchen Tagen muss er schon eine gute Stunde vor Öffnung der Bibliothek dort gewesen sein.«

Für einen Moment denke ich an die Illustration im Buch von Barbara Lamb und Mary Edwards. Seans große Leidenschaft aus der Kindheit ist in den Jahren nach seiner Nahbegegnung mit voller Wucht zurückgekehrt. Heute prägt sein tiefes Gespür für die Suche nach Möglichkeiten, auf unserem Planeten im Gleichgewicht zu leben, zunehmend seine berufliche Laufbahn, während sich sein Leben nach dem Militärdienst und der Nahbegegnung weiterentwickelt. Diese Verbindung zwischen Ökologie und dem Weltraum ist kein Einzelfall. Ganz im Gegenteil! Der Blick auf den Planeten Erde von außerhalb berührt zutiefst und verändert unsere Perspektive. Ich denke zum Beispiel an die Worte des Astronauten Ron Garan, der auf der Internationalen Raumstation ISS im Einsatz war:

»Wenn wir aus dem Weltraum auf die Erde hinunterblicken, sehen wir diesen erstaunlichen, unbeschreiblich schönen Planeten. Er sieht aus wie ein lebender, atmender Organismus. Aber gleichzeitig sieht er auch extrem zerbrechlich aus … Jeder, der schon einmal im Weltraum war, sagt das Gleiche, denn es ist wirklich beeindruckend und ernüchternd, diese hauchdünne Schicht zu sehen und zu erkennen, dass diese hauchdünne Schicht alles ist, was jedes Lebewesen auf der Erde vor dem Tod schützt. Vor der Unwirtlichkeit des Weltraums.«

William Shatner, der in der Fernsehserie *Star Trek* und den Kinofilmen mehr als dreißig Jahre lang einen fiktiven Raumschiffkäpt'n gespielt hatte, wagte sich 2021 an Bord von Jeff Bezos' Raumfähre *Blue Origin* ganz real in den Weltraum.

Shatner war tief bewegt, als er, unmittelbar nach seiner Rückkehr, seine Eindrücke während dieser unglaublichen Erfahrung schilderte. Unter Tränen sprach er über die Verletzlichkeit unserer Atmosphäre – dem Einzigen, was uns am Leben erhält – und über die Zerbrechlichkeit des Ökosystems, das sie hervorbringt und bewahrt. Es war wirklich sehr beeindruckend!

»Jeder Mensch auf der Welt sollte unbedingt diese Erfahrung machen«, sagte er, und ihm stockte die Stimme, als er fortfuhr. »Jeder auf der Welt sollte erleben … erleben, wie schnell die blaue Decke vorbeigleitet und man plötzlich in die Schwärze starrt. Da ist diese blaue Decke, dieses dünne Laken, dieser blaue Trost, den wir um uns herum haben … Du schaust auf das Blau da unten und das Schwarz da oben. Unten ist die Erde, die Mutter, der Trost, und oben? Ist da … ist da der Tod? Ich weiß es nicht … Es war so bewegend für mich. Diese Erfahrung ist etwas Unglaubliches. Was man dabei erkennt, ist, wie unglaublich dünn diese Decke, dieses weiche Blau ist, die Schönheit dieser Farbe. Diese Schicht ist so dünn! Man ist in einem Augenblick durch … Plötzlich ist man durch das Blau hindurch und in der Schwärze … Das ist die tiefgreifendste Erfahrung, die ich mir vorstellen kann. Ich bin so voller Emotionen über das, was gerade passiert ist … Es ist außergewöhnlich. Außergewöhnlich! Ich hoffe, ich werde mich nie davon erholen. Ich hoffe, dass ich das, was ich jetzt fühle, in mir wachhalten kann. Ich möchte es nicht verlieren … Was ich gerne tun würde, ist, so gut wie möglich zu vermitteln, wie gefährdet diese blaue Decke ist …

Der Moment, in dem man es sieht, in dem man erkennt, wie verletzlich das alles ist. Es ist eine so dünne Schicht aus Luft, die uns am Leben erhält, dünner als deine Haut! Unermesslich dünn, wenn man es mit dem Universum vergleicht.«

Als er in einem Interview für *Today USA* gebeten wurde, seine Gedanken zusammenzufassen, sagte er: »Die Zerbrechlichkeit dieses Planeten! Wir alle müssen uns jetzt endlich zusammenreißen und lernen, anders mit ihm umzugehen!«

Ruwa, Simbabwe – 1994

Im Bezirk Ruwa taucht über der Ariel-Grundschule ein UFO auf. Das silberfarbene, untertassenförmige Flugobjekt landet auf einem Feld gleich neben dem Schulgelände. Die Lehrer schaffen es nicht, die Kinder aufzuhalten, und so strömen sie aufgeregt nach draußen, um zu sehen, wer aus dem seltsamen silbernen Raumschiff steigt. Entlang der Bäume, die das Schulgelände begrenzen, interagieren die Kinder mit den Insassen des Raumschiffs, die sie von Angesicht zu Angesicht beobachten.

»Er war etwa so groß wie ein Sechstklässler«, erzählt eines der Mädchen ein paar Tage später unschuldig John Mack. Professor John Mack war zu dieser Zeit Direktor der Abteilung für klinische Psychologie an der Harvard Medical School. Er wurde in den 1990er Jahren vom US-Verteidigungsministerium engagiert, um die psychische Verfassung von Piloten und anderem Militärpersonal zu beurteilen, die ihren Vorgesetzten UFO-Nahbegegnungen gemeldet hatten. John reiste so schnell wie möglich auf eigene Kosten nach Ruwa, um unmittelbar nach dem Ereignis die unschuldigen, naiven, ungefilterten Berichte der Kinder zu hören, die mit diesen seltsamen Besuchern von der Größe eines sechsjährigen Kindes interagiert hatten.

»Hattet ihr das Gefühl, dass sie uns etwas sagen wollten?«, erkundigte sich John interessiert.

»Ich glaube, sie wollen, dass wir lernen, den Planeten, die Pflanzen und Tiere gut zu behandeln«, antwortete eines der Kinder zu seiner Überraschung.

Fast dreißig Jahre später findet in der Ariel-Schule ein Treffen der Beteiligten von damals statt. Dabei kommt das junge Mädchen, inzwischen eine Frau, mit einem meiner Freunde ins Gespräch, dem Filmemacher Lionel Friedberg. (Lionel wird uns in einem späteren Kapitel noch einmal begegnen.)

In diesem privateren Rahmen ist sie Lionel gegenüber bereit, weitere Details zu schildern, während sie sich an den Moment ihrer Begegnung mit der anderen Welt erinnert.

»Als ich um die Ecke kam, standen zwei Wesen vor mir. Sie hatten längliche, mandelförmige Augen … Ich sah sie und blieb wie angewurzelt stehen. Als ich einem von ihnen in die Augen schaute, konnte ich mich nicht mehr bewegen. Es war, als würden sie über meine Augen Informationen in mich hinein übertragen. Ich habe keine Ahnung, wie lange es dauerte, aber als es vorbei war, drehten sie sich einfach um und gingen. Ich hatte Kopfschmerzen und wusste, dass ich gerade mit einer Unmenge Informationen gefüttert worden war.«

Wieder einmal begegnen uns die Außerirdischen als »Erzieher«. Und wieder einmal taucht ein bestimmtes Thema auf.

»Das Wesen sagte mir, dass wir unsere Welt zerstören. Wir zerstören das Gleichgewicht der Natur. Und wir müssen damit aufhören, denn wenn wir das nicht tun, werden wir bald keine Welt mehr haben, in der wir leben können. Und ich weiß, dass das die Botschaft ist, die es mir übermittelte.«

In der Zeit, in der ich aufwuchs, galten Ökologie und Naturschutz als positive, aber nebensächliche Themen, die weniger wichtig waren als Buchhaltung, Wirtschaft und »echte« Wissenschaften wie Chemie oder Ingenieurwesen. COP26, die Klimakonferenz der Vereinten Nationen im Jahr 2021, hinterließ vermutlich den gleichen Eindruck, was die relative Bedeutung des Schutzes unseres Planeten angeht. In Australien hat die Regierung in den letzten zwölf Monaten finanzielle Anreize für die Universitäten geschaffen, »industrietaugliche« Absolventen für Ingenieurwesen, Informationstechnologie und dergleichen auszubilden. Die Ökologie kommt auf der Prioritätenliste für Australiens Zukunft gar nicht vor. Angesichts dessen erscheint es seltsam, dass die kosmischen Nachbarn es überhaupt der Mühe wert finden, ihre wertvolle Zeit darauf zu verwenden, mit uns Menschen über Ökologie und das Gleichgewicht der Natur zu sprechen.

Die Schöpfungsgeschichte, die ich von den amerikanischen Ureinwohnern und den australischen Aborigines gehört habe, besagt jedoch, dass die allerersten Gespräche, die ihre Ahnen mit den Helfern von den Sternen führten, darum kreisten, wie man auf diesem Planeten im Gleichgewicht mit der Natur leben kann – welche Pflanzen sich gut für die menschliche Ernährung eignen, welche man meiden sollte, welche Heilpflanzen es gibt, welche Pflanzen dazu beitragen können, Intelligenz und Bewusstheit zu steigern, und wie man von diesen Pflanzen leben kann, ohne sie auszubeuten. In ähnlicher Weise erzählen die Mohawks der Irokesen-Konföderation die Geschichte ihrer Vorfahren: Sie waren mit einer Klimaveränderung konfrontiert und mussten deshalb in ein höher gelegenes und weniger lebensfreundliches Gebiet umsiedeln. Dieses neue Gebiet, seine Flora und Fauna, war ihnen fremd, und ihr Überleben schien in Gefahr. In dieser entscheidenden Zeit, so heißt es, tauchten bestimmte »geheimnisvolle Andere« auf und gaben den Mohawks eine neue ökologische Orientierung, die ihnen half, die Härten des klimatischen Wandels unbeschadet zu überstehen.

Einige indigene Völker wissen sehr genau, woher der ökologische Nachhilfeunterricht kam – und diese Geschichte habe ich sowohl von meinen Cherokee-Freunden wie von meinen australischen Aboriginal-Freunden gehört. Die Hilfe kam aus einer anderen Welt, von einem Planeten, der einen Stern irgendwo in der Region der Plejaden umkreist. Unsere indigenen Brüder und Schwestern empfingen ihr traditionelles Wissen über die Ökologie der Erde durch Paläokontakte. Damals war Ökologie eine Frage des Überlebens. Und das ist sie auch heute noch.

Das, was ich von den traditionellen einheimischen Kulturen höre, findet sich auch in den alten hebräischen und mesopotamischen Erzählungen. Im vierten bis dritten Jahrhundert vor Christus verfasste zum Beispiel ein babylonischer Priester namens Berossos in griechischer Sprache eine schriftliche Fassung der Schöpfungsgeschichte seiner Kultur. Es ist die Geschichte von Oannes und den Apkallu. Die Geschichte war von der babylonischen Priesterschaft, zu der Berossos gehörte, seit Jahrtausenden mündlich überliefert worden. Nachdem Berossos diese Schöpfungsgeschichte in der damaligen *Lingua franca*, dem Griechischen, verfügbar gemacht hatte, konnte die antike Welt nachlesen, wie die Mutterkultur der Babylonier plötzlich, scheinbar aus dem Nichts, auf den fruchtbaren Ebenen Mesopotamiens in Erscheinung getreten war.

Das Auftauchen der sumerischen Zivilisation in Mesopotamien hat Archäologen und Anthropologen lange Zeit fasziniert. In einer Welt, die während unzähliger Generationen ausschließlich von Jägern und Sammlern bevölkert gewesen war, erschienen die Sumerer plötzlich mit allen Errungenschaften der Zivilisation auf der Bildfläche – Städte mit Straßen, hochentwickelter Bautechnik und Abwasserentsorgung, Landwirtschaft, Medizin, Mathematik, Geld, Banken, Rechtswesen und Literatur. Den Sumerern verdanken wir den Kreis von 360 Grad und die Zeiteinteilung in Stunden mit 60 Minuten und Minuten mit 60 Sekunden. Ihre Mathematik beinhaltete eine eigene Version der pythagoreischen Theorie, und ihr Modell des sozialen Managements durch Geldgeschäfte und Rechtswesen ist noch heute die Grundlage der menschlichen Gesellschaft.

In der Geschichte von Oannes und den Apkallu bewahrten die Babylonier die Erinnerung ihrer Vorfahren an diesen großen Sprung nach vorn. Bezeichnenderweise wird in der babylonischen Geschichte nicht das Loblied auf ihre sumerischen Vorfahren gesungen oder dem Genie ihrer großen Könige und Herrscher gehuldigt. Vielmehr wird dieser Neubeginn der Menschheit dem Eingreifen uralter nichtmenschlicher Besucher zugeschrieben – Oannes und den Apkallu. Das Gilgamesch-Epos, größte Erzählung der Sumerer und ältester Roman der Welt, ist ebenfalls ein mögliches Echo dieses entscheidenden Augenblicks in der menschlichen Evolution. Darin wird erzählt, wie der wilde Mann Enkidu kultivierte Pflanzen und erlesene Speisen kennenlernt und – für den primitiven Menschen der damaligen Zeit gewiss noch erstaunlicher – das Wunder des Biers entdeckt! Entsprechend stammt das älteste Rezept für Bier, das jemals auf dem Planeten Erde gefunden wurde, aus Sumer.

Doch trotz all den Jahrtausenden zivilisatorischen Fortschritts, die Oannes und die Apkallu den Vorfahren der Sumerer offenbar im Schnelldurchlauf vermittelten, ist das, was der Berossos-Text am meisten herausstellt und am lebhaftesten beschreibt, der erste Eindruck der prähistorischen Menschen von ihren nichtmenschlichen Besuchern. Berossos berichtet, dass beim Kontakt mit den Apkallu ihre menschlichen Gastgeber noch viel mehr als über die Technologie oder das enorme Wissen der Fremden über deren seltsame Kleidung staunten und über den ihnen ganz unbekannten Stoff, aus dem diese hergestellt war. Als die Menschen näherkamen und die Apkallu vielleicht sogar mit den Fingern berührten, beschrieben sie die Beschaffenheit dieses seltsamen, fremden Materials als ähnlich der flexiblen, glänzenden, schuppigen Haut von Fischen. Und zum Erstaunen der alten Mesopotamier bedeckte die ungewohnte Kleidung fast den gesamten Körper der Besucher. Für mich ist diese Reaktion sehr aufschlussreich. Es ist genau die Reaktion, die ich von frühen Menschen erwarten würde, die zum ersten Mal auf menschenähnliche ET-Besucher treffen, eine Reaktion auf ihr ungewöhnliches Aussehen und ihre den Menschen sonderbar erscheinende Kleidung.

Der babylonischen Geschichtsschreibung zufolge waren Oannes und die Apkallu die ersten Lehrmeister, die die Menschen in geheimes Wissen und geheime Fähigkeiten einweihten und ihnen alle Kenntnisse vermittelten, die für die Entwicklung der menschlichen Zivilisation auf der Erde erforderlich waren. Offensichtlich wollten diese ETs, dass die Menschheit auf dem Planeten Erde mehr tut, als nur ihre Grundbedürfnisse zu decken. Sie wollten, dass wir eine blühende Zivilisation aufbauen, die mit allen Strukturen, Vorrichtungen und Hebeln ausgestattet ist, um sie leicht verwalten zu können. Und, ja, es gab in dieser Geschichte Licht und Schatten.

Da ich ja inzwischen gelernt hatte, wie sehr die biblischen *Genesis*-Geschichten sich auf die weit älteren mesopotamischen Quellen stützen, erwartete ich, in der Bibel auch Anklänge an die Geschichten von den Apkallu zu finden. Und ich fand sie, aber nicht in den Bibeln, die die Regale in meinem Seecontainer-Studierzimmer schmückten. Sie verbargen sich in dem traditionellen Kanon der christlichen Bibel Äthiopiens. Äthiopien hat einen Bibelkanon beibehalten, der weiter zurückreicht als jeder andere in der Geschichte des Christentums.

Fernab von den Machtkämpfen des römischen Imperiums und von den kirchlichen Schismen und Reformationen der nördlichen Hemisphäre hat die äthiopische Orthodoxie stets die gleiche Liste heiliger Bücher beibehalten – und zu diesen gehört auch das Buch Henoch. Im römischen Katholizismus und in der östlichen Orthodoxie wurde das Buch aus dem primären alttestamentlichen Kanon des Christentums ausgeschlossen, so wie das Judentum es aus dem Kanon der hebräischen Schriften ausgeschlossen hatte. Der Grund dafür lag im Wesentlichen darin, dass das Buch Henoch Themen aufgreift, die für die aufkommenden Orthodoxien des Christentums und des Judentums als zu kontrovers galten. Zu diesen kontroversen Themen gehörte die genaue Schilderung von Paläokontakten und Hybridisierung im Altertum. Völlig eliminiert wurde das Buch Henoch aber nicht. In *Genesis 6* wird die Kreuzung von Menschen mit ETs beschrieben, allerdings so knapp, dass man den Eindruck bekommt, die Verfasser dieses Bibelkapitels seien der Ansicht gewesen, wir würden diese Vorkommnisse bereits aus einer anderen Quelle kennen. Diese andere Quelle ist das Buch Henoch. Dort findet sich diese als bekannt vorausgesetzte ausführliche Schilderung.

Sie weist Parallelen zur sumerischen Erzählung von den Igigi auf, ein Wort, das »Beobachter« bedeutet. Auch im Buch Henoch werden die außerirdischen Besucher, die ET-Menschen-Hybride erschaffen, »Beobachter« genannt. Die übereinstimmende Bezeichnung ist kein Zufall. Der neutestamentliche Verfasser des Judas-Briefs geht offenbar ebenfalls davon aus, dass seine Leserinnen und Leser das Buch Henoch bereits kennen. Wenn er sich auf die Figur des Henoch bezieht, die im Buch *Genesis* beschrieben wird, zitiert Judas fast wortwörtlich aus dem Buch Henoch.

Verschiedenen Kulturen auf der ganzen Welt zufolge führte diese weltberühmte Episode der Hybridisierung – die der jüdische Geschichtsschreiber Josephus im ersten Jahrhundert als historische Tatsache bezeichnete – zu einem tiefgreifenden und gewalttätigen Konflikt zwischen den Außerirdischen, die im Altertum die Erde kolonialisiert hatten. Doch das Buch Henoch ist hier etwas vielschichtiger. Darin heißt es, dass die Beobachter, als sie kamen und Zeit mit den frühen Menschen verbrachten, mehr taten als nur zu hybridisieren. Sie lebten unter uns und machten uns mit Kleidung, Schmuckherstellung und Kosmetik vertraut. Ihr Unterricht erstreckte sich auf Astronomie, Metallurgie und Hygiene. Vor allem aber lehrten sie unsere Vorfahren Landwirtschaft und Ökologie – das lebenswichtige Wissen, wie man verlässlich Nutzpflanzen anbaut und im Gleichgewicht mit der natürlichen Ökologie des Planeten lebt. Ohne diesen Teil des Puzzles hätten die Menschen sich keine sicheren Lebensbedingungen auf dem Planeten Erde schaffen können.

Als ich über die Bände des Buches Henoch stolperte, die die Regale äthiopischer Priester und Theologen schmückten, warf das für mich ein Licht auf einen Aspekt jenes Prozesses, durch den die Bibel monotheisiert wurde. Ab dem sechsten vorchristlichen Jahrhundert trafen die antiken Schriftgelehrten Übersetzungs- und Redaktionsentscheidungen, die die außerirdischen Elemente der hebräischen Mythologie absichtlich verschleierten. Wenn ich das Buch Henoch in diesem Kontext betrachte, wird mir klar, wie vielschichtig die Paläo-Kontakterfahrungen unserer Spezies gewesen sein müssen. In den biblischen Geschichten über die *Elohim*-Drachen zeigt sich zum Beispiel die traumatische Erinnerung an die Herrschaft nichtmenschlicher, den Menschen gegenüber völlig mitleidlosen Wesen. Die mesoamerikanischen Geschichten über die Versklavung unserer Vorfahren durch die alten Kolonisatoren sind ein weiterer dunkler Erzählstrang. In den weltweit verbreiteten Hybridisierungs-Geschichten erscheint unser Planet als eine Art DNA-Farm, die von außerirdischen Besuchern genutzt wird, um den eigenen Genpool zu erweitern.

Doch bei Henoch und in der Geschichte von Oannes und den Apkallu klingt eine positivere Note an. Dort wird nämlich bestätigt, was mir meine Cherokee- und Navajo-Freunde erzählen: dass Außerirdische unseren Urahnen halfen, unsere Lebensqualität auf dem Planeten Erde zu verbessern. Wenn ich also heute im Zusammenhang mit ET-Nahbegegnungen höre, dass die Außerirdischen den Menschen Unterricht in Sachen Ökologie erteilen, weiß ich, dass es dafür historische Parallelen gibt. Wir haben kosmische Nachbarn, die sich um unser Überleben sorgen.

Im einundzwanzigsten Jahrhundert betrachten viele von uns die Ökologie auch wieder als eine Frage des menschlichen Überlebens. Die Bemühungen von COP26, die großen Nationen dazu zu bewegen, sich zu einer Eindämmung der Verschmutzung des Meeres und der Atmosphäre zu verpflichten, folgten auf einen bahnbrechenden Bericht der Vereinten Nationen über die wachsenden weltweiten ökologischen Probleme. Ein Temperaturanstieg von mehr als 1,5 Grad mag in der fernen Vergangenheit nur begrenzte Auswirkungen gehabt haben. Aber da heute globale Zentren wie London, Hongkong, New York und Singapur so gefährlich nahe am Meer liegen, könnte jeder Anstieg des Meeresspiegels, der sich aus der Erwärmung der globalen Temperaturen ergibt, enorme Auswirkungen auf das Funktionieren unserer Zivilisation haben. Stellen Sie sich nur einmal vor, wie sich ein Ort wie Fukushima mit seiner radioaktiven Belastung auf unsere Umwelt auswirken würde, wenn der Meeresspiegel noch ein oder zwei Meter ansteigt. An den Küsten Indiens, Japans, Maltas, Großbritanniens und Kubas befinden sich die megalithischen Überreste von Städten, die vor etwa zehntausend Jahren durch einen Anstieg des Meeresspiegels um etwa zehn Meter überflutet wurden. Die Regierung des Bundesstaates New South Wales, in dem ich wohne, geht davon aus, dass ein Anstieg des Meeresspiegels um nur 1,1 Meter »zwischen 43.900 und 65.300 Wohngebäude im Wert von 14 bis 20 Milliarden Dollar sowie bis zu 4.800 Kilometer Straßen, 320 Kilometer Eisenbahnstrecken und 1.200 Geschäftsgebäude im Wert von bis zu 20,7 Milliarden Dollar« gefährden würde.

In Australien steht die Regierung dem Klimawandel skeptisch gegenüber, und doch sind das Zahlen, die diese Regierung selbst veröffentlich hat! Nach Angaben des Potsdam-Instituts für Klimafolgenforschung würde ein Anstieg des Meeresspiegels um nicht mehr als 1,3 Meter die Welt in eine Situation zu bringen, in der Großstädte evakuiert werden müssten und Hunderte Millionen Menschen auf dem ganzen Planeten in eine Lage kämen, in der die Trennung zwischen dem Meerwasser und Süßwasserquellen das dringendste Bedürfnis wäre. In den sumerischen und biblischen Erzählungen beginnt die

Geschichte unserer Zivilisation mit der Erinnerung an genau eine solche Trennung der Gewässer.

Wenn sich kosmische Besucher dazu entschließen, mit ihren menschlichen Gesprächspartnern über Ökologie zu diskutieren – sei es mit einem Schulkind in Simbabwe oder einem Piloten der U.S. Navy im Irak –, dann sehen wir, dass es ganz konkret um die Frage des menschlichen Überlebens geht. Als ich daher mit Sean, Private First Class der Spezialeinheiten, über die Auswirkungen seiner eigenen Nahbegegnungserfahrung sprach, versicherte ich ihm, dass er bei weitem nicht der erste Mensch war, der eine Verbindung zwischen der Welt der Ökologie und dem Kontakt mit kosmischen Nachbarn herstellte. Sean war auch nicht der erste, der von der Begegnung mit einem Hybridkind berichtete. Im riesigen Kanon der menschlichen Geschichten findet sich die erste Erwähnung eines Hybridkindes in der ältesten der Menschheit bekannten Geschichte, der antiken sumerischen Geschichte von Gilgamesch, dem Hybridkönig von Uruk. Ein anderer U.S.-Soldat, First Lieutenant John Montgomery, hat mit mir über Uruk und Eridu gesprochen. Beides sind Städte im heutigen Irak. Uruk wurde weltberühmt als Heimat der Hauptperson der ältesten Erzählung der Welt, des *Gilgamesch-Epos*. Dem Epos zufolge war Gilgamesch ein ET-Mensch-Hybrid, ein Übergangskönig, bevor die menschlichen Könige die Herrschaft übernahmen. Der früheste irdische König war nach den sumerischen Berichten gar kein Mensch. Er hieß Enki und lebte in der Stadt Eridu, der ältesten Stadt auf dem Planeten. So steht es jedenfalls in der ältesten Literatur der Welt. Vor diesem Hintergrund sollte man eigentlich erwarten, dass Eridu zum UNESCO-Weltkulturerbe gehört. Doch heute sind die Ruinen der Witterung ausgesetzt, und der teils in die Mauern eingelassene, teils auf dem Boden liegende Schatz kostbarer Informationen wurde Plünderern überlassen, die Teile abbrachen, mitnahmen und verkauften. Das ist ein Skandal und ein Diebstahl an menschlichem Wissen von unglaublichem Ausmaß. John erzählte mir, dass er nichts davon wusste, bis er sich 2003 im Irak wiederfand, beteiligt an einem Militäreinsatz, der Johns ganze Welt auf den Kopf stellte.

»Ich hatte noch nie etwas von Gilgamesch, Uruk oder Eridu gehört«, berichtete er mir. »Ich wusste nicht, was ein Sumerer oder ein Babylonier war oder in welchem Teil der Welt sie gelebt hatten. Ich hatte mich nie für Geschichte oder Mythologie interessiert. Das änderte sich erst durch meinen Einsatz im Irak. Ich wusste nur, was wir alle wussten. Ich wusste, dass es Massenvernichtungswaffen gab, die wir beschlagnahmen sollten. Ich wusste, dass wir ein brutales Regime entwaffnen und das kurdische Volk vor dem drohenden Völkermord bewahren mussten. Erst auf dem Kriegsschauplatz erfuhr ich, warum meine Einheit dort eingesetzt wurde. Man muss wissen, dass die Informationen bei diesen Spezialeinsätzen so reduziert weitergegeben werden, dass ich keine Ahnung von den wahren Zusammenhängen hatte. Ich kannte lediglich meinen eigenen Teil des Puzzles. Mein Auftrag lautete, mit meinen Männern zu einer vereinbarten Uhrzeit an einem bestimmten Ort bereitzustehen. Dort mussten wir eine Anzahl großer Kisten und Kartons in Empfang nehmen, die von einer anderen Einheit sichergestellt worden waren. Wir transportierten sie von diesem Ort zu einem sicheren Anlegeplatz, von wo aus sie dann außer Landes geschafft wurden. Angesichts dessen, was ich dort vor Ort gesehen habe, und der Art und Weise, wie sie mit diesen Kisten umgingen, kann ich mit Sicherheit sagen, dass es sich nicht um Waffen oder militärische Ausrüstung irgendwelcher Art handelte. Es steht außer Zweifel, dass es sich um eine archäologische Mission handelte.

Erst zwei Jahre später, als ich aus der U.S. Army ausschied, hatte ich Gelegenheit und Zeit, mich über den Einsatz und seine Hintergründe zu informieren. Ein Soldat einer anderen Division erzählte mir, dass seine Einheit im Einsatz war, um riesige Mengen Sand zu verpacken, die sie an einem anderen Ort ausgegraben hatten. Wer, um alles in der Welt, zieht für Sand in den Krieg? Welche archäologischen Artefakte waren so wichtig, dass wir nur zwanzig Tage nach Beginn des Irak-Feldzuges losziehen mussten, um Gegenstände zu beschlagnahmen, von denen ich nicht weiß, für wen sie bestimmt waren?

Ich bekam nur heraus, dass sie entweder nach Israel oder in die USA gebracht wurden. Erst im Nachhinein habe ich nachgeschaut, wo wir eigentlich eingesetzt wurden. Da erfuhr ich dann von Sumerern, Babyloniern, nichtmenschlichen Königen, den Hybriden, Eridu und Gilgamesch. Warum kämpften wir um die Artefakte dieser Kulturen? Und warum haben wir in der Zwischenzeit zugelassen, dass eine historische Stätte wie Eridu zerstört wird? Ich musste es herausfinden, denn was auch immer es damit auf sich hatte, ich hatte mein Leben und das Leben meiner Männer dafür riskiert. Und Paul, das sind die Fragen, die mich schließlich zu Ihnen geführt haben. Als ich Sie auf The 5th Kind TV sah, wusste ich, dass ich Sie ansprechen musste. Nun Paul, sagen Sie mir, was Sie über Portale wissen.«

4

Kookaburras und Wurmlöcher

Huntsville, Alabama – 30. Oktober 2008

Die NASA beschäftigt sich seit Jahrzehnten intensiv mit Wurmlöchern und Portalen. Ein Wurmloch ist wie eine Brücke durch den Weltraum. Der technische Name lautet *Einstein-Rosen-Brücke* – benannt nach den beiden Wissenschaftlern, die als logische Konsequenz ihrer kosmologischen Forschung die Existenz solcher kosmischen Brücken postulierten. Diese sogenannten Wurmlöcher sind eine Art Abkürzung durch den Raum, die es einem Objekt ermöglicht, Entfernungen zu überwinden, die nach den Gesetzen der Newtonschen Physik und der gläsernen Decke der Lichtgeschwindigkeit eigentlich unüberbrückbar wären. Über eine Einstein-Rosen-Brücke könnte das Objekt gewaltige Entfernungen fast augenblicklich zurücklegen.

Von außen betrachtet kann man sich diese Phänomene als Subraumtunnel oder Abkürzungen vorstellen.

Durch einen derartigen Tunnel zu gehen, wäre so, als würde man an einem Ort durch eine Tür treten und an einem ganz anderen Ort wieder herauskommen. Eine solche torartige Struktur wird gewöhnlich als Portal bezeichnet.

Die Untersuchung von Portalen durch die NASA umfasst auch die Untersuchung von Schwarzen und Weißen Löchern in unserer Galaxis. Sie umfasst außerdem elektromagnetische Wurmlöcher, die näher an unserer Heimat liegen. Solche Phänomene sind aber nicht immer weit entfernte Anomalien, die nur mit den stärksten Teleskopen in den Tiefen des Weltraums beobachtet werden können. Sie existieren genauso hier auf dem Planeten Erde. Heute steht David Sibeck, ein führender Physiker des Goddard Space Flight Center, vor einer Gruppe von Weltraumwissenschaftlern beim Plasma-Workshop und bringt sie auf den neuesten Stand der seit Jahrzehnten laufenden Forschung. Was alle Anwesenden wirklich wissen wollen, ist: Kann man mit einem Raumschiff durch ein Wurmloch fliegen?

Bereits in den 1990er Jahren beauftragte die NASA ihre Breakthrough Propulsions Unit (»Abteilung für bahnbrechende Antriebstechnologien«) mit der Entwicklung einer Technologie zur Krümmung der Raumzeit. Dabei sollte negative Energie genutzt werden, um eine stabile Wurmlochpassage zu erzeugen.

Es handelt sich dabei um jene Reisemethode, die durch die Fernsehserie *Star Trek* berühmt wurde. Nachdem er uns mit ein paar Anspielungen auf die Popkultur in Stimmung gebracht hat, erzählt David Sibeck, wie die NASA die Bewegung von »tonnenweise hochenergetischen Teilchen« durch ein elektromagnetisches Portal beobachtete, das die Erdoberfläche direkt mit der Atmosphäre der Sonne verbindet – das ist eine Entfernung von fast einhundertfünfzig Millionen Kilometern.

»Das ist vollkommen real!«, sagt er, während die versammelten Wissenschaftler begeistert von den Möglichkeiten sind, die sich aus dem ergeben, was er ihnen schildert.

Dieses spezielle magnetische Wurmloch ist sogar physikalisch derart existent, dass die vier *Cluster*-Sonden der Europäischen Weltraumorganisation ESA zusammen mit den fünf THE-

MIS-Sonden der NASA das betreffende Wurmloch, das einen Durchmesser so groß wie die Erde hat, umflogen haben. Die vier Sonden haben genaue Messungen des Materialflusses durch das Wurmloch vorgenommen, während es sich in einem achtminütigen Zyklus öffnete und schloss. Eine solche Bewegung von Tonnen von Material wird als Flux-Transfer-Ereignis bezeichnet und deutet auf die Möglichkeit von Reisen durch Portale und Wurmlöcher hin. Das ist keine Science-fiction.

Es handelt sich um physikalische Forschung, die seit mehr als dreißig Jahren von der Regierung gefördert wird.

Nördliches New South Wales, Australien – 2021

First Lieutenant John Montgomery ist nicht der erste U.S.-Militärveteran aus dem Irak, der mir berichtet, dass unter seinen Kameraden Gerüchte über Portale auf der Erdoberfläche – insbesondere im Irak – kursieren. Diese Portale sollen uralt sein. Ich habe den Irak selbst noch nicht besucht, kann dazu also nichts aus erster Hand sagen. Mir ist aber bekannt, dass in einer der ältesten bekannten Geschichten der Welt von einem uralten Portal auf der Schinar-Ebene im modernen Irak die Rede ist. Es handelt sich um die Geschichte von Babel, die sich sowohl in der Bibel als auch in mesopotamischen Keilschrifttexten findet. Durch dieses Portal werden Beobachter zu »Stationen zwischen den Sternen« befördert, oder, wie wir sie heute nennen würden, Raumstationen. Wenn es sich bei diesen Erzählungen um reale Erinnerungen aus früheren Zeiten handelt, dann haben wir guten Grund zu der Annahme, dass wir auf der Erde, in diesem Fall im heutigen Irak, Portale finden können.

In den hebräischen Schriften deutet die Geschichte von der Jakobsleiter stark auf ein Portal in der Levante hin, durch das die *Elohim* die Planetenoberfläche erreichen und verlassen konnten. Im 1. Buch der Könige verschwindet der Prophet Elia auf dramatische Weise »durch einen Wirbelwind«, was ein sehr anschaulicher Hinweis darauf ist, dass sich möglicherweise ein weiteres Wurmloch im Rift Valley befindet.

Dies sind meine Notizen, über die ich nun Lieutenant Montgomery informiere. Ich kann seine Erfahrung nicht verifizieren, aber ich kann ihm zeigen, dass das Konzept in der Wissenschaft verwurzelt ist, dass das Phänomen empirisch verifiziert wurde, dass der Bericht darüber uralt ist und, ja, dass die Geografie, von der er spricht, höchst relevant ist.

»Und nicht nur im Irak«, sage ich zu ihm. »Indigene Stämme in Arizona und New Mexico berichten von heute existierenden Portalen. Auch die Aborigines hier in Australien kennen Portale. Freunde haben mir erzählt, dass sie nicht weit von meinem Wohnort entfernt eines in Aktion erlebt haben.«

Das von mir erwähnte Portal befindet sich etwa hundertsechzig Kilometer von der Küste entfernt, im australischen Buschland. Es ist verbunden mit einer uralten Megalith-Steinformation, die an einem geheimen Ort tief unter dem ländlichen Bundesstaat New South Wales verborgen ist. Diese Megalith-Stätte ist einzig und allein den ortsansässigen Aboriginal-Ältesten und jenen zugänglich, die von ihnen eingeweiht wurden.

Ich entspanne mich gerade im Haus des australischen Forschers Steven Strong, als sein Sohn Evan mir bei einer Tasse Tee von seinen Erfahrungen mit dem Portal erzählt: »Wenn du hindurchgehst und auf der anderen Seite wieder herauskommst, kannst du alle anderen sehen, die nicht hindurchgegangen sind, aber sie können dich nicht sehen. Du kannst dich um sie herum bewegen, aber sie sehen dich nicht. Sie können deine Stimme hören, und wenn du dich um sie herum bewegst, hören sie deine Stimme aus verschiedenen Richtungen. Wer das Portal durchschritten hat, ist zwar irgendwie hörbar, jedoch nicht sichtbar. Erst wenn man zurückgeht, wird man wieder sichtbar.«

Wir haben es hier offenbar mit Wurmlöchern ganz anderer Art zu tun, die weder Einstein-Rosen-Brücken noch Schwarze Löcher sind. Das gilt nicht nur für das von Evan beschriebene geheime Portal der Aborigines, das es ihnen ermöglicht, sich unsichtbar zu machen, sich zu tarnen, sondern auch für die von David Sibeck geschilderten Flux-Transfer-Ereignisse. Beide Phänomene machen deutlich, dass die Natur der Raumzeit nichtlinear ist. Die materielle Matrix unseres Kosmos gleicht demnach weniger einem Schachbrett, sondern vielmehr einem Leiterspiel. Das zeigt sich auch an den Erfahrungen von Piloten der U.S. Navy, die im einundzwanzigsten Jahrhundert UFOs verfolgen, heute als UAPs bezeichnet – »Unidentified Aerial Phenomena«, also unbekannte Phänomene am Himmel. Eines dieser Phänomene hat die länglich abgerundete Form von *Tic-Tac*-Bonbons.

Die Kampfpilotin Lieutenant Commander Alex Dietrich hatte im November 2004 vor der Küste von San Diego eine Begegnung mit einem solchen *Tic-Tac*-UAP. Sie erinnert sich, dass das anomale Flugobjekt »... auf eine Weise manövrierte, die wir nicht erklären oder vorhersehen konnten. Wir konnten gar nicht glauben, zu welchen Flugmanövern es in der Lage war«. Es war in der Tat unfassbar! Ihr Kamerad, Commander David Fravor, erklärte, dass diese *Tic Tacs* innerhalb von Sekunden Distanzen von etwa einhundert Kilometern zurücklegen konnten und in nur einer Sekunde ihre Flughöhe um vierundzwanzig Kilometer reduzierten! Die Schwierigkeit bei der Verfolgung solcher UAPs besteht nicht nur darin, dass sie sich schnell bewegen oder mit superhoher Geschwindigkeit ihren Kurs um neunzig Grad ändern können. Sie verfügen außerdem über die Fähigkeit, wie aus dem Nichts in unseren Luftraum einzudringen.

Das ist technologisch äußerst faszinierend.

An genau dieser Form von Subraumfahrt-Technologie hat die Breakthrough Propulsions Unit der NASA seit mehr als dreißig Jahren geforscht. Viele Millionen an Steuergeldern sind bereits in das Projekt geflossen. Noch interessanter als der technische Aspekt ist jedoch, was uns die Resultate der Forschungen über die Natur des Weltraums sagen. Die Beobachtung solcher Flux-Transfer-Ereignisse, bei denen offenbar mit einem lässigen »Ping« der Standort gewechselt wird, gibt uns ebenso wie die Anomalien an der geheimen Megalith-Stätte in New South Wales weitreichende Informationen über unseren Kosmos: Der Weltraum ist nicht zusammenhängend und linear wie ein Blatt Papier. Vielmehr weist unser vertrautes Universum eine Struktur auf, in der keineswegs alles so ist, wie es zu sein scheint.

Bei meiner zweiten Tasse Tee in Steven Strongs Wohnzimmer berichten mir Steven und sein Sohn, dass die Erfahrung der Menschheit mit dem nichtlinearen Raum und dem überraschenden »Ping« weit älter als dreißig Jahre ist. »Es gab da einen großartigen Stammesältesten, der sich hervorragend auf so etwas verstand. Er hieß Karno. Er nannte diese Methode ›hinter den Vorhang gehen‹. Und er sagte uns: ›Es gab eine Zeit, in der es alltäglich war, diese Dinge zu tun.‹ Diese erstaunlichen Dinge, zu denen er in der Lage war … Karno nannte sie ›Partytricks‹. Und das waren sie auch. Sie spielen keine Rolle für dein Alltagsleben, aber sobald du erfahren hast, dass so etwas *überhaupt* möglich ist, regen sie dich dazu an, alles zu hinterfragen. Du wirst dadurch offen für die Geheimnisse und Wunder des Lebens.

Eine unserer Zeremonien fand mitten in der Nacht an einem Ort statt, an dem keiner von uns Kandidaten je zuvor gewesen war. Nur die Ältesten wussten, wo er sich befindet. Es war im Buschland, in einem locker mit Bäumen bestandenen Gebiet. Die Nacht war mondlos, und man konnte die Hand nicht vor Augen sehen. Als der Älteste, der die Einweihung leitete, uns dazu aufforderte, vorwärts zu rennen, war das keine leichte Aufgabe. Wir konnten nicht sehen, wohin wir unsere Füße setzten, und wir hatten keine Ahnung, worauf wir stoßen würden, nicht wahr, Evan? Man muss sich dann sofort auf all seine anderen Sinnesinformationen einstellen, damit man Dinge wahrnehmen kann, bevor man mit ihnen konfrontiert wird.«

Während ich Steven und seinem Sohn Evan zuhöre, wird mir klar, dass mein Navajo-Freund Troy mir bereits eine ganz ähnliche Zeremonie aus einer anderen Kultur beschrieben hatte. Auch er erzählte mir von Ritualen, die in völliger Dunkelheit durchgeführt werden, um die Initianten auf ihre anderen Sinne einzustimmen. Natürlich hat es einen Überlebensvorteil, eine Gefahr zu erkennen, bevor man in sie hineinläuft.

Darüber hinaus ging es jedoch sowohl in Troys Fall als auch bei den Erfahrungen von Steven und Evan darum, bewusst die Sensibilität für Informationen aus ungewohnten Sinnesquellen zu steigern. In dem, was ich von Troy, Steven und Evan erfahren habe, erkenne ich einen Hinweis darauf, wie in indigenen, traditionellen Kulturen jene neurologischen Bahnen gezielt gestärkt und trainiert wurden, die uns zu mehr Präkognition und Telepathie befähigen und unsere Fähigkeit des »Remote Viewing« anregen, der Fernwahrnehmung.

»Einmal fuhr ich aufs Land, um eine bestimmte Höhle zu besuchen«, berichtet Steven. »Diese Höhle ist ein heiliger Ort des örtlichen Aborigine-Stammes. Wir sollten eine Zeremonie durchführen, bevor wir dort hinaufgingen. Unsere Tante [eine Älteste] konnte die Rauchzeremonie an diesem Tag nicht mit uns durchführen, also führte unser Onkel [ebenfalls ein Ältester] eine andere Zeremonie durch. Als wir zur Höhle kamen, erregte eine Eule meine Aufmerksamkeit. Sobald sie uns bemerkte, flog sie kreischend aus der Höhle. Wie auch immer, wir führten unsere Zeremonie durch und gingen dann nach Hause. In der Nacht rief mich Karno an und schimpfte mit mir. ›Du warst heute auf dem Land, nicht wahr? Warum hast du nicht selbst geraucht?‹«

Der Ort, aus dem Karno anrief, befand sich mehrere tausend Kilometer von der Höhle entfernt, die Steven besucht hatte. Steven hatte an jenem Morgen mit niemandem über die geheime Zeremonie gesprochen, und doch konnte Karno alles, was er an diesem heiligen Ort getan hatte, bis ins kleinste Detail beschreiben. Es war, als hätte Karno in der Höhle eine geheime Überwachungsanlage installiert, die jede noch so kleine Bewegung Stevens aufgezeichnet hatte.

»Ich habe wie ein Idiot versucht, mich zu verteidigen«, erklärte Steven. »Ich sagte: ›Woher weißt du das alles? Du bist doch fast fünftausend Kilometer weit weg!‹

Aber Karno entgegnete: ›Steven, überleg doch mal. Erinnerst du dich an die alte Eule, die herausflog, als du am Höhleneingang ankamst? Nun, ich habe hier ein großes altes rotes Känguru, das gerade aufgesprungen ist. Es sitzt jetzt auf meiner Veranda. Glaub also nicht, ich wüsste es nicht!‹«

So lautete Stevens Bericht. Offensichtlich war das wieder einer dieser berühmten Partytricks, wie Karno sie genannt hatte – ein bisschen mehr Fernwahrnehmung, als für die meisten von uns normal ist. Mir ist klar, dass viele sich damit schwertun, die Gültigkeit solcher Phänomene anzuerkennen, und vielleicht fällt es auch Ihnen schwer, das zu glauben, was ich Ihnen eben erzählt habe. Dennoch nimmt die Fähigkeit der Fernwahrnehmung, des Remote Viewing, einen festen Platz in der Welt der Aborigines ein, der ältesten ununterbrochen fortbestehenden Kultur der Erde. Vielleicht neigen Sie zu einer gesunden Skepsis, und allein aus diesem Grund möchten Sie vielleicht die Ehrlichkeit dieses verehrten Aboriginal-Ältesten in Frage stellen, wenn er andeutet, den geheimnisvollen Gesang und Tanz der Tiere zu verstehen, als handele es sich um eine artenübergreifende Frequenz des alten Buschtelefons. *Nein, das ist unmöglich! Das muss ein Trick sein. Bestimmt handelt es sich bei Karno um eine australische Aboriginal-Version so berühmter Zauberkünstler wie David Blaine oder Dynamo.* Doch angesichts dessen, was ich inzwischen von den Hütern der ältesten noch existierenden Kulturen unserer Welt erfahren habe, bin ich immer stärker bereit, meinen Unglauben zu zügeln. Je mehr ich über Bewahrer der alten Traditionen wie Karno herausfinde, desto mehr wertschätze ich sie. Ihre ungewöhnlichen Taten machen mich nachdenklich. Könnte es sein, dass wir im einundzwanzigsten Jahrhundert mit unseren Drohnen, der Satellitenüberwachung und den Mobiltelefonen künstliche Technologien erfunden haben, die es unserer Generation ermöglichen, etwas zu tun, das unsere Vorfahren ganz ohne solche technischen Hilfsmittel beherrschten?

In setze mein Gespräch mit Steven und Evan fort, und es geht weiter um das Thema Portale. Steven schildert mir eine andere Demonstration von Karnos Fähigkeiten. »Evan und ich sahen beide, wie Karno hinter den Vorhang ging. Wir sahen, wie er vor den Augen derer, die er eingeweiht hatte, verschwand und buchstäblich im nächsten Augenblick fünfzig Meter entfernt wieder auftauchte. Es gab dafür jede Menge Zeugen, nicht wahr, Evan?«, sagt Steven. »Es war lustig, weil bei dieser Gelegenheit ein bekannter Reporter zu unserer Gruppe gehörte. Und als er sah, was Karno tat, fiel ihm die Kinnlade herunter. Er konnte nicht glauben, was er da gerade mit eigenen Augen gesehen hatte. Aber Karno behauptete immer, dass wir früher alle zu so etwas in der Lage waren – damals, als wir noch mehr DNA hatten. Damit meint Karno, dass es eine Zeit gab, in der mehr von unserer DNA aktiviert war.«

Als Steven das sagte, musste ich sofort an die mesoamerikanische Schöpfungserzählung Popol Vuh denken. Dieser uralte Quiché-Text beschreibt einen Moment der Vorgeschichte, in dem die kognitiven Fähigkeiten unserer Vorfahren durch eine Form neurologischer Interferenz absichtlich verschlechtert wurden. Diese Herabstufung wurde gezielt vorgenommen, um unseren Vorfahren ihre ursprünglichen Fähigkeiten der Selbstheilung, Telepathie, Präkognition und Fernwahrnehmung zu nehmen. Der leitende Gentechniker in dieser Erzählung wurde als »gefiederte Schlange« beschrieben. Die alten Maya kannten ihn als Kukumatz und die Azteken als Quetzalcoatl. In Yucatán war er unter dem Namen Kukulkan bekannt.

Die neurologische Interferenz schädigte, so erfahren wir aus dem Popol Vuh, gezielt das Gehirn des damaligen hochintelligenten *Homo sapiens*, der sehr viel bewusster war als wir Heutigen. Dadurch wurden seine kognitiven Fähigkeiten so weit reduziert, dass jegliche Telepathie, Präkognition oder Fernwahrnehmung, die er von seinen tierischen Vorfahren geerbt hatte, ausgeschaltet wurde. Die Menschen waren von da an auf den Bereich ihrer fünf physischen Sinne beschränkt und ihr Wahrnehmungsfeld reduzierte sich auf das, was sich unmittelbar um sie herum befand. Die Menschen benötigten nun »Autoritäten«, die ihnen alles sagten, was sie jenseits dieses winzigen Sinnesbereiches wissen mussten. So erreichten Kukumatz und seine Ingenieurkollegen, dass diese kognitiv stark beeinträchtigte Menschheit sich leichter beherrschen und dazu bringen ließ, für ihre gefiederten Machthaber zu arbeiten.

Das Popol Vuh ist nur eine von vielen Schöpfungsgeschichten, in denen sich das Narrativ von den Ursprüngen der Menschheit mit Berichten über ein höheres menschliches Potenzial und Paläokontakte überschneidet. Die Geschichte des Popol Vuh über den kognitiven Abstieg der Menscheit findet zum Beispiel eine klare Entsprechung in der griechischen Geschichte von Zeus und Prometheus, der biblischen Geschichte von Babel und der nigerianischen Geschichte von Abassi und Attai.

Der Sinn von Karnos Portaltrick bestand darin, seine Schüler zu veranlassen, über die Illusion von Raum und Zeit hinauszublicken, in der alles linear und zusammenhängend erscheint. »Hinter den Vorhang zu blicken«, wie Steven und Evan es an der geheimen Felsformation in New South Wales selbst erlebt haben, ist etwas, das den Eingeweihten die Augen für das Geheimnis des Lebens öffnet. Nichts ist so, wie es zu sein scheint. Einweihungserfahrungen wie diese sind ein kostbares Erbe unserer indigenen Mütter und Väter. Dennoch hat man uns in Australien wie auch anderswo beigebracht, die alten Wege zu verachten, überheblich auf sie herabzublicken und die Geschichten der indigenen Bevölkerung als Ammenmärchen zu verunglimpfen. Zwei Jahrtausende christlicher Orthodoxie haben uns dazu indoktriniert, Schamanen wie Karno als Illusionisten, »Hexendoktoren« oder »Götzenanbeter« abzuqualifizieren. Der Glaube an die Überlegenheit der Weißen, an den Dünkel der imperialistischen Erziehung und an die christliche Orthodoxie wurde von Generation zu Generation weitergereicht. *Dies war das vorherrschende Narrativ, von der Zeit an, als die christlichen römischen Kaiser Britannien kolonialisierten, bis zu der Zeit, als das christliche Britannien Indien, Amerika, Afrika und Australien kolonialisierte.*

Lassen Sie mich Ihnen als Beispiel die Geschichte des Kookaburra erzählen. Der Kookaburra ist ein wunderschöner Vogel aus der Familie der Eisvögel, der in Australien heimisch ist. Sein unverwechselbares Lachen, dem er seinen deutschen Namen »Lachender Hans« verdankt, erfüllt den australischen Busch von Küste zu Küste und vom Morgengrauen bis zur Abenddämmerung. Die Geschichte geht wie folgt: *»Wenn der* Kookaburra aufhört zu lachen, geht die Sonne nicht auf.« Das war's. Das ist die ganze Geschichte. Nun, lange Zeit dachten die britischen Siedler in Australien, wie primitiv die Einheimischen doch waren, dass sie dem Aberglauben anhingen, dieser seltsame australische Vogel hätte irgendeinen physischen Einfluss auf die Stabilität unseres Sonnensystems. Wie lustig! Wie niedlich! Doch je mehr ich mit den Erzählungen der indigenen Vorfahren in Berührung komme, desto mehr öffne ich mich dafür, höre mit Respekt zu und stelle Fragen, um das in den Geschichten enthaltene wertvolle Wissen zu verstehen. Worum geht es also in der Geschichte über den Kookaburra wirklich? Wenn die Ältesten der australischen Aborigines diese Geschichte ihren jungen Zuhörern erzählen, werden eine ganze Reihe von erhellenden Fragen gestellt, um herauszufinden, was hier vor sich geht:

»Was frisst der alte Kookaburra?«

»Alles!«, kommt die Antwort, denn jedes Kind, das mit dem Busch vertraut ist, weiß, dass der weise alte Kookaburra gelernt hat, Insekten, Larven und Fische zu fressen. Kookaburras fressen alles, was sie finden – alles, was das lokale Ökosystem einem Vogel dieser Größe anzubieten hat.

»Also, Kinder, was bedeutet es, wenn ihr die Kookaburras nicht mehr lachen hört?«

»Das bedeutet, dass sie alle weggeflogen sind.«

»Genau so ist es. Und was denkt ihr, warum sind alle Kookaburras weggeflogen?«

»Um Futter zu suchen.«

»Aber warum sollten sie das tun? Der alte Kookaburra kann doch alles fressen, was es hier für ihn gibt, oder nicht?«

»Dann gibt's hier wohl kein Futter mehr für ihn.«

»Gar kein Futter mehr? Keine großen Fische? Keine mittelgroßen Larven? Keine kleinen Insekten? Alles weg?«

»Ja, sie müssen alle weg sein, denn sonst würde der Kookaburra ja hierbleiben, um sie zu fressen.«

»Wenn es also keine Insekten, Larven oder Fische mehr gibt, nicht einmal genug, um den kleinen, alten Kookaburra zu ernähren, was glaubt ihr, wie es dann den Menschen ergehen wird?«

Verstehen Sie? In der Geschichte des Kookaburras geht es nicht um einen Vogel. Es geht um das lebenswichtige Gleichgewicht des australischen Ökosystems. Wenn es keine Kookaburras mehr gibt, hat das gesamte Ökosystem versagt, und ob die Sonne aufgeht oder nicht, es werden dann einfach keine Menschen mehr da sein, die den Sonnenaufgang miterleben können.

Mit Eleganz und Einfachheit vermittelt die Geschichte vom Kookaburra den Zuhörern, wie wichtig es ist, den Gesang und Tanz ihrer tierischen Mitlebewesen verstehen zu lernen. Sie lehrt ihre Zuhörer, das Gleichgewicht des Ökosystems wertzuschätzen, sich um es zu kümmern und den Zustand der natürlichen Umwelt lesen zu lernen, vom kleinsten Insekt angefangen. Es geht um ein hochentwickeltes Verständnis für das ökologische System des australischen Buschlandes. Das wird in der Kultur der Aborigines allen Stammesangehörigen von klein auf vermittelt. *Die Kookaburra-Geschichte vermittelt eine Ahnung von der Weisheit und Kraft der ursprünglichen australischen Tradition.*

Die anglofone Kultur des modernen Australiens hat so viele unserer Aboriginal-Brüder und -Schwestern zu Ausgestoßenen gemacht, sie der Weisheit ihrer Ältesten beraubt und ihnen ihre traditionellen Initiationsriten genommen. Unser Bildungssystem tut sich jetzt natürlich schwer damit, einen guten Kontakt zu den indigenen Australiern herzustellen und sie zu regelmäßigem Schulbesuch und Bildungsabschlüssen zu motivieren. Genau deshalb lud das Bildungsministerium von New South Wales Steven ein: um eine Möglichkeit zu finden, wie man mit den entrechteten jungen Schülern in Kontakt treten und einen Weg in eine gemeinsame, bessere Zukunft finden kann. »Bringt mir die schlimmsten dieser Jungs«, sagte Steve. Und das taten sie.

Im Schatten der alten Eukalyptusbäume am Rande des Schulgeländes zog Steve die »schlimmsten Jungs« allmählich in Geschichten und Aktivitäten hinein, die in den alten Traditionen der ursprünglichen australischen Initiationskultur wurzelten. Auf diese Weise baute er die Neugier, das Einfühlungsvermögen und das Selbstbewusstsein der ihm anvertrauten Jugendlichen auf. Das Ergebnis war nichts weniger als eine Transformation. Kinder, die früher alles getan hätten, um die Qualen des Schulunterrichts zu vermeiden, kommen jetzt in die Schule, um diese Erfahrung der ursprünglichen australischen Lernkultur zu machen, und sie kommen mit strahlenden Gesichtern, weil sie Freude an dem haben, was ihnen angeboten wird. Sie sind glücklich, sich auf einer tieferen Lernreise zu befinden.

Vielleicht ist es also möglich, dass eine neue Generation australischer Pädagogen den Wert jener Lehrmethoden entdeckt, die seit 1970, als die Briten das Land übernahmen, beiseitegeschoben und herabgewürdigt wurden. Bis dahin war diese Sichtweise der Welt in Australien vorherrschend gewesen. Es wäre wunderbar, einen solchen Wandel zu erleben, denn zu der Zeit, als Steven Strong als Lehrer im öffentlichen australischen Bildungssystem tätig war, bestand das Gebot darin, jeglichen Beitrag der australischen Ureinwohner zu einem Verständnis der Welt im einundzwanzigsten Jahrhundert zu negieren. Nach offizieller Lesart war Australien vor der Übernahme durch die Briten *Terra nullis*, ein unbesiedeltes, jungfräuliches Gebiet, an dem es keine bestehenden Besitzrechte gab. Doch als Captain Cook am 29. April 1770 in der Botany Bay landete, hielt er in seinem Logbuch fest, dass er einen Aborigine mit Pfeil und Bogen zum Strand laufen sah. Cook beschrieb den Rauch, der von den Siedlungen aufstieg, die sich entlang der Küste bis zum fernen Horizont erstreckten. Innerhalb von fünfzehn Minuten nach der Landung wurden laut Cooks Logbuch die ersten Schüsse aus einer britischen Muskete auf zwei Gweagal-Männer der Dharawal-Nation abgefeuert. Sie verletzten einen der Männer am Bein, womit von Anfang an die »korrekte« soziale Ordnung durchgesetzt wurde, die künftig zu gelten hatte.

Vor einigen Jahrzehnten wurden in Australien Schulbücher mit einem Bild und einem Text veröffentlicht, in dem der in Cooks Logbuch erwähnte Aborigine beschrieben wurde. Doch dann befand jemand im Bildungsministerium von New South Wales, dass dieses Bild unangemessen sei. Es lenkte von der Metaerzählung der fortschrittlichen Europäer ab, die kamen, um das Leben der primitiven Ureinwohner Australiens zu verbessern. Pfeil und Bogen waren viel zu hochentwickelte technische Gerätschaften, die man den historischen Aborigines lieber nicht zubilligen wollte. Und so wurden diese Lehrbücher schnell aus den Schulbibliotheken von New South Wales entfernt und durch »korrigierte Fassungen« ersetzt.

Zu diesem Zeitpunkt wusste Steven bereits, dass er in einem Land der unterdrückten Geschichten lebte: Kinder waren vom Staat entführt, ganze Stämme umgesiedelt und Initiationszeremonien verboten worden, und man hatte versucht, die indigene Sprache zu zerstören. Doch selbst im einundzwanzigsten Jahrhundert noch erleben zu müssen, wie ein Bildungssystem die Geschichte der australischen Ureinwohner absichtlich vor der nächsten Generation von Schulkindern verheimlichte, war für Steven ein persönlicher Wendepunkt.

Für ihn und später auch für seinen Sohn Evan begann damit eine neue Reise. Sie machten es sich zur Lebensaufgabe, die verbotenen Geschichten der Aborigines offenzulegen und tief in ihre Traditionen einzutauchen, die es über Jahrhunderte hinweg ermöglicht hatten, diese verbotenen Geschichten an künftige Generationen weiterzugeben – und damit auch das Wissen um die geheimen Fähigkeiten unserer Vorfahren.

5

Begraben, aber nicht vergessen

New York, New York – heute

Wie Alice in Lewis Carrolls *Alice im Wunderland* stolperte ich durch einen unerwartet auftauchenden Kaninchenbau in eine völlig neue Welt hinein. Ausgelöst wurde meine Entdeckungsreise in das Wunderland der verbotenen Geschichten dadurch, dass ich mich monatelang mit den Werken der Weltmythologie und den Überlieferungen unserer Vorfahren beschäftigte. Mir schien diese Initiation ganz und gar zufällig zu sein. Troy hingegen ist ein lebendiges Glied in einer Kette von geplanten, sorgfältig durchgeführten Initiationen, deren Tradition Zehntausende von Jahren zurückreicht. Als wir Troy in diesem Buch zum ersten Mal begegneten, befand er sich in einer Doppelwelt aus Teenagerleben in Arizona und indianischer Initiation. Heute freue ich mich darauf, ihn als Erwachsenen zu treffen und herauszufinden, wohin diese Reise ihn in den vergangenen Jahren geführt hat. Mein Freund Rob Yox hat uns beide ins New Yorker Studio von *Full Spectrum Universe* eingeladen, zu einem Gespräch über unsere jeweiligen Lebensreisen. Troy ist mir auf Anhieb sympathisch, man kommt leicht mit ihm ins Gespräch und zugleich spürt man seine Tiefgründigkeit. Ich fühle mich geehrt, jemanden kennenlernen zu dürfen, der ein so profundes und schon seit so langer Zeit existierendes Verständnis von Menschlichkeit verkörpert.

Die Navajo glauben, dass sie von Anfang an in Nordamerika gelebt haben. Nach dem derzeitigen anthropologischen Konsens gibt es eindeutige Beweise dafür, dass Nordamerika bereits vor etwa zwanzigtausend Jahren von den Stammesgesellschaften der amerikanischen Ureinwohner besiedelt war. Einige Artefakte deuten darauf hin, dass die menschliche Besiedlung Nordamerikas sogar noch zwanzigtausend Jahre weiter zurückreicht. Die Rituale und Geschichten, durch die Troy zu einem Hüter des Navajo-Wissens wurde, haben schon unzählige Generationen seiner Vorfahren erfahren. Dabei wurden jedes Mal die Geheimnisse weitergegeben, die es seinem Volk ermöglichten, Zehntausende von Jahren auf dem nordamerikanischen Kontinent zu leben und zu gedeihen. Und nun erfahre ich, dass dieser generationenübergreifende Lehrplan beeindruckendes Wissen über die Nutzung unseres Gehirns und unseres Körpers enthält – Aspekte wie telepathische Fähigkeiten und Fernkommunikation, Remote Viewing und Präkognition. Diese Fähigkeiten ermöglichten es Troys Vorfahren tatsächlich, Klimaschwankungen, geologische Veränderungen, Asteroideneinschläge, Eiszeiten, Invasionen, Kolonialisierung und Völkermord zu überleben.

Das ist umso erstaunlicher, wenn Sie einmal für einen Moment überlegen, was Umweltveränderungen solchen Ausmaßes für unsere heutige Zivilisation bedeuten würden. Filme wie *Deep Impact, Armageddon, Mad Max, 2012, Cloud Atlas, The Day After Tomorrow* und *Don't Look Up* schildern auf dramatische Weise Ereignisse unserer planetarischen Geschichte. Solche Ereignisse werden auch in den Weisheiten Platons und anderen Werken der antiken griechischen Literatur, in altägyptischen Texten und in der Bibel thematisiert. Alle diese Überlieferungen beschreiben eine periodische Auslöschung der menschlichen Zivilisation durch plötzliche klimatische Veränderungen oder einen Asteroiden- oder Kometeneinschlag. Ich vertrete die Auffassung, dass die Verfasser der Bibel vier dieser katastrophalen Ereignisse in der Schöpfungsgeschichte, *Genesis 1* bis *11*, schildern.

- In *Genesis 1* wird die Erde als weitgehend überfluteter, in Dunkelheit gehüllter Planet beschrieben – so wie es nach einem schweren Asteroiden- oder Kometeneinschlag der Fall wäre. Ein solches Ereignis löste möglicherweise die Jüngere Dryas-Kaltzeit aus.
- In *Genesis 6* wird eine zweite Flut beschrieben, die unser Leben auf der Erde nahezu auslöschte, ähnlich wie die Fluten, die Anfang und Ende der Jüngeren Dryas-Kaltzeit kennzeichneten. Diese Kaltzeit begann vor etwa 12.800 Jahren und endete vor etwa 11.600 Jahren. Das letzte Flutereignis der Jüngeren Dryaszeit soll zu jener Zeit stattgefunden haben, auf die sowohl Platon wie auch die altägyptische Priesterschaft den Untergang der atlantischen Zivilisation datierten. Beide Quellen nennen übereinstimmend eine Flutkatastrophe als Ursache.
- In *Genesis 9* wird das Auseinanderbrechen der Kontinente erwähnt – ein wahrhaft katastrophaler Moment in der Erdgeschichte.
- *Genesis 11* schildert die Zerstörung einer technologischen und globalen Zivilisation.

Das sind Narrative, die sichtbar werden, wenn man sich bei der Übersetzung der alttestamentarischen Texte an den Grundbedeutungen der Wörter orientiert.

Welche Kultur könnte im Fall einer globalen Katastrophe dieses Ausmaßes überhaupt auf der Oberfläche eines so dramatisch veränderten Planeten überleben? Diejenigen von uns, deren Überleben weitgehend von Supermärkten, Mobiltelefonen, Internet und Elektrizität abhängt, befänden sich jedenfalls ganz erheblich im Nachteil. An dem Punkt wird die große Mehrheit von uns verzweifelt nach Wissen von der Art suchen, wie unsere indigenen Brüder und Schwestern es über Generationen hinweg gehütet und bewahrt haben. Wir alle werden in einer solchen Situation dringend die Fähigkeiten brauchen, die sie im Laufe der Jahrtausende kultiviert haben. Um zu überleben, werden wir auf die Hilfe der indigenen Menschen angewiesen sein.

Bei der Landnahme der Europäer in Nordamerika mussten die Ureinwohner genau diese Art von Geschicklichkeit und Widerstandsfähigkeit unter Beweis stellen. Von Zeit zu Zeit blieb den Kolonisatoren gar nichts anderes übrig, als sich auch mit den ungewohnten kognitiven Fähigkeiten ihrer neuen Nachbarn auseinanderzusetzen. Wie bezwingt man ein Volk, das Telepathie, Fernwahrnehmung und Präkognition beherrscht? Wie überfällt man Menschen, die im Voraus spüren, dass sich ein Feind nähert? Wie täuscht man ein Volk, das offenbar in der Lage ist, Gedanken zu lesen? Und wie treibt man einen Keil zwischen das eigene Volk (die vom westlichen Christentum indoktrinierten Europäer) und die weisen Ureinwohner des neuen Landes mit ihren genauen Kenntnissen über die lokale Flora und Fauna – die indigenen Menschen, die wissen, welche Pflanzen und Tiere sich gut für die Ernährung eignen, welche man besser meidet und welche zur Heilung von Krankheiten eingesetzt werden? Man kann ja nicht ein Gebiet erobern und dann von den Opfern der gewaltsamen Attacke abhängig sein, hinsichtlich der Geheimnisse des Überlebens in ihrem eigenen Land! Die britischen, holländischen, spanischen und französischen Eroberer Nordamerikas entschieden sich für zwei Wege, um die klare kulturelle Distanz und das Bild der Überlegenheit aufrechtzuerhalten. Zum einen wurde in der Propaganda gegenüber den eigenen Leuten, den Kolonisatoren, die indigene Bevölkerung verspottet und dämonisiert. Und zum anderen gaben die europäischen Eroberer sich alle Mühe, die Zeremonien und Initiationsrituale der Ureinwohner zu stören, bis die Regierung der USA dann schließlich von 1884 bis 1978 die Durchführung sämtlicher indigener Rituale komplett verbot.

Der Massenmord der europäischen Eroberer an den Ureinwohnern Amerikas wird vielfach als der Höhepunkt des kolonialen Holocausts bezeichnet. Nachdem die europäischen Kolonisatoren die Hegemonie in der Neuen Welt erlangt und die Beute in imperiale Staaten und Territorien aufgeteilt hatten, wurden die überlebenden Stammesgemeinschaften brutal militärisch unterworfen, zwangsumgesiedelt und nach und nach in Reservate eingesperrt. Durch diesen langwierigen Prozess wurde die indigene Bevölkerung Nordamerikas dramatisch reduziert, und der Rechtsstatus der Überlebenden unterschied sich kaum mehr von dem von Tieren. Es wurden ihnen keinerlei verfassungsmäßige Rechte zuerkannt und innerhalb der Strukturen, von denen sie nun regierten wurden, besaßen sie keinerlei Mitspracherecht. Um jede Art von kultureller Erholung im Keim zu ersticken, betrieb man zudem eine Politik der Zwangsadoptionen, die den Stammesältesten jede Möglichkeit nahm, den jungen Männern ihr Stammeswissen und ihre Fähigkeiten zu vermitteln. Die Kolonialherren kontrollierten die Geschichtsschreibung. Entsprechend wurden die gestohlenen Kinder gemäß den Narrativen der Kolonisatoren über die menschliche Herkunft unterrichtet. Durch Adoptiveltern und in Kinderheimen vermittelte man ihnen die Grundsätze der modernen Wissenschaft und der christlichen Orthodoxie.

Indem man die alten Zeremonien für illegal erklärte, wollte man verhindern, dass die Schamanen die Mutterkultur der gestohlenen Kinder weitergaben und bewahrten. Es sollten keine

Medizinmänner mehr die europäischen Siedler mit alternativer Gesundheitsfürsorge verführen oder ihnen alternatives Wissen anbieten. Ohne den Übersetzungsschlüssel der Initiation sollten Kontakte mit den Geistern der Ahnen, den kosmischen Nachbarn oder Wesenheiten aus anderen Dimensionen ins Reich von Fiktion und Aberglauben verbannt werden. Es sollte kein Ahnenwissen, keine Telepathie, keine Fernwahrnehmung, keine Präkognition oder Naturheilung mehr geben. Die Gesetze, die den amerikanischen Ureinwohnern ihre Zeremonien untersagten, blieben – wie gesagt – bis 1978 in Kraft, wodurch Initiationen während vier Generationen fast völlig unterbunden wurden. Von jeglichem indianischen Einfluss befreit, war die »Neue Welt« ganz dem Profitstreben der Kolonisatoren ausgeliefert.

Das sind meine Notizen, die ich jetzt mit Troys vergleiche, während ich im New Yorker Studio von Rob Yox sitze und diesen verheerenden Abschnitt der nordamerikanischen Geschichte betrachte. Es fällt mir nicht schwer, die Zusammenhänge zu erkennen. Es gibt viele deutlich sichtbare Parallelen zu der Art und Weise, wie Eroberer in früheren Zeiten vorgingen. Ich denke an die Unterdrückung des altägyptischen Priesterwissens, nachdem das Römische Reich Ägypten erobert hatte. Ich denke an die Eroberung Mittel- und Südamerikas durch die katholischen Heere Portugals und Spaniens im fünfzehnten und sechzehnten Jahrhundert. Auf den drei Kontinenten, auf denen ich gelebt habe, sind die Parallelen nicht schwer zu finden. Troys Schilderung der nordamerikanischen Geschichte erinnert mich an meine walisischen Vorfahren, deren Kultur ganze acht Jahrhunderte lang unter der Gewalt und Unterdrückung durch die Engländer litt, die ihr Land von der City of Westminster in London aus regierten. Als England 1284 das angrenzende Wales eroberte, wurde Wales England angegliedert. Von diesem Zeitpunkt an hörte das walisische Volk offiziell auf zu existieren. Zu Beginn des zwanzigsten Jahrhunderts, als mein Großvater mütterlicherseits noch zur Schule ging, tat die britische Regierung ihr Bestes, um die Flamme der walisischen Sprache endgültig auszulöschen. Ihre Bemühungen konzentrierten sich auf die Welt der Bildung. Jedes Kind, das in der Schule dabei erwischt wurde, dass es Walisisch sprach, musste den »Welsh Not« tra*gen.* Dabei handelte es sich um ein Holzbrett mit einem Seil, das um den Hals des Kindes geschlungen wurde. Die einzige Möglichkeit, dieses Brett wieder loszuwerden, bestand darin, ein anderes Kind zu verpfeifen, das Walisisch sprach. Das Brett wurde daraufhin um den Hals des anderen Kindes gehängt. Und das arme Kind, das dieses »Kein Walisisch«-Schild trug, wurde dann, wenn um 15 Uhr die Schulglocke läutete, zum Lehrer gebracht und verdroschen.

So sah die Politik des britischen Bildungsministeriums für die Schulen in Wales aus. Die Absicht hinter dieser Politik war es, die walisische Kultur auszulöschen. Denn wie konnte man ohne die walisische Sprache eine walisische Kultur haben? Wie konnte man die walisische Tradition bewahren oder indigene walisische Geschichten erzählen? Ich denke dabei an die Geschichten über die Tylwyth Teg, die in den Rhythmen und Reimen der walisischen Sprache bewahrt wurden und von einer nicht-menschlichen Präsenz erzählten, die auf walisischem Boden die Wege unserer Vorfahren kreuzte.

Die Untertanen sollten solche abergläubischen Geschichten gefälligst vergessen! Man setzte alles daran, diese lokalen Überlieferungen durch die beiden Monolithen der westlichen Wissenschaft und der christlichen Orthodoxie zu ersetzen.

Auch in Australien ist die Auslöschung der Kultur der Aborigines seit dem achtzehnten Jahrhundert fester Bestandteil der britischen Besatzungsgeschichte. Selbst heute, im einundzwanzigsten Jahrhundert, werden heilige Stätten der Aborigines, von der Juukan-Schlucht im äußersten Westen des Kontinents bis zum Mount Nadye im äußersten Osten des Kontinents, weiterhin von Bergbau- und Bauunternehmen zerstört – eine Spur der kulturellen Auslöschung, die sich durch das ganze Land zieht. Während mein walisischer Großvater in der Schule Prügel bezog, wenn er es wagte, auch nur ein Wort Walisisch zu sprechen, wurde zwei Generationen später in Australien ein Aborigine-Ältester und Freund eines meiner Freunde für drei Monate ins Gefängnis gesperrt, nur weil er in der Öffentlichkeit seine australische Eingeborenensprache benutzt hatte. Zwischen 1880 und 1980 hat der australische Staat die Kinder der australischen Ureinwohner gewaltsam ihren Eltern weggenommen und sie in Jugendgefängnissen untergebracht, die euphemistisch als »Missionen« bezeichnet wurden. Wenn die katholischen Geistlichen und Nonnen kamen, um die Kinder abzuholen, konnten nur Familien, die Geld genug hatten, um sie zu bestechen, ihre Kinder vor jener Politik schützen, deren Opfer heute als die »gestohlene Generation« bezeichnet werden. Einige Aborigine-Kinder wurden von weißen australischen Familien adoptiert und innerhalb der weißen Kultur Australiens erzogen. Andere blieben in den Missionen, den Kinderheimen, bis sie alt genug waren, um in die Arbeitswelt entlassen zu werden.

Die Bezeichnung »Missionen« rührt daher, dass diese Heime von christlichen Organisationen betrieben wurden, die sich der Umprogrammierung der Kinder gemäß den Sitten des britischen Christentums verschrieben hatten. Sie betrachteten das als Teil ihres christlichen »Auftrags«.

Ob die Kinder nun in einer Missionsstation untergebracht oder in einen weißen australischen Haushalt eingepfropft wurden, das Ergebnis war das gleiche. Sie beherrschten die Sprache ihres eigenen Volkes nicht mehr sicher. Sie vergaßen die Geschichten und Traditionen und wurden dadurch all jener Zeremonien und Initiationen beraubt, die ihnen Verwurzelung und

Erdung in ihrer Aborigine-Identität hätten schenken können. Die Absicht war im Wesentlichen, dass die Kinder ihren Schulabschluss machen sollten, ohne zu wissen, wer sie waren, aber mit ausreichender Schulbildung, um als nützliche Mitglieder der Arbeiterklasse zu dienen. Diese Politik wurde ein ganzes Jahrhundert lang beibehalten – und zwar genau in jenem Zeitraum, während dem auch die Kultur der amerikanischen Ureinwohner in die Illegalität gedrängt worden war, nämlich zwischen 1880 und 1980. In beiden Fällen bestand das Ziel darin, eine Kultur und das von ihr bewahrte und von Generation zu Generation weitergegebene Wissen auszulöschen.

Im einundzwanzigsten Jahrhundert verfolgt die Politik das gleiche Ziel auf eine subtilere Art. Allein durch die Ansiedlung von Schulen fernab der traditionellen Heimat werden neue Generationen von australischen Aborigine-Kindern gezwungen, ihr Land mit all den Erinnerungen, Verwandtschaftsbeziehungen und Ritualen zu verlassen und wegzuziehen, um weit weg im staatlichen Schulsystem unterrichtet zu werden. Fern ihrer Heimat werden sie auf Englisch unterrichtet, während ihre indigenen Sprachkenntnisse verkümmern. Geschichten, Zeremonien und Initiationen werden durch einen staatlichen Lehrplan mit nationalen Vorgaben ersetzt, der die Kinder auf die »volle Teilnahme an der australischen Gesellschaft« vorbereiten soll. Alle umgesiedelten Aborigine-Kinder, die als Vertriebene im eigenen Land nicht gedeihen und zu Problemfällen werden, landen in den grausamen Mühlen eines zweihundertfünfzig Millionen Dollar teuren Jugendstrafvollzugsystems, das die Kinder »Juvy« (Kurzform für Jugendgefängnis) nennen. Diese Kinder im Alter von zehn bis siebzehn Jahren erwarten dort Qualen und Misshandlungen.

Im Jahr 2016 wurde einer Gruppe von Anwälten Bildmaterial über schwerste Misshandlungen an inhaftierten Kindern im Jugendgefängnis Don Dale Youth Detention Centre im australischen Northern Territory gezeigt. Dort wurden nachweislich Vierzehnjährige, die friedlich Karten spielten, vom Wachpersonal mit Tränengas attackiert, Dreizehnjährige geprügelt, nackt ausgezogen, mit Säcken über dem Kopf an Stühle gefesselt und bis zu siebzehn Tage lang in Einzelhaft ohne Licht gehalten. Als das Licht der Öffentlichkeit auf diese Haftanstalt fiel, fand man schnell eine Lösung. Die Kinder wurden in ein Erwachsenengefängnis verlegt.

Eine königliche Kommission, die sich mit dem Jugendstrafvollzug im australischen Northern Territory befasste, empfahl, keine Maßnahmen gegen das Personal des Gefängnisses zu verhängen, die bei den Grausamkeiten in Don Dale gefilmt worden waren. Eine Woche nach der Veröffentlichung der Kommissionsergebnisse gab der Polizeipräsident des Territoriums bekannt, dass die Kinder, wenn sie endlich aus dem Gefängnis entlassen werden und nach Hause zurückkehren dürfen, damit rechnen können, dass sie in ein Gebiet zurückkehren, in dem getarnte Polizisten mit militärischen Sturmgewehren patrouillieren. Diese Beamten sind Mitglieder der *Nationalen Sondereinheit zur Terrorismusbekämpfung*. Das ist also das Angebot der Polizei an die abgelegenen Gemeinden des Northern Territory, um Probleme mit antisozialem Verhalten bei Kindern und Jugendlichen zu bekämpfen. Offensichtlich stehen genug Mittel für militarisierte Polizeieinheiten zur Verfügung, nicht jedoch für Lehrerinnen und Lehrer.

Der erste Schritt auf diesem zerstörerischen Weg ist die Trennung der Kinder von ihren Müttern, Vätern und der weiteren Familie mitsamt der Sicherheit und Zugehörigkeit zum Land ihres Volkes. Es ist nicht dieselbe Politik wie bei der »gestohlenen Generation«, aber sie ist auch nicht sehr verschieden. Gleiche Absicht. Gleiches Ergebnis. Der Unterschied besteht einzig und allein darin, dass die Politik des einundzwanzigsten Jahrhunderts leichter mit vermeintlichen Sachzwängen zu erklären ist. »Die Regierung kann es sich nicht leisten, überall Lehrer hinzuschicken!« Wer könnte da widersprechen?

Im Jahr 2015 erklärte der damalige australische Premierminister Tony Abbott, dass die australische Regierung nicht dafür verantwortlich sei, »die Lebensstilentscheidungen« der australischen Ureinwohner zu subventionieren, die ihre Kultur bewahren und weiterhin auf ihrem traditionellen Land leben wollen. Wenn die Regierung keine Lehrerstellen in der Nähe der einhundertfünfzig auf ihrem traditionellen Land lebenden Aborigine-Gemeinden einrichten will, denen der Staat ohnehin die Zuwendungen streicht, dann müssen eben die Kinder dieser Gemeinden einfach dorthin umziehen, wo es Schulen gibt, oder?! Das ist weniger brutal als die Politik der »gestohlenen Generation«. Und für viele hörte es sich einfach wie wirtschaftspolitischer Realismus an. Schließlich verfügt keine Regierung über unendliche Finanzen. Es ist jedoch nicht schwer zu erkennen, wohin dieser Weg führt. Wenn australische Aborigine-Kinder von ihrem Land vertrieben, vom Kontakt mit ihren Stammesältesten abgeschnitten, von ihrer Familie getrennt, ihrer Sprache und ihrer Geschichte beraubt werden, besteht kein Zweifel, was das Endergebnis von »einfach umziehen müssen« sein wird: der Zerfall und das Verschwinden der Kultur der Aborigines. Aber wie der Premierminister sagte: »Was wir nicht tun können, ist, die Wahl des Lebensstils endlos zu subventionieren, wenn diese Wahl des Lebensstils nicht zu einer vollen Teilnahme an der australischen Gesellschaft führt.«

Verstehen Sie, was ich meine? In Kanada, wo meine Familie in den 1980er Jahren ein glückliches Jahrzehnt verbrachte, verlief die Geschichte des staatlichen Umgangs mit der indigenen Bevölkerung, den »First Nations«, ganz ähnlich.

Montreal, Kanada – 30. September 2021

Vom Place de Canada bis zum Place des Arts drängen sich in den Straßen Montreals Tausende Menschen, die gemeinsam marschieren. Trotz der leuchtend orangefarbenen Hemden ist die Stimmung düster. Heute ist ein Tag der Trauer. Wir sind hier, um die indigenen Kinder zu ehren, die ihren Eltern weggenommen und in Heimen in ganz Kanada untergebracht wurden, oft ohne Wiederkehr. In diesem Jahr wurden die Leichen Tausender indigener Kinder aus nicht gekennzeichneten Massengräbern auf dem Gelände von Kinderheimen im ganzen Land exhumiert. Viele derjenigen, die heute demonstrieren, sind Überlebende dieser Heime. Sie wollen, dass die heutige Generation von Kanadiern weiß, dass ihre Regierung versucht hat, die Kultur, die Sprache und sogar das genetische Erbe der First Nations auszuradieren. Auch in Kanada sollten die Traditionen der Ureinwohner ausgelöscht und vollständig durch westliche Wissenschaft und christliche Orthodoxie ersetzt werden.

Als Ken Thomas von zwei katholischen Nonnen aus seinem Elternhaus in Saskatchewan entführt und in die Muscowequan Indian Residential School gebracht wurde, war er gerade einmal sechs Jahre alt. Hier wurde er zehn Jahre lang festgehalten, bevor die katholischen Nonnen seine Umprogrammierung für abgeschlossen hielten. Während dieser zehn Jahre war es Ken strengstens untersagt, in der Sprache seines Volkes, der Muscowequan First Nation, zu reden. Tat er es doch, wurde ihm der Mund mit Wasser und Seife ausgewaschen. Wann immer seine Freunde versuchten zu fliehen, wurden sie nackt ausgezogen und in Einzelhaft gesperrt. Er erinnert sich, dass einer seiner Freunde im Teenageralter durch diese exzessive Bestrafung besonders traumatisiert war. Der Junge entkam der *»Schule«* schließlich durch Selbstmord. Der Zweck dieses kirchlichen Terrorregimes war es, den Kindern jegliches eigene kulturelle Identitätsgefühl auszutreiben. Wenn Ken heute diese Litanei des Missbrauchs erzählt, erinnert er sich an den allerersten Schritt in dem Prozess, ihn in einen folgsamen christlichen Kanadier zu verwandeln, dem jegliche indigene Erinnerung und Fähigkeit genommen werden sollte. Das geschah in der Nacht seiner Ankunft in der Schule. Während eine Nonne seine sechsjährigen Schultern festhielt, nahm eine andere Nonne ein Rasiermesser und eine Schermaschine und rasierte ihm alle Haare ab. Ich glaube, ich weiß, warum.

Die Haare abzuschneiden bedeutet etwas. Wenn ich diese walisischen, australischen und kanadischen Erfahrungen nebeneinanderstelle, kommen mir die weisen Frauen in den Sinn, denen ich auf allen drei Kontinenten, auf denen ich gelebt habe, begegnet bin. Es waren Frauen, die die örtlichen Überlieferungen hüteten, die Kenntnisse über die örtliche Pflanzenwelt und das Wissen, das für natürliche Gesundheit und Wohlbefinden benötigt wurde. Die Hellsichtigkeit dieser Frauen, ihre telepathischen und präkognitiven Fähigkeiten hätten sie in früheren Zeiten auf den Scheiterhaufen gebracht. In meiner christlichen Erziehung wurde mir vermittelt, mich von ihren alten Bräuchen fernzuhalten und der Quelle ihrer Weisheit zu misstrauen. Dennoch konnte ich nicht umhin, sie zu bemerken. Vor allem fiel mir auf, dass viele von ihnen sehr darauf achteten, sich nie die Haare zu schneiden. Ken Thomas hat sich bis zu seinem sechsten Lebensjahr nie die Haare geschnitten. Stolz trug er sein wunderschönes, dunkles Haar lang und ungeschnitten, so wie es bei den Muscowequan traditionell üblich war.

Wenn das lange Haar von Bedeutung war, dann hatte es auch einen Grund, dass die katholischen Nonnen es den indigenen Kindern gegen deren Willen abschnitten.

»Troy, sag mir, warum sie das taten. Warum schnitten die Nonnen einem kleinen Jungen, den sie zum Katholizismus bekehren wollten, die Haare ab? Welche Bedeutung haben die langen Haare?«

Troy antwortet sofort: »Langes Haar ist den indigenen Völkern sehr heilig. Unsere Haare sind eine Erweiterung unserer Gedanken. Sie sind unsere Verbindung zu allem, was uns umgibt. Dein Haar ändert seine Farbe je nach Jahreszeit. Dein Haar verrät dir viel über deine Gesundheit. Durch das Haar spürst du den Wind und jedes Element.«

Und das gilt nicht nur für die Männer. Troy fährt fort: »Eine junge Frau soll sich die Haare erst bei der Volljährigkeitszeremonie schneiden. Die langen Haare ermöglichen es ihr, eine Verbindung zum Schöpfer und der Welt um sie herum aufzubauen. Auch später, nach dieser Zeremonie, darf es nie mehr geschnitten oder künstlich frisiert werden. Diejenigen, die wirklich traditionell leben, schneiden sich nur zu ganz bestimmten Anlässen die Haare – in Zeiten des Verlustes, in Zeiten von Abschied und Trennung.«

Als die katholischen Nonnen Ken seiner Familie wegnahmen, taten sie genau das. Sie kappten seine Verbindung zum Volk der Muscowequan First Nation und schnitten ihn von allem ab, was er kannte. Das Abschneiden seiner Haare war Teil eines umfassenden Angriffs auf seine Identität, und es war nur der Anfang einer jahrzehntelangen kulturellen Umerziehung. Die Katechese, der Unterricht oder die Unterweisung, die darauf hinauslaufen, Menschen in den katholischen Glauben einzuführen, verlangt eine totale Verleugnung der indigenen Erzählungen und Überlieferungen, mit der die gestohlenen Kinder aufgewachsen waren. Ihre traditionelle Spiritualität und ihre kulturellen Fähigkeiten sollten ausgelöscht werden. Ob die Nonnen, die diese Maßnahmen durchführten, wirklich verstanden, warum sie diese Dinge taten, kann ich nicht sagen. Vielleicht führten sie nur die Anweisungen der kirchlichen und staatlichen Behörden aus. Wie dem auch sei, diese Auslöschung der indigenen Kulturen hatte für die kirchlichen und staatlichen Behörden eine so hohe Priorität, dass man vor Inhaftierung und Gewalt nicht zurückschreckte und im zwanzigsten Jahrhundert gar Tausende unschuldige Kinder brutal ermordete – diese erschreckend hohe Zahl ist leider keine Übertreibung.

Heute wurde in Calgary eine parallele Gedenkveranstaltung abgehalten. Im Hintergrund der Feierlichkeiten hängt ein Banner mit den bekannten Namen der Kinder der First Nations, die von Erwachsenen in den Kinderheimen dieses Gebiets ermordet wurden. 2.800 Kinder. Die Nationale Wahrheits- und Versöhnungskommission (»National Truth and Reconciliation Commission«) Kanadas hat errechnet, dass von den 1880er bis in die 1990er Jahre mehr als 150.000 Kinder der First Nations ihren Eltern gewaltsam entrissen wurden. Man brachte sie unter staatlicher Aufsicht in euphemistisch als »Internate« bezeichneten Einrichtungen unter, wo sie von katholischen Priestern und Nonnen kulturell umprogrammiert wurden. Es ist nicht zu übersehen, dass dies fast zeitgleich mit der Politik der *»gestohlenen Generation«* in Australien und der Kriminalisierung der Zeremonien der amerikanischen Ureinwohner in den USA geschah. In allen drei Fällen waren führende Vertreter der christlichen Kirchen maßgeblich beteiligt. Christliche Missionen betrieben Lobbyarbeit für die Verabschiedung der entsprechenden Gesetze und stellten das Personal für die Internierungszentren. Sobald die Gesetzgebung in Kraft war, nahmen sie den indigenen Eltern ihre Kinder weg und brachten sie in die Zentren. Die Nationale Wahrheits- und Versöhnungskommission gelangte zu dem Ergebnis, dass die kanadische Politik eindeutig ein versuchter kultureller Genozid war. Es handelte sich nicht um radikale, eigenmächtige Aktionen einiger weniger »schwarzer Schafe«. Nein, diese Politik wurde von einer Reihe von Regierungen und Kirchenverwaltungen über mehr als einhundert Jahre hinweg ununterbrochen fortgeführt.

Erst in diesem Jahr hat das Volk der Cowessess First Nation in Saskatchewan die Öffentlichkeit darüber aufgeklärt, dass in der Marieval Indian Residential School in Saskatchewan die sterblichen Überreste von 751 Kindern ausgegraben wurden. Zur gleichen Zeit betrauerten die Angehörigen der Tk'emlúps te Secwepemc First Nation in der kanadischen Provinz British Columbia 215 Kinder, die man in nicht namentlich gekennzeichneten Gräbern auf dem Gelände der Kamloops Indian Residential School entdeckt und ausgegraben hatte. Erst heute Morgen habe ich von weiteren 93 Kinderleichen erfahren, die auf dem Gelände derselben Schule in British Columbia verscharrt lagen. Murray Sinclair, der ehemalige Richter, der die Kommission leitet, sagt, er sei zu der Überzeugung gelangt, dass von den Kindern, die in diesen katholischen Jugendstrafanstalten festgehalten wurden, weit über zehntausend von jenen Erwachsenen ermordet wurden, die angeblich für ihre Betreuung verantwortlich waren. *Die brutale Politik des Auseinanderreißens von Familien und des staatlich sanktionierten Mordens zieht sich wie ein roter Faden durch die Jahrhunderte.*

Es wird immer wieder versucht, altes Wissen, das der Orthodoxie der Imperien widerspricht, zum Schweigen zu bringen. Vier Jahrhunderte zuvor waren es portugiesische und spanische Eroberer gewesen, die versuchten, die Überlieferungen der indigenen Kulturen Mittel- und Südamerikas auszulöschen und sie durch die katholische Orthodoxie zu ersetzen. Im Rahmen dieser Eroberungen nahm Capitán Pedro de Alvarado (1486-1541) auf Geheiß von Hernando Cortés (1485-1547) auch Guatemala ein, um das Land für die katholische Kirche und den spanischen König zu besetzen. Als er die Quiché-Herrscher in der Stadt Q'umarkaj-Utatlan antraf, entschied er schnell, was zu tun war. In seinem offiziellen Bericht heißt es: »Da ich wusste, dass die Quiché-Herrscher Seiner Majestät [dem König von Spanien] gegenüber übel gesonnen waren und zum Wohle und zur Beruhigung des Landes ließ ich sie verbrennen.« Als sei das noch nicht genug, ließ er auch noch die Stadt bis auf die Grundmauern niederbrennen und versklavte die Überlebenden.

Auf Befehl der Könige von Spanien und Portugal wurden nicht nur die Herrscher hingerichtet. Auch die priesterlichen Hüter des alten Wissens des Landes wurden ermordet und ihre Tausende Bücher umfassenden Bibliotheken verbrannt. Der spanische Bischof Diego de Landa (1524-1579) war einer der Hauptverantwortlichen für die große Säuberung in Guatemala. In seinem offiziellen Tagebuch über die Eroberung schrieb er: »Wir fanden eine große Anzahl von in dieser Schrift verfassten Büchern, und da sie nichts anderes enthielten als Aberglauben und Lügen des Teufels, verbrannten wir sie alle, worauf das Volk mit erstaunlich großer Trauer und Betrübnis reagierte.«

Da die Maya-Kultur nicht durch mündliche Überlieferung, sondern in schriftlicher Form bewahrt wurde, musste das Schrifttum der Maya vernichtet werden. Entsprechend wurden auch die Schriftgelehrten, die in der Lage waren, die Maya-Hieroglyphen zu lesen, zusammengetrieben und hingerichtet, damit, falls doch Teile der umfangreichen Maya-Literatur überlebt hatten, niemand mehr da war, der sie lesen konnte. Nachdem die Landschaft entsprechend gesäubert worden war, wurden die einheimischen Kinder in katholische Schulen und die Erwachsenen in die katholischen Kirchen gesteckt, die nun überall aus dem Boden schossen. Durch diese religiöse Infrastruktur konnte man die gesamte Bevölkerung in die neue Wahrheit des westlichen Katholizismus einweihen. So sah die Kolonisierung in den Ländern Mittel- und Südamerikas aus.

Trotz ihrer großen Anstrengungen konnten die Konquistadoren nicht verhindern, dass wir heute einige Details von dem kennen, was sie auszulöschen versuchten. Das verdanken wir vor allem der Arbeit eines römisch-katholischen Priesters, des Dominikanermönchs Francisco Ximénez (1666-1721). Im frühen achtzehnten Jahrhundert übersetzte er während seiner Tätigkeit als Pfarrer in Guatemala das Popol Vuh aus einem erhalten gebliebenen Quiché-Text. Der Text war ihm von Nachfahren jener Priester der Gefiederten Schlange anvertraut worden, die den großen Holocaust im fünfzehnten und sechzehnten Jahrhundert überlebt hatten.

Das Popol Vuh erzählt eine ganz andere Schöpfungsgeschichte. Demnach wurden unsere Vorfahren von außerirdischen Kolonisatoren gentechnisch aus einem Primaten erzeugt, um eine Arbeiterklasse zu schaffen. Für die katholischen Eroberer hätte diese Erklärung des menschlichen Ursprungs in völligem Widerspruch zu ihren christlichen Schöpfungsgeschichten gestanden, weshalb Bischof de Landa kurz und bündig feststellte, dass diese Geschichten »nichts als Aberglauben und Lügen des Teufels« enthielten. Hätten die katholischen Priester der Konquistadoren die Übersetzungsarbeit geleistet, für die ich in *Flucht aus Eden* plädiere, wären sie vielleicht zu einem anderen Schluss gekommen. Sie hätten nämlich erkannt, dass die ET-Erzählung des Popol Vuh der Maya (die ihren Widerhall in den Geschichten der Tolteken, Olmeken, Azteken und Inka findet) auch, wenngleich etwas versteckt, in der Bibel enthalten ist.

Das Land der Väter meines Vaters ist Ghana in Westafrika. Auch dort existiert eine doppelte Schicht von Meta-Narrativen. Jedem Schulkind in Ghana wird die grundlegende Weltsicht der westlichen Wissenschaft und der christlichen Orthodoxie vermittelt. Aber es gibt noch eine andere, einheimische Ebene des Wissens und der traditionellen Überlieferung. Ich wusste nichts davon, bis ich eines Sonntagnachmittags mit meinen Schwiegereltern, Patience und Kofi, zusammensaß und mit ihnen über den Inhalt meines Buches *Flucht aus Eden* sprach, das kurz vor der

Veröffentlichung stand. Ich war mir nicht ganz sicher, wie sie als gläubige Christen darauf reagieren würden, dass ich mich darin mit einem für das Mainstream-Christentum schwierigen Tabuthema beschäftige. In einem günstigen Moment, nach einem üppigen ghanaischen Festmahl und australischem Wein, sprach ich mit Patience und Kofi über die Gründe, warum ich glaube, dass in der Bibel Paläokontakte beschrieben werden –Ahnenerinnerungen aus einer Zeit, als die Erde kolonialisiert wurde und außerirdische Wesen die Menschen unterjochten und beherrschten. Ich erklärte ihnen, dass damals Kontakte zu diesen anderen Wesen bestanden und dass es heute möglicherweise ebenfalls solche Kontakte gibt. Ich sagte, die Erzählungen darüber, dass ETs unsere Urahnen genetisch modifizierten, deuteten auf die Möglichkeit hin, dass höhere kognitive Fähigkeiten in unseren Gehirnen und Körpern schlummern, die ausgeschaltet sind, die aber möglicherweise reaktiviert werden können. Zu meinem Erstaunen reagierten Patience und Kofi gar nicht geschockt. »In Ghana wissen wir, dass es solche anderen Wesen gibt«, sagten sie. »Wir kennen sogar eine Familie, die direkt vom Eingreifen dieser nichtmenschlichen Präsenz in Ghana betroffen war.«

Noch überraschender war für mich die Offenbarung, dass die Bewahrung und Weitergabe schamanischer Fähigkeiten auch ein Teil meines ghanaischen Familienerbes ist. Wenn Sie *Die Narben von Eden* gelesen haben, wissen Sie, dass dieses Familiengespräch der Auslöser dafür war, mich auf eine weltweite Suche zu begeben. Ich stieß auf Geschichten, die sich in fast jedem Detail wiederholen und die das bestätigten, was Patience und Kofi mir erzählten. Am Ende dieser Reise hatte ich gelernt, dass es in praktisch jeder Kultur mindestens zwei Schichten von Meta-Narrativen gibt. An der Oberfläche sehen wir zunächst die nicht lokale, also nicht aus der örtlichen indigenen Tradition kommende Erklärung für alles – die Geschichte, die einem sofort erzählt wird, die allgemeinen Ant-

Dragos Bratasanu & Gregg Braden (Vorwort)

VERWIRKLICHUNG DEINER TRÄUME

Entdecke deine Kraft, folge deinem Herzen

256 Seiten, gebunden, oranges Leseband

€ [D] 22,99 / € [A] 23,70 • ISBN 978-3-95447-409-7

Sind Sie bereit, heute einen Schritt zu tun, um dem Ruf Ihres Herzens zu folgen und sich endlich Träume zu erfüllen, die Sie schon viel zu lange aufgeschoben haben? Dieses faszinierende Werk verbindet Wissenschaft, Unternehmertum und Spiritualität, eingebunden in Gespräche mit einer Vielzahl herausragender Persönlichkeiten, um sich zu befähigen, die eigenen Träume zu verwirklichen. Wenn nicht jetzt, wann dann?

»Dr. Dragos zeigt Ihnen, wie Sie Ihre Willenskraft dazu einsetzen, schwierige Erfahrungen durchzustehen.« – *Dr. Joe Dispenza*

Marlies Pante

Creality – Create Reality

Dreh dein Leben. Erschaffe jetzt Wohlstand, Liebe, Gesundheit, Glück, Erfolg und gute Laune

208 Seiten, gebunden, oranges Leseband

€ [D] 19,99 / [A] 20,60 • ISBN 978-3-95447-575-9

Von Geburt an erzählt man uns, dass wir nicht herumspinnen sollen, dass von nichts nichts kommt, dass das Leben einem nichts schenkt … Dadurch lernen die meisten von uns bereits als Kind, sich von den eigenen Wünschen abzuspalten. In *Creality* geht es darum, seine Wünsche erfüllt zu sehen. Du kannst mit den Drehbüchern, der Methode, die in diesem Buch vorgestellt wird, die Entwicklung deines inneren und äußeren Reichtums beeinflussen.

Dein neues wundervolles Leben wartet auf dich. Du musst es nur drehen.

Pavlina Klemm & Sayama:

Die neuesten Übungs-CDs

Sonnenklang. Lichtheilung durch die Plejader [Reiner Klang]

79 Min; € [D/A] 19,99 • ISBN 978-3-95447-508-7

Neuanbindung der Seele. Rückholung deiner Seelenanteile [Doppel-CD]

159 Min; € [D/A] 22,99 • ISBN 978-3-95447-549-0

Selbstliebe zur Heilung auf allen Ebenen [Doppel-CD]

159 Min; € [D/A] 22,99 • ISBN 978-3-95447-375-5

Gnade Gottes und Beistand für Seelen, Familie und alle Kinder [Übungs-CD 9]

79 Min; € [D/A] 19,99 • ISBN 978-3-95447-569-8

Hörproben aller CDs auf www.AmraVerlag.de

Pavlina Klemm
Heile deine Chakren [Doppel-CD]
Energetische Reinigung für das Große Erwachen
2 x 79 Min.; € [D/A] 22,99 • ISBN 978-3-95447-499-8

Nach einer Einführung der Plejader und der Aktivierung deiner Handflächen arbeitest du mit deinem Dritten Auge, deinen sieben Hauptchakren, den Ohrenchakren und den Lichtchakren unter deinen Füßen sowie über deinem Kopf. Du meditierst mit dem neuen Chakren-Heilsymbol und einer Zahlenreihe zu den energetisch aufgeladenen Worten der Plejader, geführt von Pavlina Klemm, unterstützt durch Heilklänge von Sayama.

Energiereiche 2,6 Stunden mit segensreichen Meditationen.

Musikmedium Sayama
Klang Chakra Balance der 7 Hauptchakren
Instrumentale Vollversion von »Heile deine Chakren«
77 Min.; € [D/A] 22,– • ISBN 978-3-95447-509-4

Klangsphären zur Harmonisierung des Energieflusses: Farbschwingungen und Planetentöne sowie feine binaurale Frequenzen führen zur Balance deiner Hauptchakren. Klar und kraftvoll kannst du die Resonanzen im eigenen Energiefeld erspüren und sinnlich erleben. Im Bonus-Stück erklingen alle sieben Chakren noch einmal in einer Reihenfolge.

Michael Reimann & Pavlina Klemm (Booklet)
Leber Aktivierung [durch kolloidale Frequenzen]
Heilmusik mit der Organfrequenz & 528 Hertz
70 Min.; € [D/A] 19,99 • ISBN 978-3-95447-498-1

Stärkende Melodien: Neben der Leberfrequenz ist in das erste Stück »Frieden« auch die reine DNA-Frequenz eingewoben. »Freude« enthält zudem die Eisen-Schwingung, »Freiheit« eine flexible Theta-Schwingung mit entspannender Wirkung. Im Booklet finden sich dazu drei Meditationen sowie eine Botschaft der Plejader, gechannelt von Pavlina Klemm.

Jetzt liegen die Bücher und eBooks »Lichtbotschaften von den Plejaden« von Pavlina Klemm auch als ungekürzte Lesungen vor – zum Streamen, für den Download und als mp3-Hörbuch auf CD …

Jeweils 6 bis 7 Std. Laufzeit • gesprochen von Christina Einbock • Jewelcase • € [D/A] 19,99

ISBN 978-3-95447-500-1

ISBN 978-3-95447-501-8

ISBN 978-3-95447-502-5

ISBN 978-3-95447-503-2

ISBN 978-3-95447-403-5

ISBN 978-3-95447-445-5

ISBN 978-3-95447-

Alle Übungen und Botschaften sind deutlich benannt, so dass die Tracks direkt angewählt werden können. Das Booklet der CD enthält als Bonus noch eine zusätzliche Meditation und ein goldenes Heilsymbol.

Hörproben aller CDs auf www.AmraVerlag.de

Pavlina Klemm

Lichtbotschaften von den Plejaden Band 8

Im Feld der Heilung

240 Seiten, gebunden, oranges Leseband

€ [D] 19,99 / € [A] 20,60 • ISBN 978-3-95447-566-7

Jetzt, in der Zeit des Erwachens, führen uns die Plejader ins Feld der Heilung. Neben vielen Übungen und Affirmationen stellen sie eine neue Zahlenreihe vor, die uns hilft, künstlich einkodierte Programme aufzulösen. Sie erklären, was es mit dem Blauen Licht auf sich hat, und bieten einen neuen Schutz für diese Zeit an: die »Gnade Gottes«. Aber vor allem lassen sie uns an der Großen Wahrheit teilhaben.

Enthält als Bonus die Texte aller bisherigen Video-Botschaften der Plejader!

NEU

Dein reines Herz ist der Schlüssel zur Heilung aller Ebenen deines Seins.

Die zu diesem Planeten strömende kosmische Christusliebe heilt und öffnet dein Herz.

Ein Teil deiner Seele hat die Verbindung mit deiner kosmischen Familie niemals vergessen.

Pavlina Klemm

Lichtbotschaften von den Plejaden – das exklusiv gechannelte Kartenset!

44 Energiekarten für jeden Tag mit 128 Seiten Begleitbuch

€ [D/A] 24,99 • ISBN 978-3-95447-570-4

Die Plejader können dir helfen, dein ganz persönliches Feld der Heilung aufzubauen. Aktiviere die Karten mit ihrer Hilfe und lass sie positiv auf dich programmieren. Ziehe für dich oder andere eine aktuelle Botschaft. Mache die dazugehörige Übung, sprich die Affirmation und nutze die Karte, mit der du energetisch verbunden bist, auf vielfältige Weise. Stärke durch sie deine Anbindung und lass die Heilfrequenzen zu dir strömen.

»Dein Bewusstsein kann sich in jedem Augenblick deiner irdischen Existenz mit uns verbinden.« – *Die Plejader*

Pavlina Klemm

Lichtbotschaften von den Plejaden [Übungs-CD 8]

Heilung von Körper, Geist und Seele in der Neuen Zeit

79 Min.; € [D/A] 19,99 • ISBN 978-3-95447-454-7

Diese CD gehört zum Plejaden-Buch 7. Sie enthält Anleitungen und Übungen, wie die Kosmische Apotheke genutzt werden kann, die jegliche Naturessenzen und Naturheilmittel enthält – für Mensch und Tier. Zu allen Plejaden-Büchern gibt es solche CDs mit den wichtigsten Übungen und Meditationen, eingesprochen von Kathrin Mayer und Pavlina Klemm, musikalisch begleitet von Sayama.

Hörproben aller CDs auf www.AmraVerlag.de

BEST SELLER

Maike Maja Nowak
OHNE SCHULD – Die ganze Geschichte
240 Seiten, gebunden, oranges Leseband
€ [D] 19,99 / € [A] 20,60 • ISBN 978-3-95447-483-7

Mit großer poetischer Kraft und tiefem Mitgefühl beschreibt die Autorin ein knappes Jahr im Leben der zehnjährigen Mascha und ihres jungen Hundes Tinkapur, das sich zum Thriller einer Kindheit entwickelt. Mutig beleuchtet die Autorin den Kreislauf, der über Generationen hinweg stattfindet, wenn innere Verletzungen in der Familie nicht integriert und nur überlebt werden. »Es braucht einen, der abspringt, um das Familienkarussell von außen zu sehen.«

Neues Buch der TV-bekannten »Hundeflüsterin«
und SPIEGEL-Bestseller-Autorin!

NEU

Horst Krohne
Neue Sicht des Geistigen Heilens
Jede Krankheit ist heilbar
240 Seiten, gebunden, oranges Leseband
€ [D] 22,99 / € [A] 23,70 • ISBN 978-3-95447-511-7

Was zeichnet einen modernen Geistheiler aus? Wie arbeitet er auf der Ebene der Chakren und Meridiane? Welchen Stellenwert hat Mitgefühl? Wie löst er Allergien auf und was geschieht überhaupt bei der Heilung? Die vorliegende Ausgabe wurde vollständig vom Autor überarbeitet und ergänzt – und wird hier gemeinsam mit dem bisher unveröffentlichten Manuskript »Vom Sinn und Unsinn des Geistigen Heilens« vorgelegt.

Überarbeitete Neuausgabe!
Doppelter Umfang!

November 2022

Hermann Ilg
Das Leben der Santiner
Neue Botschaften der Menschheit von Alpha Centauri
336 Seiten, gebunden, oranges Leseband
€ [D] 24,99 / € [A] 25,70 • ISBN 978-3-95447-474-5

Seit mehr als viertausend Jahren sind die Santiner auf der Erde aktiv. Hermann Ilg fragt: »Kümmert sich eine außerirdische Menschheit um uns?« Seine Durchgaben »Leben in universeller Schau« und »Wissen eines neuen Zeitalters« enthalten erstaunliche Details über ihre Kultur und Technologie. Ihre Mitteilungen betreffen unmittelbar unsere Zeit. Ergänzend enthält das Buch den Essay »Bewusstsein und Weltsicht«.

»Unsere Mission wird in ein verständlicheres Licht gerückt.« – *Die Santiner*

Alle Bücher auch als eBooks auf www.AmraVerlag.de

Pavlina Klemm
Lichtbotschaften von den Plejaden Band 7
Wissen für die Neue Zeit
240 Seiten, gebunden, oranges Leseband
€ [D] 19,99 / € [A] 20,60 • ISBN 978-3-95447-451-6

Die Plejader erklären das Große Erwachen, den irdischen Weg der Befreiung und die Bedeutung eurer Inkarnation in dieser Zeit, schildern die übergeordnete Seele der Familie, das morphogenetische Feld der Kinder, unterstützen euch bei der Regeneration eurer DNA und binden euch an die Frequenzen der kosmischen Freiheit an. Den Schwerpunkt bilden die Kosmische Apotheke und die Heilung unserer Chakren.

Bonus: Sämtliche Botschaften der Plejader zur aktuellen Lage. Aufgeladen mit den neuen Frequenzen der positiven Zukunft.

Chamuel Schauffert
Deine Seelenheimat im Universum
Die Seelensphären und ihre Geschöpfe
400 Seiten, gebunden, oranges Leseband
€ [D] 24,99 / € [A] 25,70 • ISBN 978-3-95447-518-6

Erfahre die Herkunft deiner Seele! Zwölf kosmische Seelensphären sind in unserem Universum aktiv, am bekanntesten wohl Lemurien, Sirius, Orion und die Plejaden, aber auch Ansara, Larimar, Zamarah und die Sphären von Sun & Star, der Engelwesen, der Feen & Elfen, der Wale & Delfine und des Regenbogens. Die Meditationen im Buch öffnen ein Tor des Erinnerns zu deiner ganz persönlichen Seelenheimat. Entdecke, wer du wirklich bist!

Das große Standardwerk zur Bestimmung deines Seelenursprungs.

Tanja Matthöfer
Channeling
Universalschlüssel zur Geistigen Welt
256 Seiten, gebunden, oranges Leseband
€ [D] 22,99 / € [A] 23,70 • ISBN 978-3-95447-479-0

Channeling ist die einfachste und wichtigste Methode, mit der Geistigen Welt in Verbindung zu treten. Ob Sternengeschöpfe, Aufgestiegene Meister oder Naturwesen – mit allen können wir uns austauschen. Und wenn wir mit dem gesamten Reich der Schöpfung in Kontakt stehen, stärkt uns das. Es bringt uns in unsere ursprüngliche Kraft zurück. Alles spricht – und wir können lernen, wieder hinzuhören!

»Alle Menschen haben diese Fähigkeit in sich.«
– Aus dem Vorwort von Pavlina Klemm

Neue gechannelte Bücher regelmäßig auf www.AmraVerlag.de

Pavlina Klemm

Lichtbotschaften von den Plejaden Band 6

Leben in der fünften Dimension

224 Seiten, gebunden, oranges Leseband

€ [D] 19,99 / € [A] 20,60 • ISBN 978-3-95447-444-8

Die Plejader unterstützen uns im Kampf gegen Viren, binden uns an die Kraft der Sonne an, fördern den Lichtkörperprozess, führen uns in neue Zeitlinien und schaffen die Voraussetzung für den Einstieg in die Realität der Neuen Erde. Auch die aktuellen Botschaften enthalten wieder zahlreiche Übungen, aufgeladen mit positiver Energie. Ergänzt werden sie durch Meditationen zur Rückkehr unserer Gesundheit.

»Wir reinigen jetzt diese Realität. Wir gehen Schritt für Schritt mit euch voran.« – *Die Plejader*

Pavlina Klemm

Lichtbotschaften von den Plejaden Band 5

Dein Schlüssel zum Goldenen Zeitalter

224 Seiten, gebunden, oranges Leseband

€ [D] 19,99 / € [A] 20,60 • ISBN 978-3-95447-367-0

Das Bewusstsein der Menschheit wächst. Unaufhaltsam nähert sie sich dem Goldenen Zeitalter an. Eine Elite von Lichtwesen hilft bei der Realisierung und bei der Rettung unseres Planeten. Sie hat sich unter uns verteilt, weniger feinstofflich, so dass sie auch in Konfliktbereiche gehen können. Sie verbinden sich mit dem Licht und dehnen es in alle Dimensionen, Räume und Zeiten aus.

Vorwort von Jeanne Ruland
Bestseller-Autorin und Heilerin

Pavlina Klemm & Sayama:
Übungs-CDs der Plejader

Heilung durch die kosmische Energie der Zentralsonne (CD 7)
78 Min; € [D/A] 19,99 • ISBN 978-3-95447-447-9

Meditationen und Übungen für das Goldene Zeitalter (CD 6)
78 Min; € [D/A] 19,99 • ISBN 978-3-95447-369-4

Rückholung verlorener Seelenanteile und Heilung von Mutter & Kind (CD 5)
78 Min; € [D/A] 19,99 • ISBN 978-3-95447-366-3

Klangmeditation zur Wiederanbindung der DNA-Stränge [Reiner Klang]
70 Min.; € [D/A] 19,99 • ISBN 978-3-95447-332-8

Hörproben aller CDs auf www.AmraVerlag.de

Bücher mit Vorworten von Pavlina Klemm

Gabriel Magma
Verlierer auf Erden, Gewinner im Himmel
Warum mein katastrophales Leben in Wahrheit extrem erfolgreich war
176 Seiten, Softcover im Hardcover-Format
€ [D] 14,99 / € [A] 15,50 • ISBN 978-3-95447-273-4

Gescheiterte Karriere, zerstörte Ehe, keine Beziehung zum eigenen Kind, verkrachtes Elternhaus. Der Straßenmusiker Matt lebt ein völliges Chaos, als er mit 27 Jahren in der Liverpooler U-Bahn ermordet wird. Doch dann begegnet er seinem Schutzengel, und all seine Fehltritte ergeben Sinn. Er bekommt die Antworten, nach denen er sich gesehnt hat – und das Ganze ist auch noch unterhaltsam, heiter und leicht …

»Ich liebe dieses Buch! Eine großartige Lektüre!« – *Diana Cooper*

Eva Marquez
Heilungscode der Plejader Band 1
Lemurien, Atlantis und die Befreiung der Seelenenergie
256 Seiten, gebunden, oranges Leseband
€ [D] 22,99 / € [A] 23,70 • ISBN 978-3-95447-382-3

Aus dem Vorwort von Pavlina Klemm: »Unsere kosmischen Begleiter, die Plejader, haben eine gewaltige Mission auf sich genommen – die Menschheit durch Wissen zu befreien. Sie teilen dazu detailliert mit, wie sie das Herabkommen auf unseren Planeten erlebt und welche Erfahrungen sie dabei gesammelt haben. Sie beschreiben die Zeit von Lemurien und Atlantis aus ihrer schöpferischen Sicht, und ihr erfahrt, welche Höhen und Tiefen sie auf ihrem Weg erlebt haben.«

Jetzt ist die richtige Zeit, um detaillierte Informationen zu erhalten.

Eva Marquez
Heilungscode der Plejader Band 2
Kosmische Liebe, Projekt Erde und die Heilung der Zeitlinien
224 Seiten, gebunden, oranges Leseband
€ [D] 22,99 / € [A] 23,70 • ISBN 978-3-95447-386-1

Was hat es mit dem Projekt Erde auf sich? Was wurde aus Atlantis, Lemurien und den Essenern? Weshalb hilft es uns, mit der Galaxis zu kommunizieren? Wie können wir ein Feld unbegrenzter Möglichkeiten eröffnen und unsere Zeitlinien heilen? Welche Zukunft steht uns heute bevor? Im Mittelpunkt stehen dreizehn Schritte, damit sich unsere Seele an ihr altes Wissen aus vielen Inkarnationen Erde erinnern kann.

»So viel altes Wissen kehrt zurück!« – *Pavlina Klemm*

Susanne Hirsch
SEMJASE bringt Kosmische Heilung von den Plejaden
Mit Beiträgen von Ashtar Sheran, Kuthumi und dem Maha Chohan
192 Seiten, gebunden, oranges Leseband
€ [D] 19,99 / € [A] 22,60 • ISBN 978-3-95447-461-5

Semjases Auftrag ist es, für dich Kontakte mit Lichtwesenheiten herbeizuführen. In 22 Botschaften und 10 Meditationen betrachtet sie unter anderem Heilung, Erwachen, Loslassen, Weisheit und die Anbindung an den Kosmos. Das Ziel ist die Glückseligkeit für jeden Menschen. Plejadische Heilströme können die menschlichen Zellen zur leichteren Freisetzung des kristallinen Lichtkörpers führen.

»Taucht ein ins Licht der Erkenntnis, wer ihr wahrhaft seid und schon immer wart.« – *Semjase*

Jeanne Ruland & Anita Schickinger
SONNE – VENUS – MOND AUF ERDEN [Kartenset]
Der Paradiescode im Menschen
55 Karten & Begleitbuch (104 Seiten) in Klappschachtel
€ [D] 19,99 € / [A] 20,60 • ISBN 978-3-95447-430-1

Sonne, Mond und Venus gehören zur ewigen Schöpfungsmatrix des Menschen. Zieh eine Karte, wann immer du eine Frage in dir spürst. Im Begleitbuch findest du zu jeder Karte einen Abschnitt, der die Bedeutung der Karte erklärt, eine Meditation enthält und dir eine Affirmation gibt, mit der du dein Thema positiv wandeln kannst.

Lichtvolle Sternenimpulse für ein Leben aus dem Herzen.

Transformierende Klangmeditationen mit Anleitungen von Jeanne Ruland im Booklet:

ONITANI *instrumental*
Transformation. Im Klangfeld der Hathoren
Aktivierung des Lichtpotenzials im erweiterten Aurafeld
45 Min.; € [D/A] 22,– • ISBN 978-3-95447-411-0

Michael Reimann
Kolloidales Zink [432 Hertz]
Heilmusik bei Rheuma, Allergien und Schwermetallbelastungen
78 Min.; € [D/A] 19,99 • ISBN 978-3-95447-213-0

Michael Reimann
DNA-Aktivierung [528 Hertz]
Heilung der Zellen durch die Liebesfrequenz
80 Min.; € [D/A] 19,99 • ISBN 978-3-95447-347-2

Hörproben aller CDs auf www.AmraVerlag.de

Christine Woydt
SAINT GERMAIN – Dein Aufstieg in die Meisterschaft
Ein Leitfaden von A wie Atmung bis Z wie Zyklus
416 Seiten, gebunden, oranges Leseband
€ [D] 24,99 / € [A] 25,70 • ISBN 978-3-95447-405-9

Saint Germain reinigt dich mit seiner Violetten Flamme und führt dich durch zahlreiche Übungen zunächst nach innen, so dass du ganz neue Erkenntnisse über dich selbst empfangen kannst. Das unterstützt dich dabei, zur Selbstermächtigung zu gelangen, was zur Entfaltung deiner Schöpferkraft und zur Herzöffnung führt.

Du gewinnst neue Fähigkeiten der Manifestation.

Christine Woydt
SAINT GERMAIN – Die Meisterschaft des Seins
Wege zur Selbstermächtigung für das Goldene Zeitalter
432 Seiten, gebunden, oranges Leseband
€ [D] 24,99 / € [A] 25,70 • ISBN 978-3-95447-377-9

Saint Germain begleitet dich auf dem Weg in die Meisterschaft des Seins, in ein selbstbestimmtes Leben im Einklang mit deinen Herausforderungen. Es geht um die Quellen der Kraft, das Ausbalancieren deines Lichtkörpers und geeignete Werkzeuge. Werde ein Vorreiter auf dem Weg der Meisterschaft, damit andere nachfolgen können.

Mit zahlreichen Übungen und einem neuen Vorwort.

Marlies Pante
NO LIMITS! Willkommen in der Schöpferkraft
Botschaften der Arcturianer – mit 24 Übungen
336 Seiten, gebunden, oranges Leseband
€ [D] 22,99 / € [A] 23,70 • ISBN 978-3-95447-218-5

»Ihr könnt zu jeder Zeit an jedem Ort alles erschaffen«, versichern uns die Arcturianer. Seine Träume zu verwirklichen und ein erfülltes glückliches Leben in Liebe, Wohlstand und Gesundheit zu erschaffen, ist auch in unserer Zeit kein Problem. Die Grenzen zwischen inneren und äußeren Welten lösen sich gerade auf. Und die Arcturianer geben uns daher jetzt Übungen, wie wir unsere Herzenswünsche mühlos zur Erfüllung bringen. Werden wir wieder zu Schöpfern unserer Welt!

»Dieses Buch hilft, uns positiv umzuprogrammieren.«
– Pavlina Klemm in ihrer Buchbesprechung

Buchauszüge und Botschaften auf www.AmraVerlag.de

Gewährsmann von Drunvalo Melchizedek

Ein Plejaden-Buch

Hunbatz Men, Maya-Ältester aus Yucatán
Die Heilige Kultur der Maya
Ihre atlantische Herkunft, das Kalendersystem und seine Ausrichtung auf die Plejaden
192 Seiten, gebunden, goldenes Leseband
€ [D] 19,99 / € [A] 20,60 • ISBN 978-3-939373-74-2

Die Maya kamen von einem Ort, an dem das Wasser den Quell der Weisheit verschlungen hatte, von Atlantis. Bisher war unbekannt, welchen enormen Einfluss ihre Kultur vor 11.600 Jahren auf die gesamte westliche Zivilisation ausübte. Erstmals wird auch enthüllt, dass der Plejadenkalender ein Weltzeitalter, also 26.000 Jahre, umfasst und damit noch weit in unsere Zukunft reicht.

»Eine Pflichtlektüre für alle Menschen, die sich mit den Plejaden verbunden fühlen!«
– Barbara Hand Clow

Kerstin Simoné
Thoth: Das Kristall-Chakra
Die kosmische Toröffnung der höchsten Energie in dir
256 Seiten, gebunden, gelbes Leseband
€ [D] 22,99 / € [A] 23,70 • ISBN 978-3-95447-008-2

Thoth, der Schriftgelehrte unter den ägyptischen »Göttern«, später auch inkarniert als Hermes Trismegistos, stellt ein neues Kraftzentrum des Menschen vor. Es erhöht die Schwingungsfrequenz des Einzelnen, was zur Vervollkommnung der DNA-Struktur führen kann.

So können wir in Einklang gelangen mit den Frequenzen der neuen Menschheitsära.

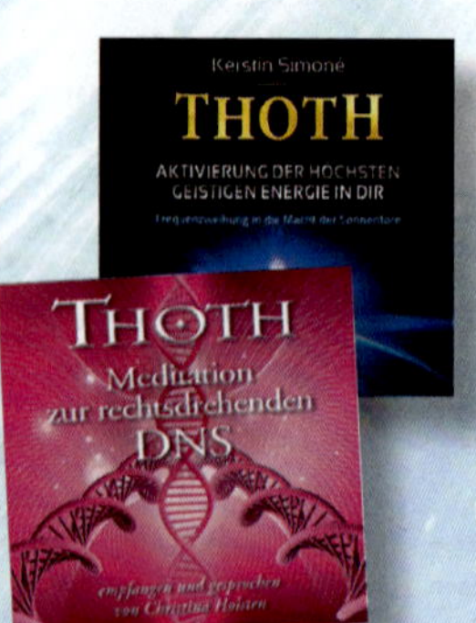

Kerstin Simoné
Thoth: Aktivierung der höchsten geistigen Energie in dir
Frequenzweihung in die Macht der Sonnentore
65 Min.; € [D/A] 19,99 • ISBN 978-3-95447-027-3

Eine geführte Meditation zur Aktivierung des Kristallchakras, um das gesamte Sein des Menschen in den Energien der höchsten geistigen Energietore erstrahlen zu lassen. Musik von Michael Reimann

Christina Holsten
Thoth: Meditation zur rechtsdrehenden DNA
So beschleunigst du deine spirituelle Entwicklung
52 Min.; € [D/A] 19,99 • ISBN 978-3-939373-81-0

Eine Meditation, angeleitet von Thoth, die eine Rechtsdrehung der 12-Strang-DNS anregt, was den spirituellen Zugang erleichtert. Erforderlich ist lediglich die Intention.

Buchauszüge und Hörproben auf www.AmraVerlag.de

Durchgehend vierfarbiger Hardcover
mit exklusiver Mantra-CD von Satyaa & Pari!

Pari Laskaridis
MANTRAS (Buch & CD)
Worte aus der Quelle der Kraft und Heilung
128 Farbseiten, gebunden, 59 Minuten Musik
€ [D] 19,95 / € [A] 20,60
ISBN 978-3-95447-042-6

Satyaa & Pari gehören zu den beliebtesten Mantra-Sängern hierzulande. Jetzt hat Pari sein langjähriges Wissen zu einem wunderschön gestalteten Buch zusammengetragen. Er schreibt über buddhistische und hinduistische Mantras und solche aus dem Islam, Judentum und Christentum. Es geht um ihre heilende Wirkung und darum, wie man sein persönliches Mantra findet.

TIPP

CD-Bestseller von SAYAMA

Heilsame Licht-Klänge
Erdresonanz mit Wal- und Delfingesängen
61 Min.; € [D/A] 22,–
ISBN 978-3-95447-276-5

Im Herzen von Shambhala
Klänge aus den Lichtreichen der fünften Dimension
63 Min.; € [D/A] 22,– • ISBN 978-3-95447-298-7

Qi Gong ~ Tai Chi ~ Meditation
Für mehr Gelassenheit, Vitalität & Wohlbefinden
65 Min.; € [D/A] 22,– • ISBN 978-3-95447-109-6

Feng Shui Harmony
Harmonisierung innerer und äußerer Räume
68 Min.; € [D/A] 22,– • ISBN 978-3-95447-226-0

Ayurveda ~ Herzöffnung & Balance [2 CDs]
Lichtvolle Klänge für Massage und Meditation
122 Min.; € [D/A] nur 22,–
ISBN 978-3-95447-299-4

Yoga ~ OM & Ocean [2 CDs]
Musikalisches Ambiente für Energiearbeit
124 Min.; € [D/A] nur 22,–
ISBN 978-3-95447-110-2

Klangschalen Chakra Meditation [2 CDs]
Musikalisches Ambiente für Energiearbeit & Chanting
128 Min.; € [D/A] nur 22,– • ISBN 978-3-95447-108-9

Hörproben aller CDs auf www.AmraVerlag.de

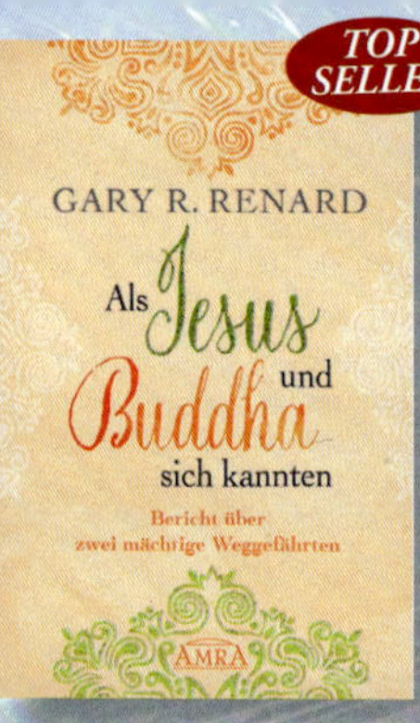

»Mehr als ein Buch – ein Portal, ein Transportsystem, ein Umordnen des Geistes. Und lustig ist Gary auch noch!«
– *H. Ronald Hulnick*

Gary R. Renard
Als Jesus und Buddha sich kannten
Bericht über zwei mächtige Weggefährten
320 Seiten, gebunden, oranges Leseband
€ (D) 24,99 / € (A) 25,70 • ISBN 978-3-95447-246-8

Die Aufgestiegenen Meister Arten und Pursah sind zurück. Ihr neues Buch ergänzt die ursprüngliche Trilogie, bestehend aus *Die Illusion des Universums*, *Deine unsterbliche Realität* und *Die Liebe vergisst niemanden*. Es erkundet sechs Inkarnationen von Jesus und Buddha, in denen sie gemeinsam lebten.

Nie waren ihre Gespräche über die Realität des Lebens so relevant für die Gegenwart.

Gary R. Renard
Die Liebe vergisst niemanden
Antwort auf das Leben
288 Seiten, gebunden, rotes Leseband
€ (D) 22,99 / € (A) 23,70 • ISBN 978-3-95447-036-5

Keine Bewusstseinserfahrung ist machtvoller als die, wie es sich anfühlt, wenn wir eins sind mit der Quelle. Bestsellerautor Gary R. Renard lehrt, wie wir zu dieser Erfahrung gelangen können, die durch die Meister aller Zeiten und Kulturen der Menschheit beschrieben wurde – auf dem Weg der Vergebung.

Ein echter Kickstart für spirituelles Empfinden.

Gary R. Renard
Deine unsterbliche Realität
Wie wir durch wahre Vergebung unsere Welt neu gestalten
320 Seiten, gebunden, rotes Leseband
€ [D] 22,99 / € [A] 23,70 • ISBN 978-3-95447-193-5

Wie können wir unsere Realität frei und positiv gestalten? Wie können wir uns selbst und anderen verzeihen? Die Antwort ist eine Art Quanten-Vergebung, im Gegensatz zur herkömmlichen Variante. Sie ermöglicht einen neuen Umgang mit der Welt, außerhalb des zerstörerischen Kreislaufs von Schuld und Sühne.

Der Klassiker »Unsterblich« mit neuem Vorwort des Autors.

DVD und CD von Gary R. Renard auf www.AmraVerlag.de

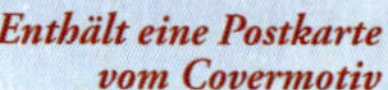

Dean Koontz
8 Schritte zum Glück
Trixies Ratgeber für ein glückliches Leben
176 Seiten, gebunden, oranges Leseband
€ [D] 18,99 / € [A] 19,60 • ISBN 978-3-95447-327-4

»Jeden Abend habe ich den Rechner ausgeschaltet«, schreibt Dean Koontz, »und jeden Morgen fand ich ihn angeschaltet wieder vor, und auf dem Bildschirm prangte ein neues Kapitel, das mir von der Regenbogenbrücke aus geschickt worden war.« Und Trixie ergänzt: »Alle Hunde kennen das Geheimnis, wie man glücklich wird. Und hier, in Gesellschaft der Engel, die uns den Bauch kraulen, habe ich noch mehr darüber gelernt.«

Ein Golden Retriever spricht zu uns.
Und zeigt uns den Weg zum Glück.

Dean Koontz
TRIXIE
Ein Golden Retriever verändert mein Leben
272 Seiten, gebunden, oranges Leseband
€ [D] 24,99 / € [A] 25,70 • ISBN 978-3-95447-325-0

Trixie, ein ehemaliger Assistenzhund, verwandelte das Leben des Ehepaars Koontz. Erfahrungen mit Engeln, Reinkarnation, das Gespür für das Wunderbare und spirituelle Wahrheiten stellten sich ein, als sie in ihre Familie kam. Dean Koontz, Krimiautor mit weltweit bereits 500 Millionen verkauften Büchern, zeigt sein ganzes erzählerisches Können in diesem zutiefst anrührenden Buch über Liebe und Verlust.

»Mir kannst du nichts vormachen.
In Wahrheit bist du ein Engel.«

Ren Hurst
Die heilende Kraft der Pferde
Mein Weg zu Vertrauen, Hingabe und bedingungsloser Liebe
224 Seiten, gebunden, eingeleitet von J. R. Westen
€ [D] 19,99 / € [A] 20,60 • ISBN 978-3-95447-277-2

»Mein Lebensziel ist es, durch meine Erfahrung mit Pferden und mein Wissen über sie das Bewusstsein der Menschen anzuheben und sie zur Liebe zu inspirieren«, schreibt Ren Hurst. Sie schildert ihr persönliches Wachstum, ihren Aufstieg zu Ruhm & Erfolg und lebensverändernde Einsichten – herbeigeführt durch die kluge und liebevolle Art der Pferde, ihrer größten Leidenschaft, die sie zur Leidenschaft fürs Leben bringt.

Verblüffend ist der völlig neue Umgang mit
Pferden der ehemaligen Pferdetrainerin.

Alle Bücher auch als eBooks auf www.AmraVerlag.de

TOP SELLER

Amazon-Bestseller in den USA!

Gerald R. Clark
Die Anunnaki
Vergessene Schöpfer der Menschheit
232 Seiten, gebunden, oranges Leseband
€ [D] 19,99 / € [A] 20,60 • ISBN 978-3-95447-191-1

Der Mensch wurde genetisch für den Abbau von Gold erschaffen – vor mehreren hunderttausend Jahren in Südafrika. Seine Schöpfer sind die vom Planeten Nibiru stammenden Anunnaki, die wir aus der Bibel als Elohim kennen und die in Sumer als Götter verehrt wurden. Unsere Konditionierung als Sklaven wird noch heute missbraucht.

»Clark hat Informationen zusammengetragen wie niemand vor ihm. Ich kann dieses Werk nur empfehlen.« – *Leser*

NEU

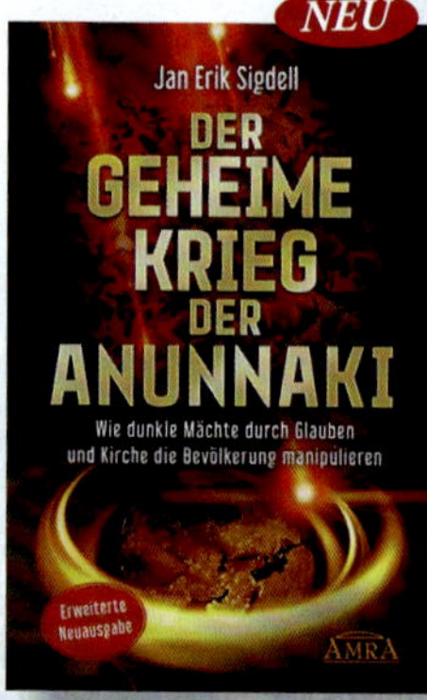

Jan Erik Sigdell
Der Geheime Krieg der Anunnaki
Wie dunkle Mächte durch Glauben und Kirche die Bevölkerung manipulieren
192 Seiten, gebunden, oranges Leseband
€ [D] 19,99 / € [A] 20,60 • ISBN 978-3-95447-307-6

So gehen die Anunnaki vor: Das Wissen um Reinkarnation wurde aus Christentum und Islam entfernt. Durch Gewalt entsteht negative Resonanz. Die Unwissenheit darüber erleichtert es der Machtelite, nach dem Tod eines Menschen seine Rückkehr in ähnliche Verhältnisse zu sichern. Dadurch bleibt ihr Einfluss bestehen.

Sigdell enthüllt die Reinkarnationsfalle.
Erweiterte Neuausgabe!

TIPP

Marcel Polte
GREYS – erweiterte Neuausgabe!
Weltweites Wirken und Entführungen in Deutschland
256 Seiten, gebunden, oranges Leseband
€ [D] 22,99 / € [A] 23,70 • ISBN 978-3-95447-259-8

Tausende von Entführungsfällen durch Greys wurden in den USA bereits untersucht. Der promovierte Jurist Marcel Polte, auch als Heilpraktiker und Hypnosecoach tätig, gleicht sie mit Material der US-Geheimdienste ab, das durch den Freedom of Information Act jetzt freigegeben werden musste. Seine Erhebungen für Deutschland belegen den weltweiten Plan: Eine hybride Mensch-ET-Spezies soll die Herrschaft über die Welt antreten.

Vorworte von Kathleen Marden und Robert Fleischer.

Weitere Anunnaki-Bücher auf www.AmraVerlag.de

Michael E. Salla

ANTARKTIS – Die verbotene Wahrheit

Sklavenarbeit für transnationale Konzerne und außerirdische Flüchtlingskolonie

432 Seiten, gebunden, oranges Leseband

€ [D] 26,99 / € [A] 27,80 • ISBN 978-3-95447-395-3

Trump enthüllte kürzlich die Existenz einer U.S. Space Force, Macron erklärte, eine französische Weltraumflotte sei jetzt in Planung. Tatsächlich arbeiten in der Antarktis bereits seit 1955 Unternehmen des US-Militärs und internationale Konzerne an diesem Projekt – unter Nutzung von Sklavenarbeit. Und all dies geschah von Anfang an unter Mitwirkung von Aliens.

Die wahre Geschichte der Antarktis.

Michael E. Salla

Das Geheime Weltraumprogramm der U.S. Navy & die Allianz mit den Nordischen

Kampftruppen für den Weltraum – die wahren Pläne der Regierung Trump

336 Seiten, gebunden, oranges Leseband

€ [D] 26,99 / € [A] 27,80 • ISBN 978-3-95447-323-6

Neues Whistleblower-Wissen enthüllt weitere unfassbare Wahrheiten: Trumps Beziehungen zur U.S. Navy und zur CIA, ein Manhattan-Projekt zum Umbau der existierenden Weltraumflotten, Russlands Funktion bei der sich abzeichnenden baldigen Offenlegung des Kontakts zwischen Aliens und Menschen – sowie die Rolle der Nordischen und ihre Bekanntgabe der antarktischen Entdeckungen.

Die Hintergründe zu Trumps Aussagen.

Michael E. Salla

Geheime Weltraumprogramme & Allianzen mit Außerirdischen

Whistleblower berichten, was auf der Erde wirklich vor sich geht!

432 Seiten, gebunden, oranges Leseband

€ [D] 26,99 / € [A] 27,80 • ISBN 978-3-95447-296-3

Streifen Sie die Fesseln der Täuschung und Blendung ab: Mit Unterstützung von Aliens gründeten Machteliten der USA die Dunkle Flotte. UFO-Technologien der Nazis und Wissenschaftler, die im Rahmen von Projekt Paperclip in die USA kamen, halfen dabei. Heute finanziert das Interplanetary Corporate Conglomerate, von Majestic-12 geschaffen, die Umsetzung der geheimen Weltraumprogramme.

Whistleblower packen aus.

Alle Bücher auch als eBooks auf www.AmraVerlag.de

Pavlina Klemm & Sayama

TIPP

Energetischer Schutz und Rückkehr der Gesundheit deines Körpers

Geführte Meditationen mit Botschaften der Plejader

79 Minuten, Jewelcase, Heilsymbol im Booklet

€ [D/A] 19,99 • ISBN 978-3-95447-385-4

Die Plejader: »Wir möchten euch jetzt einige Hilfsmittel übergeben, die eure Abwehrkräfte stärken und eure Regeneration unterstützen können. Es sind dies mehrere Meditationen, ein geometrisches Zeichen und heilsame Musik. Natürlich sind das keine Allheilmittel, aber sie helfen euren Zellen und eurem System, Schadstoffe zu erkennen, die nicht zu ihnen gehören. Sie werden die Ergebnisse eurer energetischen Arbeit empfangen und die Information der Erreger ausscheiden.«

Das Heilsymbol auf der nächsten Seite ist Teil dieser CD, kann aber auch unabhängig davon verwendet werden. Halten Sie es während der Meditation an Ihr Herzchakra oder übertragen Sie seine Wirkung auf Wasser, indem Sie ein Glas Wasser für mindestens drei Minuten darauf stellen. Untersetzer erhalten Sie auf www.AmraVerlag.de.

Bestell-Hotline: +49 (0) 6181–189392
Service: Info@AmraVerlag.de
Deutschland & Österreich ab 18 € versandkostenfrei!

AMRA Verlag
Auf der Reitbahn 8
D-63452 Hanau
Fon +49 (0) 6181-18 93 92
Fax +49 (0) 6181-18 93 91
eMail: Info@AmraVerlag.de
www.amraverlag.de

Verlagsauslieferungen

Deutschland & Österreich:
PROLIT Verlagsauslieferung GmbH
Siemensstraße 16
D-35463 Fernwald-Annerod
Fon +49 (0) 641-943 93 202
Fax +49 (0) 641-943 93 89
eMail: j.gastler@prolit.de

Schweiz:
Engros Buchhandlung Dessauer
Räffelstraße 32
CH-8045 Zürich
Fon +41 (0) 44-466 96 96
Fax +41 (0) 44-466 96 69
eMail: dessauer@dessauer.ch

Auf Wunsch legen wir Ihrer Bestellung gern unsere beliebte Gratis-CD bei: *The Spirit of Amra 2.* Sie enthält 16 ungekürzte Songs aus unserem CD-Programm mit *80 Minuten Laufzeit* und ist *nicht* im Handel erhältlich. Als kleines Dankeschön – exklusiv für Sie!

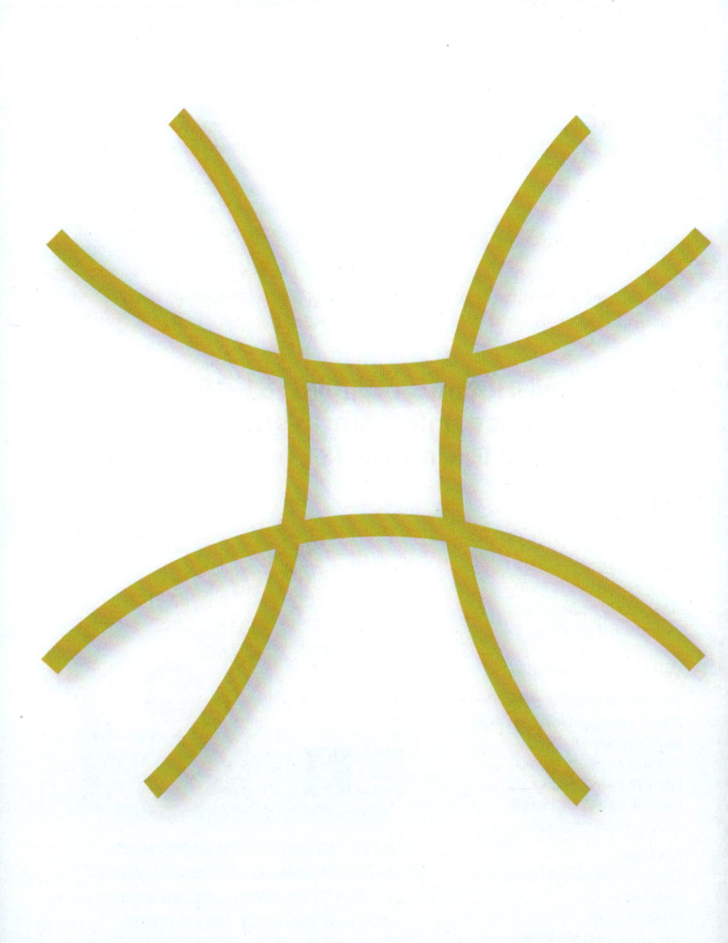

worten auf alles, die von den Medien verbreitet und in den Schulen gelehrt werden. Unterhalb davon liegt die Schicht des lokalen Wissens, das, was in der indigenen Bevölkerung seit Generationen überliefert wird. In dieser zweiten Schicht werden Sie auf die Berichte über Paläokontakte und über Erfahrungen mit anderen Dimensionen der Wirklichkeit stoßen.

Als wir gemeinsam unsere Familienerfahrungen erforschten, wurde mir klar, wie sehr die britische Kolonialisierung die ghanaischen Informationen über die kosmische Gesellschaft und das menschliche Potenzial an den Rand gedrängt hatte. In Ghana erreichten die Briten das nicht durch Gewalt oder durch die Auslöschung der einheimischen Priesterschaft. Vielmehr geschah es auf sanfte Weise durch die zwingenden Kräfte des Kulturimperialismus. Um in der Schule gute Leistungen zu erbringen und in privilegierte Positionen unter britischer Herrschaft aufzusteigen, wurde von jedem jungen ghanaischen Schüler erwartet, dass er britisch dachte, sich britisch kleidete und sprach. Kultiviertheit wurde an diesen Begriffen gemessen. In diesem kulturellen Umfeld galt eine Großmutter, die an den alten Traditionen festhielt, die alten Geschichten erzählte und mit *»gottlosen«* Personen verkehrte, als eine Verwandte, für die man sich schämen musste. In der Schule und in der Kirche wurde den jungen Leuten beigebracht, eine solche schamanische Großmutter nicht zu ehren, sondern sie als »Hexendoktorin« oder »Götzenanbeterin« zu verachten. Durch diese Art von kolonialem Snobismus wurde das einheimische Wissen Ghanas nach und nach herabgewürdigt und an den Rand gedrängt.

Das unterscheidet sich nicht sehr von den kulturellen Paradigmen, auf die ich während meiner Kindheit und Jugend in Großbritannien programmiert wurde. Heute weiß ich, dass es einen Grund gab, warum ich die »weisen Frauen« in England, Kanada und Australien als »anders« erkannte und mich von ihnen fernhielt. Es war genau die gleiche Art von kultureller Programmierung, die meine Schwiegereltern in Ghana erlebt hatten. Die Missachtung alten Wissens ist sicherlich nicht so gewaltvoll wie die Politik gegen die indigene Bevölkerung in Wales, Australien, Kanada, Süd-, Mittel- und Nordamerika, aber das Ergebnis ist gleich – eine »aufgepfropfte« zweite kulturelle Schicht, die über der ursprünglichen liegt: Bildung kontra »Unwissenheit«, Geschichtsunterricht kontra »Volksmärchen«, Wissenschaft kontra »indigene Bräuche«, Religion kontra »Aberglaube«.

Stellen Sie sich, mit diesem kulturellen Bezugsrahmen als Referenz, Folgendes vor: Ein gebildeter Westler, britischer Australier, christlicher Akademiker, zum Beispiel ein Erzdiakon der anglikanischen Kirche in Australien, tritt ans Mikrofon und plädiert für eine Darstellung des Ursprungs der Menschheit, beruhend auf den bereits erwähnten »indigenen Bräuchen«, auf »Aberglauben«, auf »Volksmärchen und Unwissenheit«. Sicher können Sie sich vorstellen, dass man ihm sehr schnell vorwerfen wird, er würde in beleidigender Weise den *Status quo* in Frage stellen. Wie kommt er dazu, die über Jahrhunderte sorgfältig entwickelte Katechese, die Weitergabe der katholischen Glaubenslehre, aus den Angeln heben zu wollen? Dieser hypothetische Kirchenmann wird ziemlich schnell merken, dass sein Abweichen vom vertrauten Kolonial-Drehbuch von all denen als tiefe Beleidigung empfunden wird, die ihr ganzes Berufsleben als Theologen oder Pädagogen der Vermittlung dieses Drehbuchs gewidmet haben.

Dieser Mensch bin ich – und selbst angesichts einer solchen Missbilligung, die entweder offen artikuliert wird oder sich durch beharrliches Schweigen ausdrückt, muss ich trotzdem weitermachen, denn die Macht der Geheimnisse, die in diesen Erzählungen überliefert werden, ist unübersehbar. Es ist meine feste Überzeugung, dass diese Geheimnisse das Potenzial haben, mein Leben und das Ihre zu verändern.

6

Lange Haare und Weitblick

King's Cross, London – November 1985

Ich fühle mich furchtbar. Heute haben mein Kollege Lucas und ich von unserem Chef, dem Gemeindepfarrer, den Auftrag erhalten, im Stadtviertel an die Türen zu klopfen. Wir sollen das Evangelium verkünden und mehr Menschen dazu bewegen, in die örtliche Kirche zu kommen. Es gibt, weiß Gott, in unserem Job Dinge, die uns mehr Freude machen als ausgerechnet das! Ich bin zwanzig, Lucas ist achtzehn, und es ist eine große Herausforderung für unsere jugendlichen sozialen Fähigkeiten, unangemeldet Leute zu behelligen – und, ehrlich gesagt, sind wir beide der Meinung, dass wir damit ziemlich in die Privatsphäre wildfremder Menschen eindringen. Da keiner von uns an diesem kalten und feuchten Londoner Nachmittag wirklich in der Stimmung dafür ist, verkriechen wir uns erstmal in eine Gebetszeit, als seelische Stärkung für unsere Tür-zu-Tür-Mission. Und dann passiert es. In meinen Gedanken bin ich plötzlich ganz woanders. Ich stehe vor einer roten Tür, auf der in dicken Messingziffern die Zahl 64 prangt. Die Frau, die vor mir steht, hat langes, glattes schwarzes Haar, das ihr bis zur Taille reicht.

Ihr dunkles Haar steht im Kontrast zu ihrer auffallend blassen Haut. Sie trägt ein langes schwarzes Kleid und blickt über ihre Schulter zu einem Mann in ihrer Wohnung. Obwohl ich keine akute Gefahr spüre, erkenne ich, dass die Frau ängstlich ist und dass seine Anwesenheit sie psychisch belastet.

»Es wird Zeit.«

Rasch erwache ich aus meinem Tagtraum, und schon bald sind wir auf dem Weg zu dem Teil der Gemeinde, der für unsere nachmittägliche Besuchsaktion vorgesehen ist. Weniger als eine Stunde später stehe ich zu meiner großen Überraschung vor der Tür mit der auffälligen 64 aus Messing. Die Tür hebt sich farblich von allen benachbarten ab, die in einem einheitlichen Graugrün gehalten sind.

Die Tür zu Nummer 64 ist scharlachrot. Ich fühle mich durch dieses Detail ermutigt und rufe meinem Kollegen Lucas zu: »Die übernehme ich.«

Als ich mich der Tür nähere, bereite ich mich darauf vor, meine Standardpredigt zu halten: »Hallo, mein Name ist Paul, ich komme von der örtlichen Pfarrgemeinde, und wir sind unterwegs, um den Menschen von Jesus zu erzählen und Sie zu unseren Gottesdiensten am Sonntagmorgen einzuladen. Wir freuen uns über Ihren Besuch, Sie sind bei uns herzlich willkommen.«

Doch schon beim ersten Satz gerate ich ins Stolpern und verstumme, denn eine Frau in einem langen schwarzen Kleid, mit langen schwarzen Haaren und blasser Haut hat mir geöffnet. Und ja, sie sieht etwas ängstlich aus.

Dies war eine meiner ersten Erfahrungen mit Remote Viewing und Präkognition. Als ich solche Phänomene in meinen Anfangsjahren als Seelsorger zum ersten Mal erlebte, interpretierte ich diese seltsamen Eingebungen und Geistesblitze natürlich in einem religiösen Rahmen. Ich stellte mir vor, ich wäre ein Kanal für die Weisheit Gottes. Ich war der Bote, und Gott hatte mir

Informationen übermittelt, die den Empfänger der Botschaft entweder beeindrucken oder ihm helfen sollten. In unserem kirchlichen Umfeld nannten wir dieses Phänomen *»Worte der Erkenntnis«* – ein Begriff, der auf die Lehre des Apostels Paulus im Neuen Testament zurückgeht. Wir hatten ein Paradigma, wonach gläubige Christen der einzige Kanal für Gottes Güte in der Welt sind. Doch etwas an meiner Begegnung an der Tür von Nummer 64 ließ die Seifenblase dieser sauberen und ordentlichen Weltanschauung platzen.

Nach einem kurzen Moment des Innehaltens überraschte mich die Dame mit den langen dunklen Haaren, indem sie mich in ihr Haus einlud (das war eine Generation bevor irgendjemand von uns etwas von sicheren Kirchenpraktiken gehört hatte!).

»Ich bin Hellseherin«, begann sie. »Ich empfange Offenbarungen in Träumen, und ich wusste, dass mich heute jemand mit einer wichtigen Botschaft besuchen würde. Ich wusste sofort, dass Sie der Bote sind, als ich Ihr Namensschild sah, denn Ihr Name ist mir bereits bekannt.«

Die ganze kulturelle Programmierung, die ich im letzten Kapitel erwähnt habe, alles, was ich darüber gesagt habe, dass man »weise Frauen« meiden sollte – all das lief in diesem Augenblick wie automatisch in mir ab. Ich sage das zu meiner Schande. Natürlich machte ich mir keine Gedanken darüber, was meine Gastgeberin wohl von meiner eigenen riesigen Afro-Frisur dachte, die nur so lang war, weil ich mir keinen Haarschnitt leisten konnte. Aber ihr wunderschönes glattes, pechschwarzes, langes Haar, das ihr bis zur Taille reichte, ihre schwarze Kleidung und ihre Worte »Ich bin Hellseherin und ich wusste …« aktivierten bei mir alle möglichen kulturellen Vorurteile über »weise Frauen«. Und ja, ich spreche von der mittelalterlichen Furcht vor Hexen. Doch selbst mit meinem durch all dieses kulturelle Gepäck getrübten Blick erkannte ich, dass Fakten nun einmal Fakten waren. Diese Frau bot mir höflich ihre Gastfreundschaft an und hörte mir respektvoll zu, was immer ich ihr sagen wollte, und sie tat dies, weil ihre Weisheit ihr sagte, dass ich etwas Wertvolles mitzuteilen hatte. Wie konnte ich das missachten?

Ich betrachtete es als Einladung, ihr das mitzuteilen, was mir, wie ich glaubte, Gott aufgetragen hatte. So taktvoll wie möglich berichtete ich von dem Bild, das ich vor meinem geistigen Auge gesehen hatte, und von meiner Vorstellung, was es zu bedeuten hatte. Wir führten ein für uns beide bedeutsames Gespräch. Für die Frau mit den langen schwarzen Haaren war es bedeutsam, weil sie einige hilfreiche Einsichten erhielt, wie sie die Beziehung zu ihrem Sohn verbessern konnte – der männlichen Person »im Hintergrund«, die ich bei meiner Fernwahrnehmung bemerkt hatte. Aber es war auch für mich bedeutsam, denn während unseres Gesprächs wurde mir klar, dass dabei nicht nur ich, sondern auch sie ein Kanal für göttliche Intelligenz war. Auf die eine oder andere Weise profitierten wir beide von einem größeren Informationsfeld, für das wir offen waren.

Damals ordnete ich das Erlebnis in meinen erlernten Rahmen ein und sprach von der Gnade Gottes, die unsere menschlichen Begrenzungen transzendiert. In den Jahrzehnten, die seither vergingen, wurde mir klar, dass viele Menschen, die solche Phänomene von Präkognition (Vorauswissen) oder von Remote Viewing erleben, keine *»christlichen*n Missionare« sind und sich auch nicht als Hellseher bezeichnen würden. Einige von ihnen sind überhaupt nicht spirituell oder religiös orientiert. In jüngster Zeit, zum Auftakt meiner Recherchen für *Flucht aus Eden*, erweiterte mein Paradigma für derartige Phänomene sich noch mehr. Wie aus dem Nichts häufte sich bei mir diese Art von Visionen und plötzlichen Eingebungen. Der verstärkte Informationsfluss stand also nicht in Zusammenhang mit göttlicher Gnade oder seelsorgerischer Arbeit, sondern geschah ziemlich … nun ja, zufällig.

Einmal war ich zum Beispiel in einem Immobilienbüro und schaute mir ein Schulungsvideo für Vertriebsmitarbeiter an. Während ich es mir ansah, »wusste« ich sofort, dass der verstorbene Vater des Referenten ein christlicher Prediger war und dass er sich ganz bewusst dafür entschieden hatte, nicht in die Fußstapfen seines Vaters zu treten, so sehr er ihn auch liebte und die Arbeit seines Vaters bewunderte. Stattdessen hatte er eine größere Gemeinde in der Welt der Immobilienmakler gefunden, wo er nun berufliche Weiterbildung auf sehr hohem Niveau betrieb. Ich wusste das alles, als ich ihn sah. Aber ich habe keine Ahnung, wie das möglich war, woher dieses Wissen kam. Ein anderes Mal war ich als Kunde in einem anderen Maklerbüro und fragte die Maklerin, ob sie uns einen Anstreicher empfehlen könne, da wir unser Holzhaus für den Verkauf renovieren lassen wollten. Als sie sagte, dass ihr Mann Anstreicher sei, sah ich vor meinem geistigen Auge genau, wie er aussah – Größe, Körperbau, Gang, sogar Frisur und Haarfarbe. Das Bild war so detailliert, dass ich ihn sofort erkannte, als er ein paar Tage später zufällig durch unsere Straße fuhr.

Bei einer anderen Gelegenheit rief mich ein Musiker namens Levi McGrath in meinem Büro an. Er bot mir an, in der Kirche in den Yarra Ranges in Victoria aufzutreten, wo ich damals als Pfarrer tätig war. In dem Moment, als ich Levis Stimme am Telefon hörte, hatte ich seine Größe, seinen Körperbau, seine Haarfarbe, seine Augen und sein Gesicht vor Augen. Die Visualisierung war so detailliert, dass ich Levi sofort erkannte, als er nur ein oder zwei Wochen später das Haus eines Nachbarn betrat. (Übrigens buchte ich ihn für meine Kirche, und sein Konzert war ganz wundervoll!)

Das Besondere an diesen »anomalen« Eingebungen und »Geistesblitzen« war für mich, dass sie nicht wirklich einem Zweck zu dienen schienen. Es war, als sei es mir zufällig gelungen, einen virtuellen Dateiordner über jede dieser Personen herunterzuladen, so dass ich sie sehen oder hören konnte oder eine innere Stimme mir von ihnen erzählte. Ich dachte über dieses Phänomen nach und fragte mich, ob im Äther um uns herum ein Informationsfeld verborgen ist, das nur darauf wartet, von dafür aufgeschlossenen Menschen angezapft zu werden. Diese Überlegungen brachten mich dazu, in meiner Bibliothek zu graben und mich in Platons Ideen über die Natur des menschlichen Bewusstseins zu vertiefen. Vielleicht hatte Platon recht, als er meinte, dass der Mensch in erster Linie Bewusstsein ist und wir als bewusste Wesen schon vor diesem stofflichen Leben existierten und auch danach wieder als solche existieren werden. Seine Sichtweise versteht unseren Körper als Trägersystem für dieses Bewusstsein. Ich kann mir das sehr anschaulich vorstellen. Zur Verdeutlichung möchte ich Ihnen von dem alten analogen Fernseher meiner Großeltern erzählen.

Meine Großeltern lebten in einem wunderschönen Tal in der Grafschaft Buckinghamshire in England, wo sie einen Bauernhof betrieben. Aufgrund der Lage im Tal war der Fernsehempfang in ihrem Haus sehr schlecht. Trotz der tapferen Bemühungen der Antenne, die ihr Schieferdach schmückte, war das Bild auf ihrem Schwarz-Weiß-Fernseher ein ständiger Schneesturm und der Ton verrauscht – es sei denn, einer von uns stellte sich direkt neben den Fernseher. Sobald einer von uns neben dem Fernseher stand, wurde das Bild scharf und der Ton glasklar. Offensichtlich war das elektromagnetische Feld oder EMF unseres Körpers ein besserer Empfänger für Fernseh- und Radiowellen als das speziell dafür vorgesehene Gerät auf dem Dach!

Was wäre nun, dachte ich, wenn durch das natürliche elektromagnetische Feld des Planeten Erde auch auf uns Informationen übertragen werden? Was wäre, wenn unser Körper Informationen aus dem EMF des Planeten auf genau dieselbe Weise herunterladen kann, wie er in der Lage ist, für den einwandfreien Empfang eines Fernsehsignals zu sorgen? Um diese Überlegung noch einen Schritt weiter zu führen: Könnte es neben elektromagnetischen Feldern nicht auch Bewusstseinsfelder geben, aus denen unsere materiellen Körper Informationen empfangen? Das sind lediglich Vermutungen, aber es sind Fragen, die ich mir angesichts dieser bei mir plötzlich auftretenden Welle von Präkognition und Fernwahrnehmung stellte. Ich konnte sehen, dass diese Erlebnisse nicht in mein altes theologisches Paradigma passten. Offensichtlich musste mein Paradigma entweder erweitert oder durch ein anderes ersetzt werden.

Übrigens können Sie diesbezüglich einmal Folgendes ausprobieren: Fragen Sie Ihre Familie und Freunde, ob sie jemals Erlebnisse hatten, bei denen spontan Präkognition oder Fernwahrnehmung auftraten. Ich prophezeie Ihnen, dass die Antworten, die Sie erhalten, Ihnen zeigen werden, dass diese Phänomene wirklich weit verbreitet sind. Und doch haben sich im Laufe der Menschheitsgeschichte diejenigen, die sich ernsthaft mit solchen Phänomenen auseinandersetzen wollten, immer wieder jenseits der Grenzen des allgemein akzeptierten Mainstreams wiedergefunden. Irgendwie trifft man auf einen weit verbreiteten Effekt kulturellen Zurückschreckens, wenn man »Hellseherei« auch nur erwähnt. Wie ich bereits sagte, sind wir darauf programmiert, uns für unsere Mutter, Tante oder Großmutter zu schämen, wenn sie Hexendoktorin in Afrika, Geistheilerin in den amerikanischen Bergen oder Wahrsagerin oder Teeblatt-Leserin in Nordeuropa ist. Jahrhunderte religiöser Prägung haben viele gelehrt, zu befürchten, dass ein Phänomen, das nicht durch die moderne Wissenschaft erklärt werden kann, vielleicht dämonisch ist. Was könnte es sonst sein?!

Halten wir fest: Imperiale Armeen, aber auch Bildungsministerien haben versucht, unser Lernen von indigenen Traditionen zu säubern, in denen paranormale Fähigkeiten oder Phänomene als normaler Teil des Lebens betrachtet werden. Diejenigen von uns, die auf der imperialen Seite der Gleichung stehen, wurden darauf konditioniert, diese Art von kultureller Säuberung zu billigen, als handelte es sich dabei um einen notwendigen und lobenswerten Akt der Reinigung. Die emotional aufgeladene Ablehnung von *Hexerei* und *Heidentum* veranlasste uns dazu, die Unterdrückung dieser Art von Fähigkeiten zu befürworten – selbst wenn es sich bei denen, die zum Schweigen gebracht werden, um unsere eigenen Mütter, Tanten und Großmütter handelt.

Aus all diesen Gründen war es für viele von uns ein ziemlicher Schock, als im Januar 2017 eine Reihe von freigegebenen Akten aus den Kellern der CIA enthüllte, dass der US-Geheimdienst über einen Zeitraum von mehr als dreißig Jahren Millionen von Dollar in eine Abteilung für Remote Viewing investiert hatte. Auch war die CIA nicht der erste nationale Geheimdienst, der dies tat. Aus den freigegebenen Papieren geht hervor, dass die CIA in den frühen 1970er Jahren in die Welt des Remote Viewing einstieg, weil sie erfahren hatte, dass die Sowjetunion bereits Millionen von Dollar in die Erforschung dieser Fähigkeit investierte. Das Weltbild der UdSSR war streng materialistisch. In der Ideologie der Sowjets gab es keinen Platz für Mystik, Religion oder das Paranormale. Als die US-Geheimdienste also feststellten, dass die UdSSR in die Fernwahrnehmung als strategische Methode zur Beschaffung von Informationen investierte, wurde ihnen klar, dass etwas Objektives und Überprüfbares im Gange sein musste. Es konnte nur einen Grund geben, warum die Russen ihre knappen Ressourcen für Remote Viewing ausgaben: dass es ihnen einen strategischen Vorteil verschaffte – und in der Zeit des Kalten Krieges war es für die USA völlig inakzeptabel, der Sowjetunion irgendeinen strategischen Vorteil zuzugestehen. Wenn die Russen eine Militärabteilung für

Remote Viewing hatten, dann brauchten die USA unbedingt auch eine. Plötzlich befand sich der US-Geheimdienst in einer Aufholjagd in Sachen Fernwahrnehmung.

Nach und nach wurde eine Reihe von Regierungsbehörden einbezogen, insbesondere die Defense Intelligence Agency, die als Dachorganisation der vier Teilstreitkräfte Army, Navy, Air Force und Marine Corps diente, die National Security Agency, bei der es sich um den größten Auslandsgeheimdienst der USA handelt, die dem Justizministerium unterstehende Drogenbehörde Drug Enforcement Agency und die Joint Chiefs of Staff, ein Beratergremium des US-Präsidenten und US-Verteidigungsministers – und das alles unter der Leitung des Stanford Research Institute. Schon bald konnten einige bemerkenswerte Ergebnisse erzielt werden. So führte Ingo Swann, ein Teilnehmer des Programms, am 28. April 1973 ein experimentelles Remote Viewing des Planeten Jupiter durch. Er beschrieb und skizzierte Ringe um den Planeten, die kein Astronom je gesehen oder auch nur vermutet hatte. Sechs Jahre später funkte die NASA-Sonde *Voyager 1* zum ersten Mal Aufnahmen der riesigen Ringe des Planeten zur Erde. Sie waren tatsächlich genau so beschaffen, wie Ingo Swann sie 1973 beschrieben hatte. Ein Mensch, der etwas sehen kann, das sich fast achthundert Millionen Kilometer von der Erde entfernt befindet, muss noch über etwas anderes verfügen als besonders gute Augen … Offenbar sind das menschliche Bewusstsein, Entfernung, Zeit und vielleicht sogar die gesamte Struktur des Weltraums nicht das, wofür wir sie halten.

Im Jahr 1974, kurz nach Swanns Fernwahrnehmungs-Experiment, wurde Patty Hearst, die Erbin des Medienmoguls William Randolph Hearst (1863-1951), aus ihrer Wohnung in Berkeley entführt. Der Remote Viewer Pat Price konnte den Standort des Wagens identifizieren, in dem sie entführt worden war. Pat beschrieb dann auch den Grundriss der Wohnung, in der

Patty Hearst festgehalten wurde, und den Schrank, in dem sie eingesperrt war. Im Jahr darauf stürzte ein russischer Bomber im afrikanischen Staat Zaire ab. Natürlich war das US-Verteidigungsministerium bestrebt, die Trümmer an sich zu bringen, bevor die Russen sie bergen konnten. Das Problem war, dass das US-Verteidigungsministerium trotz all seiner Technologie das Flugzeug nicht orten konnte. Präsident Jimmy Carter beschrieb später, was dann geschah: »*Unsere Aufklärungsflugzeuge* waren einfach nicht in der Lage, den Bomber zu finden. Der CIA-Direktor hatte von einer Frau in Kalifornien gehört, die, glaube ich, als Medium arbeitete ... etwas in der Richtung. Ich weiß nicht, wie sie hieß. Sie nannte ihm den exakten Breiten- und Längengrad. Und wir haben dann das Flugzeug genau an der Stelle geortet, die sie angegeben hatte.«

Übrigens war die betreffende Frau nicht nur »Medium«. Sie war eine Air-Force-Offizierin und die Freundin eines Freundes!

Bis 1983 war das, was unter den Namen *Project Stargate* und *The Scanning Initiative* bekannt wurde, so erfolgreich, dass dem US-Heeresminister John Marsh (1926-2019) ein Bericht vorgelegt werden konnte, wonach bei 700 Remote-Viewing-Einsätzen 85 Prozent positive Beweise für Remote Viewing erbracht wurden und 350 dieser Einsätze einen erheblichen nachrichtendienstlichen Wert besaßen. Damals mag es die Öffentlichkeit überrascht haben, dass ein evangelikaler Christ wie Jimmy Carter sich mit etwas so Fragwürdigem wie der Fernwahrnehmung anfreunden konnte. Aber der Nachfolger von Präsident Carter, Ronald Reagan, ebenfalls ein evangelikaler Christ, war sogar dafür bekannt, dass er zusammen mit seiner Frau Nancy Astrologen konsultierte, bevor er wichtige Entscheidungen traf. Auch das ist nichts, was man normalerweise mit dem evangelikalen Christentum in Verbindung bringt. Kaum zu glauben: Etwas, für das ein durchschnittliches Kirchenmitglied exkommuniziert und aus vielen evangelikalen Kirchengemeinden hinausgeworfen worden wäre, wurde von Evangelikalen in hohen politischen Ämtern privat praktiziert.

Wie jedes andere staatliche Programm musste natürlich die im Laufe der Jahre mehrfach umgestaltete CIA-Abteilung für Remote Viewing ebenfalls regelmäßig Erfolgsnachweise vorlegen, um ihr Budget zu rechtfertigen. Die Remote-Viewing-Operationen der CIA erzielten offensichtlich so gute Ergebnisse, dass ihre Finanzierung während einer ganzen Reihe von US-Regierungen bewilligt wurde, nämlich unter den Präsidenten Richard Nixon, Gerald Ford, Jimmy Carter, Ronald Reagan, George H. W. Bush und Bill Clinton. Die Finanzierung war also von 1972 bis 1995 gegeben. Ob und wie es danach weiterging, ist nicht bekannt, man kann darüber nur spekulieren!

Ich möchte Sie hier lediglich auf die Trennung der Informationslage aufmerksam machen. Präsident Jimmy Carter zum Beispiel war und ist ein gläubiger evangelikaler Christ. Wenn der durchschnittliche evangelikale Christ sagen würde, dass er sich mit so etwas wie Remote Viewing beschäftigt, würde man ihm in seiner Kirche entweder sagen, dass das Unsinn ist oder dass es dämonisch ist. In einigen Kirchengemeinden könnte das genügen, um eine Person auszuschließen und zu exkommunizieren. Evangelikale, die an der Macht sind, haben jedoch einen anderen Informationsstand. Ein evangelikaler Präsident weiß, dass es sich um eine nützliche menschliche Methode handelt, die wichtige Informationen liefern kann – und dass es völlig legitim ist, wenn staatliche Stellen sich damit beschäftigen. Es gibt also offenbar ein Muster von Informationen über Remote Viewing für die Öffentlichkeit und ein anderes Muster von Informationen für die Mächtigen. Das ist eigentlich wenig überraschend. Jede Regierung möchte in der Lage sein, zu spionieren. Keine Regierung möchte ausspioniert werden. Welche Regierung möchte schon, dass die Öffentlichkeit geheime Papiere auf dem Schreibtisch eines Ministers lesen kann? Aus diesem Grund dient es der Regierung, wenn die Öffentlichkeit glaubt, Remote Viewing wäre als Schwindel entlarvt oder diskreditiert worden, während die Mächtigen es insgeheim weiterhin praktizieren. Diese Zweigleisigkeit der Informationen über Remote Viewing ist etwas, das sich durch die Jahrhunderte zieht, mit einer sehr interessanten Parallele in der Geschichte des britischen Geheimdienstes – mehr dazu im nächsten Kapitel.

Die Entwicklung der kognitiven Fähigkeiten des Menschen, zum Beispiel der Fernwahrnehmung, wird in den weltweiten Narrativen der indigenen Kulturen untrennbar mit Berichten über Paläokontakte und ET-Eingriffe in den Werdegang unserer Spezies verknüpft. Die gezielte Blockierung bestimmter Informationen betrifft demnach auch Wissen über Portale im Irak oder Remote Viewing in Afrika, und es werden uns noch weitere Tatsachen über unsere Vorgeschichte als Spezies und unseren Platz im Kosmos vorenthalten. Aufgrund der gesetzlichen Informationspflicht musste die US-Regierung jedoch inzwischen nicht nur das langjährige Engagement des US-Geheimdienstes auf dem Gebiet des Remote Viewing enthüllen, sondern auch, dass eine kleine Einheit irgendwo tief in den Eingeweiden der CIA sich die Mühe gemacht hatte, die Dokumente eines Mannes namens Chan Thomas zu studieren.

Chan Thomas wurde in den 1960er Jahren vom Pentagon angestellt, um Analysen über UFO-Phänomene anzufertigen. Seine Analysen befassten sich mit dem menschlichen Potenzial, mit Selbstheilung, Remote Viewing und Astralreisen. Er behauptete außerdem, die Bibel würde versteckte Hinweise auf den Wiederaufbau der menschlichen Zivilisation nach planetaren Katastrophen enthalten. Thomas zufolge finden sich in der Bibel Informationen über Paläokontakte und darüber, dass bestimmte biblische

Figuren, einschließlich Hesekiel und Jesus, von Außerirdischen beeinflusst worden seien. Neben einigen noch schillernderen Theorien zu unserer planetarischen Geschichte berührt seine Abhandlung *The Adam and Eve Story* viele der gleichen Themen wie meine *Eden*-Bücher. (Vielleicht sollte ich ein paar Exemplare meiner Bücher an die CIA schicken, aber vermutlich wurden sie dort ja schon gelesen!) Um ehrlich zu sein, ist Chan Thomas' *The Adam and Eve Story* nicht gerade von einer Qualität, dass ich alles, was darin geschrieben steht, für bare Münze nehmen würde. Ich wundere mich nur, warum die CIA sich die Mühe macht, sich mit einem so dubiosen Text zu beschäftigen. 2013 tauchte eine Kopie der Abhandlung in CIA-Dokumenten auf, die nach dem amerikanischen Informationsfreiheitsgesetz veröffentlich werden mussten. Seltsamerweise wurden keinerlei Zusatzinformationen veröffentlicht, die eine Einordnung des Textes ermöglichen würden. Also stellt sich die Frage, warum die CIA eine Abhandlung über frühere Zivilisationen und Paläokontakte analysierte? Offenbar gibt es auf Regierungsebene Mächtige, die Bescheid wissen, und dem Rest von uns bleibt nichts anderes übrig, als sich darüber zu wundern!

Dieses Muster paralleler Narrative, eines internen Narrativs für die Machtelite und eines externen für die Öffentlichkeit, resultiert aus der von mir bereits skizzierten historischen Dynamik: Wenn imperialistische Staaten andere Länder erobern, beschlagnahmen sie dortiges einheimisches Wissen und archivieren es für die Paläste der Könige, Königinnen und Päpste. Diese Dynamik zeigte sich bei der Aneignung des Christentums durch das Römische Imperium, bei der portugiesischen und spanischen Eroberung Mittel- und Südamerikas und bei der britischen Eroberung Nordamerikas, Afrikas und Australiens. Nach der imperialistischen Annektierung wird das eroberte Volk verpflichtet, die neue Orthodoxie zu übernehmen, während sein archiviertes Wissen nur noch der Machtelite der Eroberer zur Verfügung steht. Jene Priester, die den Massenhinrichtungen entkommen, und die Bücher, die vor den Eroberern verborgen werden können, überleben im Untergrund, im geheimen Widerstand. In einigen Fällen werden diese Texte, um sie zu schützen, auch ganz buchstäblich im Untergrund vergraben, wie es bei den gnostischen *Nag-Hammadi*-Schriften der Fall war. Solche überlebenden Manuskripte können dann von Geheimgesellschaften kuratiert werden, die die Zeremonien aufrechterhalten und das alte Wissen bewahren. Von Zeit zu Zeit sickert ein wenig von diesem Wissen durch Erzählungen, Kunstwerke oder verschlüsselte Texte zurück in die Öffentlichkeit. Das ist die Grundlage vieler esoterischer Gesellschaften in aller Welt. Durch diese Trennung der Informationen zwischen den Eliten und der übrigen Bevölkerung erklärt es sich, dass zum Beispiel Präsident Carter über Remote Viewing Bescheid weiß und vielleicht auch die Hexe oder weise Frau in den Bergen darüber Bescheid weiß, während alle anderen glauben, dergleichen sei entweder unmöglich oder dämonisch.

Ich möchte betonen, dass ich damit keineswegs Präsident Carter zu nahe treten will, ganz und gar nicht. Ich begrüße seinen tiefen Glauben und seine Ehrlichkeit, offen darüber zu sprechen, wie es seiner Regierung gelang, den abgestürzten russischen Bomber in Zaire zu lokalisieren. Was ich hier hervorheben möchte, ist das weitverbreitete Muster, Informationen nur den Privilegierten zugänglich zu machen. Da es den Interessen der Regierung dient, wenn die Öffentlichkeit Phänomenen wie Remote Viewing skeptisch gegenübersteht, wird das allgemeine christliche Vorurteil gegen solche Phänomene, dass es sie entweder gar nicht gibt oder dass es sich um etwas Dämonisches handeln muss, zum nützlichen Knopf, den man drücken kann, um die Öffentlichkeit zu manipulieren. Bezeichnenderweise wendeten sich diese tief verwurzelten Vorurteile schließlich auch gegen die CIA-Abteilung selbst und sorgten für die Beendigung des Programms. Das *Project Stargate*, wie es damals hieß, wurde eingestellt, als die damalige Aufsichtsbehörde einen neuen Direktor erhielt. Der ranghöchste und höchstdekorierte Remote Viewer von *Project Stargate* erinnert sich, dass ihn bei einer Senatsanhörung ein hochrangiger Senator anbrüllte: »Sie, mein Herr, tun das Werk des Teufels, und Sie werden dafür in der Hölle schmoren!«

Natürlich sagte der Senator das nicht, weil er sachlich etwas an der Arbeit dieses hochdekorierten Offiziers auszusetzen gehabt hätte. Der betreffende Senator war ein fundamentalistischer Christ, der allein aufgrund seiner auf dem Glauben basierenden Weltanschauung niemals mit etwas zu tun haben wollte, das er als heidnisch oder dämonisch einstufte. Und so wurde das Programm sofort eingestellt. Bei dem Remote Viewer, der da angebrüllt wurde, handelte es sich um Joe McMoneagle. Er war sechs Jahre lang beim Pentagon als Experte für Remote Viewing tätig. In dieser Eigenschaft nahm er persönlich an zweihundert Remote-Viewing-Missionen teil. Die Ergebnisse seiner Einsätze waren so beeindruckend, dass er mit der *Legion of Merit* ausgezeichnet wurde – der zweithöchsten Auszeichnung, die das US-Militär für herausragende Leistungen außerhalb von Kampfeinsätzen vergibt. Nur weil seine Arbeit gegen das fundamentalistische Christentum seines neuen Vorgesetzten verstieß, wurde McMoneagle »verteufelt« und entlassen.

Während seiner sechsjährigen Dienstzeit hatte Joe McMoneagle Bedeutendes geleistet und war für seine Arbeit stets geehrt worden. Tatsächlich nannte man ihn die *»Nummer 1«* des Programms. Leider reichten diese Ehrungen nicht aus, um ihm seine fristlose Entlassung zu ersparen.

Joe Mconeagles Geschichte und *Project Stargate* sind lediglich ein Echo aus dem zwanzigsten Jahrhundert auf eine Geschichte, die sich im Laufe der Jahrhunderte immer wiederholte. McMoneagle alias »Nummer 1« war in der gleichen Branche tätig wie ein Waliser aus einer früheren Zeit. Der betreffende Waliser war der Gründer des britischen Geheimdienstes – jener Institution, aus der später der Nachrichtendienst MI5 und die Spionageabwehr MI6 hervorgingen. Vor fünf Jahrhunderten diente er am Hof von Königin Elisabeth I. Wie wir im nächsten Kapitel sehen werden, entdeckten bereits die ersten Mitarbeiter des neuen Geheimdienstes Ihrer Majestät den Zusammenhang zwischen Remote Viewing, menschlicher Intelligenz und ET-Kontakten.

7

Seher und Gläubige

Bathampton, England – 1985

Als ich die Brücke über die Wehranlage erreichte, auf der Stadtseite der Pulteney Bridge in Bath, bemerkte ich eine große, hagere Gestalt, die sich weit über die Brüstung lehnte und in das schäumende Wasser des Wehrs starrte. Ich war an jenem Morgen mit der sehr deutlichen Vorahnung aufgewacht, dass ich in der Stadt jemanden aus meiner alten Schule treffen würde. Dabei war das sehr unwahrscheinlich, denn Bath, wo ich wohnte, liegt in einem ganz anderen Teil des Landes als jene Schule. Und doch sah der Typ auf der Brücke genau aus wie …

»Jonas Welsh?«

Er war es tatsächlich, und schnell kamen wir miteinander in ein angeregtes Gespräch. Wir redeten über unseren jeweiligen Werdegang seit der High School und unsere spirituelle Suche nach dem Sinn des Lebens – eine interessante Unterhaltung, so früh am Morgen. Ich war froh, innegehalten und ihn angesprochen zu haben.

Acht Jahre später entdeckte ich die wahre Bedeutung dieser seltsamen Begegnung. Ohne dass ich in der Zwischenzeit etwas von Jonas gehört hatte, rief er mich aus heiterem Himmel an, um mein Bild von jenem Treffen in Bath im Jahr 1985 zu vervollständigen. Als ich an jenem Tag gesehen hatte, wie er sich über das Geländer der Brücke in Bath beugte, war mir nicht verborgen geblieben, dass er tief in Gedanken versunken war. Doch ich kannte nicht den Grund.

Für ihn war es der zweite Tag nach einer medizinischen Diagnose, die den Verlauf seines Lebens verändern sollte – und er wusste, dass es so sein würde.

Seine tiefen Gedanken an diesem Morgen waren Selbstmordgedanken. Er hatte alle Hoffnung auf eine glückliche Zukunft verloren und starrte in das schäumende Wasser des Wehrs, wobei er innerlich mit dem Impuls rang, sich hineinzustürzen.

Während er sich über die Brüstung lehnte, erblickte ich, sein alter Schulkamerad, ihn zufällig genau in diesem Moment und sprach ihn an: »Jonas Welsh?«

Die unerwartete Begegnung mit mir weckte ihn gewissermaßen aus seinem Zustand. Er löste sich von der Brüstung und verließ mit mir die Wehranlage. Als Jonas mir acht Jahre später die ganze Geschichte aus seiner Sicht erklärte, wurde mir klar, dass unser Gespräch an jenem Morgen in Bath ein weitaus größerer Zufall war, als ich es mir je hätte vorstellen können – und im Grunde gar kein Zufall.

Inzwischen, während dieser acht Jahre, hatte ich gelernt, auf meine gelegentlichen Ahnungen und Intuitionen zu achten. 1985, als ich Jonas auf der Brücke in Bath traf, war auch das Jahr gewesen, in dem ich die Fernwahrnehmung von der Dame mit den langen schwarzen Haaren hatte, die mir die rote Tür des Hauses mit der Nummer 64 in meiner Londoner Gemeinde öffnete. Und seitdem hatten sich diese vermeintlich zufälligen Fernwahrnehmungen und Präkognitionen unvermindert fortgesetzt. Was war der erste Auslöser gewesen? Was geschah 1985 noch, das irgendeinen Einfluss auf meine geistige Verfassung oder die Schärfe meiner Wahrnehmung ausübte?

Es dauerte über drei Jahrzehnte, bis ich in den Tiefen meines Bewusstseins die wahre Ursache entdeckte. Das geschah auf der Couch in Barbara Lambs Sprechzimmer. Dort, in der tiefen Entspannung, in die Barbara mich hineinführte, lösten sich die Schichten des Vergessens auf und mein lange gehegter Verdacht bestätigte sich. Aber davon werde ich Ihnen später mehr erzählen. Auch wenn diese Phänomene im Laufe der Jahre immer wieder meine Neugierde geweckt hatten, war es letztlich eine Begegnung mit einem Sechsjährigen in Canberra, Australien, die mich dazu bewog, mich eingehender mit der Welt des Remote Viewing und der Präkognition zu beschäftigen.

Canberra, Australien – 2020

»Wie macht er das?«

Ich habe die ganze Versuchsreihe beobachtet. Carls Augen sind während der ganzen Zeit verbunden. Trotzdem konnte er beim ersten Versuch genau sagen, welche Farbkarten vor ihm hingelegt wurden. Beim zweiten Versuch gelang es ihm, die Farben der Karten anzugeben, die ihm hinter den Kopf gehalten und rein zufällig, ohne festgelegtes Muster, vertauscht wurden. In all der Zeit hatte sich die Augenbinde nicht bewegt. Jetzt wird ihm ein Buch gereicht, ein Buch, das er noch nie gelesen hat, und Carl liest, blind hinter seiner Augenbinde, jede Seite vor. Fließend.

Mit verbundenen Augen.

Ich weiß, dass das, was ich da sehe, physikalisch unmöglich ist, und frage mich, ob nicht doch ein wenig Licht durch die Ränder der Augenbinde dringt. Ich frage mich, ob Carls Lichtempfindlichkeit durch Übung so sehr geschärft wurde, dass er die Farbe, das Licht und die Schattierungen der Buchstaben selbst durch einen winzigen Lichtfleck hindurch wahrnehmen kann. Könnte es sein, dass die subtilen Farbrezeptoren auf seinem Gesicht ihn auf eine Art und Weise mit Informationen versorgen, die ich bisher nicht verstanden habe? Ist das möglich? Ich versuche immer noch, diese Fragen zu klären, als sein Trainer, Bohdan, Carl aus heiterem Himmel eine zufällige Frage stellt, mit der keiner von uns gerechnet hat.

»Carl, was habe ich unter meinem Schreibtisch?« Carl hält für einen kurzen Moment inne.

»Ähm ... Ich sehe zwei Kreise. Sie sind miteinander verbunden. Ich kann schwarzen Draht um sie herum sehen. Ich sehe zwei Teile aus schwarzem Metall oder schwarzem Draht.«

»Das stimmt«, sagt Bohdan und hält die beiden runden Gläser und das schwarze Drahtgestell einer Brille hoch. Als Carl sie beschrieb, lag die Brille unter einem Schreibtisch, außerhalb des Sichtfeldes der Kamera – und in einem anderen Land. Bohdan befindet sich in Kanada. Wir sitzen in Canberra, Australien. Carls Augen sind sorgfältig abgedeckt. Diese Leistungen lassen sich offenkundig nicht damit erklären, dass am Rand einer Augenbinde ein wenig Licht eindringt. Wir sind weit über das Gebiet der Erhöhung der Sehschärfe oder der Aktivierung von Lichtrezeptoren im Gesicht hinausgegangen und haben die Welt des Remote Viewing betreten.

Der Grund, warum ich heute mit Carl hier bin und Experimente mit dem Sehen erlebe, ist, dass ich auf meiner Reise durch die alten weltweiten Schöpfungsmythen immer wieder auf zwei miteinander zusammenhängende Themen stieß. Diese Mythen erinnern uns an eine Zeit des Paläokontakts und an eine Zeit, in der unsere Vorfahren höhere kognitive Fähigkeiten besaßen, Fähigkeiten, die in späteren Zeiten verloren gegangen sind. Das Popol Vuh aus dem alten Guatemala deutet darauf hin, dass unsere Vorfahren höher entwickelt waren als wir. Sie vermochten Dinge zu sehen und wahrzunehmen, die weit über den unmittelbaren Bereich ihrer physischen Umgebung hinausgingen. Das kann Carl, ein sechsjähriger Junge aus Canberra, offensichtlich auch. Wenn dieses Experiment, von dem ich hier berichte, für Sie wie der Zeitvertreib von jemandem klingt, der nichts Wichtigeres zu tun hat, sollten Sie sich daran erinnern, dass es dabei um eine menschliche Fähigkeit geht, in deren Erforschung die US-Regierung bereits Millionen Dollar investiert hat. Immerhin beauftragte die CIA unter Präsident Carter eine Person, die der Präsident als »Medium« bezeichnete, einen abgestürzten russischen Bomber aufzuspüren. Deshalb waren Ronald und Nancy Reagan bereit, sich bei ihren Entscheidungen von Astrologen beraten zu lassen.

Das ist auch der Grund, warum Königin Elisabeth I. im späten sechzehnten Jahrhundert den Waliser John Dee damit beauftragte, im Geheimdienst Ihrer Majestät eine Abteilung für Remote Viewing aufzubauen.

Elisabeth Tudor nahm zum ersten Mal die Dienste von John Dee in Anspruch, als sie als Prinzessin und Thronfolgerin während der Herrschaft ihrer älteren Schwester, Königin Maria I., unter Hausarrest stand. Elisabeth war Protestantin, die Tochter der protestantischen Königin Anne Boleyn, der zweiten Frau König Heinrichs VIII. von England. Prinzessin Elizabeth glaubte fest an die religiösen Reformen, die Heinrich VIII., ihr Vater, eingeführt hatte. Wie ihre beiden Eltern glaubte sie an das Priestertum aller Gläubigen, also an die Vorstellung, dass jeder eine direkte Verbindung zu Gott aufbauen kann, ohne dass dafür Priester und weltliche Machthierarchien erforderlich sind. Ebenso glaubte sie, dass der König oder die Königin von England eine eigene direkte Verbindung zu Gott haben und von Gott verliehene Macht und Autorität besitzen konnten, ohne dass der Bischof von Rom das genehmigen musste oder verweigern konnte. Elisabeth glaubte an ein wirklich unabhängiges England und daran, dass Englands Souverän wirklich souverän war.

Elisabeths ältere Halbschwester, Königin Maria I., war dagegen die römisch-katholische Tochter der ersten Frau Heinrichs VIII., der katholischen Katharina von Aragon. Nach den protestantischen Reformen der Kirche von England in der Regierungszeit ihres Vaters trieb Maria I. ein Programm zur Rekatholisierung Englands voran. Sie machte keinen Unterschied zwischen Reformern und Revolutionären, und daher ließ sie alle ermorden, die, Marias Ansicht nach, Verrat an der heiligen römisch-katholischen Kirche begangen hatten. Das Leben ihrer jüngeren Schwester Elisabeth verschonte die Königin jedoch, teils aus schwesterlicher Liebe und Loyalität, teils aus Furcht vor der unsichtbaren, aber im Volk vorhandenen Unterstützung für die religiösen Reformen, die Elisabeth repräsentierte. Entsprechend verfolgte Königin Maria I. einen vorsichtigen Mittelweg und ließ ihre Schwester außerhalb Londons, in Hatfield House in Hertfordshire, unter Hausarrest stellen. Die inhaftierte Prinzessin Elisabeth war klug genug, um zu wissen, dass ihre ältere Schwester, zu der sie immer wieder Kontakt hatte, nicht ewig Königin bleiben würde – und im Jahr 1555 erlitt Mary eine Eileiterschwangerschaft. Das stellte plötzlich die Gesundheit der Königin und die Thronfolge in Frage. Elisabeth begriff, dass der englische Thron ihr zufallen würde, wenn Maria nicht doch noch einen königlichen Sohn und Erben zur Welt brachte. Allerdings waren es unsichere Zeiten, und um die Nachfolge ihrer Schwester überhaupt antreten zu können, musste es Elisabeth erst einmal gelingen, Maria I. zu überleben. Sie suchte nach einem Wegweiser, der sie in dieser unsicheren Situation beruhigen konnte, und lud einen der führenden Philosophen des Landes zu einem Besuch nach Hatfield House ein.

John Dee war ein in Cambridge ausgebildeter Mathematiker. Er befasste sich als Gelehrter mit der griechischen Sprache und Philosophie. Für Francis Bacon, der weithin als Vater der empirischen Wissenschaft gilt, war Dee ein Held und Vorbild. Auch René Descartes, der große Weise der modernen Philosophie, bewunderte John Dee sehr. Prinzessin Elisabeth beauftragte Dee, Horoskope für das Haus Tudor zu erstellen. Beachten Sie auch in diesem Fall: Eine gläubige Christin in hoher Machtposition wusste, dass eine menschliche Fähigkeit oder Kunst, die von der herrschenden Lehre unterdrückt und dämonisiert wurde, in diesem Fall die Astrologie, in der Praxis sehr hilfreich sein konnte. Und sie betrachtete es als durchaus akzeptabel, dass sie, als christliche Monarchin im Wartestand, solche eigentlich verbotenen Methoden für ihre Zwecke nutzte. Wie aus ihren Schriften hervorgeht, war Elisabeth wirklich sehr gläubig. Doch irgendetwas hatte sie offensichtlich davon überzeugt, dass es noch andere Informationen jenseits der Grenzen von christlichem Glauben und christlicher Tradition gab, denen sie als künftige Königin ernsthafte Aufmerksamkeit widmen sollte. Für Uneingeweihte war das Lesen von Horoskopen damals nichts Geringeres als *»Hexerei«*, ein Vorwurf, der im sechzehnten Jahrhundert schwer genug wog, um einen durchschnittlichen Untertanen gemäß den englischen Strafverfolgungsvorschriften zum Tod auf dem Scheiterhaufen zu verurteilen. John Dee brachte sich also in erhebliche Gefahr. Damit, dass er Prinzessin Elisabeth die gewünschten Horoskope lieferte, setzte er sein Leben aufs Spiel. Als der Königin treu ergebene Kräfte Dees geheime Arbeit für Prinzessin Elisabeth aufdeckten, wurde er denn auch verhaftet und kurzerhand wegen *»Hexerei«* und Hochverrat vor Gericht gestellt.

Die Mühlen der englischen Justiz des sechzehnten Jahrhunderts mahlten schnell, und im Handumdrehen fand sich Dee unter entsetzlichen Haftbedingungen im Tower of London wieder, in der königlichen Todeszelle. Er wurde grausam gefoltert und gezwungen, zum Katholizismus zu konvertieren.

Elizabeth kannte den Tower gut. Weniger als ein Jahr nach Beginn ihrer Herrschaft hatte Königin Maria es für nötig befunden, ihre Schwester in seinen dunklen Mauern einzukerkern. Folglich muss die Prinzessin eine tiefe Verbundenheit zu dem Mann empfunden haben, der sein Leben für sie riskiert hatte. Als sie nach dem Tod ihrer Schwester zur neuen Monarchin ernannt wurde, honorierte Elisabeth Dees Fähigkeiten und seine frühere Loyalität. Kaum war sie Königin, holte sie ihn an den Hof, wo er ihr als oberster Wissenschaftler und persönlichen Berater diente. Dieser Titel war für Ihre Majestät ziemlich umständlich, weshalb sie ihn im Allgemeinen lieber mit seinem Decknamen anredete – »007«! Natürlich ist die Bekanntheit dieser Nummer kein Zufall. Ian Fleming kannte diese Aspekte der Entstehungsgeschichte des britischen Geheimdienstes (MI5) und der Spionageabwehr (MI6) sehr gut und arbeitete sie geschickt in den James-Bond-Kanon ein. Denken Sie bei »M« an »Majestät« und bei James Bond an John Dee!

Um Ihnen das Ausmaß von John Dees Einfluss auf Ihre Majestät zu verdeutlichen, möchte ich Ihnen sagen, dass es John Dee war, der auf persönlichen Wunsch Elisabeths das Datum für ihre Krönung auswählte, den 15. Januar 1558. John Dee war es auch, der den Begriff »das Britische Empire« prägte. Das war genau die Art von Input, die Elizabeth suchte, und vertrauenswürdige Berater waren in solch schwierigen Zeiten nicht im Überfluss vorhanden. Wenn Sie sich die Beziehung zwischen König Artus und seinem Merlin vorstellen können, dann können Sie sich auch die Beziehung zwischen Elisabeth und ihrem John Dee vorstellen. Wie alle Staatsoberhäupter zu allen Zeiten wollte auch Königin Elisabeth wissen, was ihre Verbündeten und Feinde taten und dachten. Doch England hatte seit Generationen Kriege geführt und war inzwischen schlicht pleite. Da die finanziellen Mittel fehlten, um Länder zu erobern und Spione an die Höfe der ausländischen Monarchen zu schicken, entschied sich Elisabeth für die einzige Form der Fernbeobachtung, die sie kannte. Sie beauftragte John Dee mit der Entwicklung einer Abteilung für Remote Viewing.

Es gibt einige Gründe, warum Königin Elisabeth so etwas wie Fernwahrnehmung für möglich hielt. Erstens kannte sie die Bibel sehr gut und war mit einer Passage im 1. Buch der Könige des Alten Testaments vertraut. Dort beobachtet der Prophet Micha mittels Remote Viewing die himmlische Ratsversammlung der Außerirdischen, die zu jener Zeit über die Menschen herrschten. Das tut er, um dem König Israels einen Hinweis geben zu können, wie er bei seinem Krieg gegen seine Feinde in Gilead vorgehen soll. Elisabeth wird auch mit einer Stelle in den Evangelien vertraut gewesen sein, in der Jesus den künftigen Apostel Nathanael durch Fernwahrnehmung beobachtet. Jesus sagt: »Ich habe dich unter dem Feigenbaum gesehen«, und Nathanaels Reaktion macht deutlich, dass er weiß, dass Jesus unmöglich anwesend gewesen sein oder gesehen oder gehört haben kann, was unter dem Feigenbaum getan oder gesagt wurde. Seine Reaktion zeigt uns, dass es sich bei dieser Episode um ein Beispiel für angewandtes Remote Viewing handelte.

Die Königin hatte für ihr Vertrauen in diese Methode noch andere Gründe, zu denen unter anderem das Werk *Steganographia* des deutschen Benediktinermönchs Johannes Trithemius (1462-1516) zählte. Darin wurden Techniken beschrieben, mit denen Nachrichten in schriftlichen Texten versteckt werden konnten, was sich unmittelbar auf die Spionagearbeit anwenden ließ. Das Buch beschrieb auch Protokolle für die Fernkommunikation und Fernwahrnehmung. Auf dem europäischen Kontinent existierten Abschriften der *Steganographia*, und Elisabeth wollte ein Exemplar dieses Werkes. Sie durfte nicht hinnehmen, dass fremde Mächte ihr Königreich ausspionieren konnten, ohne dass sie in der Lage war, Gegenspionage zu betreiben.

Daneben gab es noch andere Texte, von denen Elisabeth durchaus gewusst haben könnte. Ihr Schwager, der König von Spanien, besaß eine Bibliothek voller Artefakte, die sein Land bei seinen jüngsten Eroberungen in Mittel- und Südamerika gesammelt hatte. Dazu gehörten Überlieferungen aus den alten Kulturen der Olmeken, Tolteken, Azteken und Maya. Darin wurde von der Wiederherstellung unseres Planeten nach einem globalen Kataklysmus berichtet – einer Wiederherstellung, bei der nichtmenschliche Besucher Hilfe leisteten.

In der Sammlung der königlichen Schriften ist auch die Rede davon, dass unsere Vorfahren von diesen mysteriösen nichtmenschlichen Anderen gentechnisch manipuliert wurden. Es wird in ihnen auch von einer Zeit berichtet, in der unsere gentechnisch veränderten Vorfahren besser als wir in der Lage waren, höhere kognitive Kräfte, Fernkommunikation, Selbstheilung, Präkognition und Remote Viewing einzusetzen. Diese Kulturen entwickelten verschiedene schamanische Techniken zur Reaktivierung höherer kognitiver Fähigkeiten, von denen sie glaubten, dass sie in jedem Menschen schlummern.

Zur Zeit Königin Elisabeths reisten nicht nur Gelehrte, sondern auch Spione eifrig umher. Es ist also sehr wahrscheinlich, dass solche alten Werke nicht nur in die Bibliotheken des Papstes und des spanischen Königs gelangten, sondern auch in die Bibliotheken englischer Gelehrter wie Philip Sydney und John Dee, dessen persönliche Bibliothek sogar die Bibliothek der Universität Cambridge in den Schatten stellte. Als Alchemist stand John Dee in einer Tradition, die sich mit der Verwendung bestimmter Tee- und Pilzaufgüsse als Mittel zur Steigerung der menschlichen Erkenntnisfähigkeit befasste. Dee kannte möglicherweise die mittelamerikanischen Versionen dieser Methode. Und mit Sicherheit kannte er durch die Lektüre von Platons zwei Jahrtausende zuvor entstandenen Schriften die antike griechische Version.

Da die Staatskasse leer war, wandte sich Elizabeth an ihren Freund Francis Walsingham, um die Anfänge des Geheimdienstes Ihrer Majestät zu finanzieren. John Dee wurde beauftragt, ein Exemplar der *Steganographia* vom europäischen Festland zu beschaffen, um die darin enthaltenen Methoden für das Remote Viewing in die Praxis umzusetzen. Dee verschlang das Buch von Trithemius regelrecht. Er glaubte an die praktische Anwendbarkeit des darin enthaltenen Wissens und erkannte schnell, dass er einen Fachmann engagieren musste. Diesen fand er in einem langhaarigen Engländer namens Edward Kelly. Kelly war das, was wir heute als Medium oder Hellseher bezeichnen würden. Gemeinsam machten sich die beiden Männer an die Arbeit. In den nächsten sieben Jahren widmeten sich Dee und Kelly der Aufgabe, wirksame Protokolle für die Fernkommunikation und das Remote Viewing zu erstellen. Und das nicht ohne Erfolg. Im Laufe ihrer siebenjährigen Partnerschaft produzierten die beiden Tausende von Seiten gechannelter Informationen.

Als Königin Elisabeth I. im Jahr 1603 starb, wurde John Dee aus seinem privilegierten Amt verdrängt. In einer seltsamen Vorwegnahme dessen, was mit *Project Stargate* in den 1990er Jahren geschah, musste Dee erleben, dass die neuen Abteilungsleiter, die Elisabeths Nachfolger, König Jakob I., ernannte, Christen von noch konservativerer Art waren. Sie hatten weder Zeit für Platons Träumereien noch für die heidnischen Einflüsse des mittel- und südamerikanischen Schamanismus oder für die diabolischen Schriften deutscher Mönche. Remote Viewing galt als Teufelswerk, und am Hof von König Jakob war dafür kein Platz. Das bedeutete ein trauriges Ende für Elisabeths Astrologen. Er war der Darling der englischen Wissenschaft und eine Berühmtheit am

Hof der Königin gewesen, doch fünf Jahre nach Jakobs Thronbesteigung starb John Dee in Armut.

Der königliche Zeitgeist hatte sich geändert. Dees Quelle, der *Stegonagraphia*, wurde wenige Monate nach Dees Tod ein schwerer Schlag versetzt. Papst Paul V. setzte das Buch des Trithemius 1609 auf den *Index Librorum Prohibitorum* – die Liste der Bücher, die römisch-katholischen Gläubigen absolut verboten waren. Die *Steganographia*, so dürfte der Papst argumentiert haben, enthielt Informationen, die nur für königliche und päpstliche Augen bestimmt waren. Versteckte Botschaften in antiken Texten, Remote Viewing, Präkognition und Fernkommunikation waren Themen, die in königliche und päpstliche Hände gehörten. Sie waren kein geeignetes Thema für die breite Öffentlichkeit – weiß Gott nicht.

All das ist heute Geschichte. Dadurch, dass ich mich als Junge in der Schule und dann als angehender Priester an der theologischen Hochschule mit der englischen Reformation beschäftigt hatte, erfuhr ich von all diesen Abenteuern und Intrigen und stellte schon damals mit hochgezogener Augenbraue fest, wie vielschichtig das Christentum im späten sechzehnten Jahrhundert gewesen war. Erst viel später erkannte ich, dass diese Intrigen um geheime Texte und verbotene »Hellseherei« sehr eng mit den alten Narrativen über Begegnungen mit Außerirdischen in Zusammenhang stehen.

Dreiunddreißig Jahre als Pfarrer und Pfarrerausbilder sollten vergehen, bis ich endlich die Zeit fand, selbst ein wenig Steganografie zu betreiben, und als hätte ich mit dem Pinsel über Geheimtinte gestrichen, wurden dabei für mich die ursprünglichen Übersetzungen der biblischen *Elohim*-Erzählungen sichtbar. Dabei entdeckte ich die Geschichte der Paläokontakte der Menschheit, die sowohl in den hebräischen Schriften als auch im Neuen Testament verborgen sind. Und sobald ich diese Arbeit getan hatte, war ich bereit, ein weiteres Detail zu erfahren, das dank des zeitgenössischen Forschers Jason Louv auf meinem Schreibtisch landete. Jasons phänomenale Forschungsarbeit über John Dee hebt die zentrale Modalität hervor, die John Dee im Hinblick auf die Erhöhung des menschlichen Bewusstseins entwickeln wollte. Diese Modalität war der Kontakt mit nichtmenschlichen Wesenheiten, die John Dee *»Engel«* nannte. Als ich dieses kleine Detail von Jason Louv erfuhr, hatten meine Nachforschungen in der Bibel mein Bild davon, was ein *»Engel«* wirklich ist, bereits völlig verändert.

In meinem Buch *Die Narben von Eden* weise ich darauf hin, dass wir, wenn wir die Grundbedeutungen der hebräischen und griechischen Schlüsselbegriffe in der Bibel herausfinden und dann die Erzählungen mit ihren mesopotamischen Quellen vergleichen, eines sehr schnell erkennen: Jene Wesen, die in den alten Texten als »Engel« bezeichnet wurden, waren in Wahrheit das, was wir heute Außerirdische nennen würden. Auf den Punkt gebracht: Was wir aus den Tausenden von Seiten an Informationen lernen können, die im sechzehnten Jahrhundert für den Geheimdienst Ihrer Majestät gechannelt wurden, ist, dass John Dee und Edward Kelly beide ET-Kontakte hatten. Für weitere Informationen dazu empfehle ich Jason Louvs Buch *John Dee and the Empire of Angels* (»John Dee und das Königreich der Engel«).

Auch hier ist die gleiche faszinierende Note zu hören. Die Phänomene des ET-Kontakts und der höheren Erkenntnis sind völlig miteinander verwoben – im Laufe der Geschichte und selbst heute noch. Jede Woche werde ich von Menschen kontaktiert, deren Erfahrungen mit ET-Nahkontakten ihr bisheriges Weltbild erschüttert haben. Viele berichten von Erfahrungen mit Präkognition und Remote Viewing als Folge einer Nahbegegnung. Ich betrachte es als mein großes Privileg, mit vielen Menschen eine

Reise zu teilen, die ihr gesamtes Bild der Realität neu ordnet. Es ist keine Reise für engstirnige Menschen.

Obwohl ich gelernt habe, mich durch nichts überraschen zu lassen, sorgte mein heutiger Anrufer sogar bei mir für eine echte Überraschung. Ich kenne ihn seit fast zwanzig Jahren und habe seinen Werdegang als Pastor einer bekannten christlichen Kirche verfolgt. In einem späteren Kapitel werde ich Ihnen erzählen, wie sein Beruf als Seelsorger und seine theologischen Überzeugungen durch eine Kontakterfahrung, die er nicht kommen sah, völlig auf den Kopf gestellt wurden. Seine Initiation in diese seltsamen Phänomene hat sein ganzes Leben und seine Arbeit von Grund auf verändert. Und das alles begann mit einer Tasse Tee.

8

Verschleierung der Tatsachen

Washington DC – 25. Juni 2021

»Was ist denn das für ein lahmarschiger UFO-Bericht? Das ist ja der reinste Schlag ins Gesicht!« Dean, ein mit mir befreundeter Ufologe, schimpft am anderen Ende der Leitung. »Neun Seiten? Und davon sind ganze zwei Seiten Anhang?! Das ist doch nichts weiter als Verschleierung.«

Damit hat er nicht Unrecht. Es ging um das AATIP, das Advanced Aerospace Threat Identification Program, eine nicht klassifizierte, aber lange auch nicht veröffentlichte Untersuchung, die von der Regierung der Vereinigten Staaten finanziert wurde, um nicht identifizierte Flugobjekte oder unerklärliche Luftphänomene zu untersuchen. Vor zwei Jahren hatte das US-Verteidigungsministerium zugegeben, dass diesem »Identifizierungsprogramm für fortschrittliche Bedrohungen im Luftraum« und seinen Vorläufern Daten aus mehr als siebzig Jahren vorliegen. Da erweckt dieser nun veröffentlichte hauchdünne neunseitige Bericht deutlich den Eindruck von Verschleierung. Zu einer wirklich umfassenden Aufklärung der Öffentlichkeit scheint man nicht bereit zu sein. Ich schlage also den Report der sogenannten UAP Task

Force auf (statt UFO wird ja jetzt die Bezeichnung UAP benutzt, die für »Unidentifiziertes Luftraumphänomen« steht) und stelle fest, dass sich das Papier nur mit den Fällen seit 2004 befasst – dem Jahr der berühmten Vorfälle mit dem Flugzeugträger *U.S.S. Nimitz* und dem *Tic-Tac*-UFO, die inzwischen von Milliarden Menschen auf der ganzen Welt auf YouTube und im Mainstream-Fernsehen gesehen wurden. Wo sind denn nun all die AATIP-Daten? Offenbar weiterhin unter Verschluss.

Die objektivste Darstellung des UFO-Phänomens findet sich in den Berichten, die Physiker wie Eric W. Davis und Jacques Vallee für das Pentagon, den Hauptsitz des US-Verteidigungsministeriums, erstellten. Diese Briefings betreffen die noch nicht abgeschlossenen Analysen physikalischer Materialien, die bei der Bergung von, wie Davis es ausdrückt, »nicht auf der Erde hergestellten Fahrzeugen« entdeckt wurden.

Doch weder die Materialien noch ihre Analyse werden in dem AATIP-Bericht auch nur andeutungsweise erwähnt. Beim erneuten Durchblättern des Dokuments namens *Initial Assessment Paper*, was bei neun Seiten nicht lange dauert, stelle ich fest, dass eine Menge wesentliche Informationen in diesem »Papier zur Erstbeurteilung« fehlen. So ist beispielsweise die CIA, die ihre Wurzeln im National Security Act von 1947 hat, hauptverantwortlich für die streng geheime Klassifizierung von UFO-Berichten. Hätte die CIA da nicht zumindest einen Beitrag zur Erstellung dieser läppischen neun Seiten leisten müssen? Sie hat auch kein Parallelpapier vorgelegt. Warum ist das so? Das scheint ein ziemliches Versäumnis zu sein.

Und wo sind die von den Vorläufern des AATI-Programms gesammelten Daten aus vierundsiebzig Jahren? Was die nationale und internationale Sicherheit anbelangt, so sind der wichtigste Aspekt des UFO-Phänomens sicherlich die gut dokumentierten Vorfälle, bei denen Atomwaffenarsenale in der damaligen Sowjetunion und in den USA durch eine unbekannte und vermutlich außerirdische Macht aktiviert beziehungsweise deaktiviert wurden. Dennoch findet sich auch die hierfür zuständige »Regulierungskommission für Kerntechnik«, die *Nuclear Regulatory Commission*, nicht auf der Liste der an dieser Veröffentlichung beteiligten Behörden. Wo sind all diese Daten? Warum wurden sie nicht veröffentlicht?

Der Bericht der UAP Task Force befasst sich im Zeitraum ab 2004 ausschließlich mit den Fällen in den USA, obwohl es Berichte und Daten aus der ganzen Welt gibt.

Warum diese Einschränkung? Wir wissen doch bereits, dass es sich um ein globales Phänomen handelt. Zudem werden ausschließlich Vorfälle berücksichtigt, die über Regierungsbehörden gemeldet wurden, was bedeutet: nur die offiziell im US-Verteidigungsministerium archivierten Berichte.

Dean ist immer noch wütend: »Hier heißt es, dass von einhundertvierundvierzig untersuchten UFO-Begegnungen nur eine einzige eindeutig identifiziert werden konnte. Es war ein Wetterballon! Soll das ein Witz sein?«

Es hat auf jeden Fall etwas von einem schlechten Scherz. Der Wetterballon wirkt jedenfalls wie eine Anspielung auf Roswell. Am Tag nach dem Roswell-Zwischenfall von 1947 beschlagnahmte das US-Militär die materiellen Überreste eines Raumschiffs, das am Tag zuvor auf der Roswell-Farm abgestürzt war. Der ranghöchste Offizier verlangte daraufhin von dem Major, der anfangs zuständig gewesen war, für die Presse zu posieren und dabei Fragmente eines Wetterballons hochzuhalten.

Das war eine völlig andere Geschichte als die, die man am Tag zuvor öffentlich verkündet hatte. Da hatte man nämlich noch kühn erklärt, eine Fliegende Untertasse wäre abgestürzt und würde sich nun im Besitz des US-Militärs befinden. Diese öffentliche Kehrtwende und die berüchtigte Geschichte mit dem Wetterballon markierten den Beginn einer Ära der Einschüchterung und Desinformation durch die US-Behörden.

War vor diesem Hintergrund die Erwähnung eines Wetterballons in dem UAP-Bericht von 2021 eine Art Scherz? War es ein subtiles Signal, dass sich die Politik des Schweigens nicht wirklich ändern würde? Jetzt werden Sie verstehen, warum dermaßen viele an dem UFO-Phänomen interessierte Beobachter so verärgert sind. Es bestand für sie Anlass zur Hoffnung, dass es zu einer bedeutenden Enthüllung kommen würde, nachdem UFOs vor vier Jahren endlich offiziell von US-Regierungsstellen anerkannt worden waren. Dass gerade jene Behörden, die über die wichtigsten Informationen verfügten, sich jetzt einfach weigerten, sich der Autorität der Regierung zu unterwerfen und Rechenschaft abzulegen, ist, offen gesagt, enttäuschend.

Doch als ich mit Dean das Papier durchgehe, stelle ich fest, dass selbst dieser »lahmarschige Bericht« eine ganze Menge verrät. »Schau dir die Zahlen an, Dean. Rechnen wir doch mal nach. Allein in den USA und nur in den Fällen, die vom US-Militär beobachtet und offiziell gemeldet wurden, ist es laut dem Bericht schon so, dass ihre militärischen Operationen im Durchschnitt alle sechs Wochen von UFOs unterbrochen oder gestört werden. Hier steht, dass diese hohe Frequenz seit siebzehn Jahren anhält. Das ist eine Menge UFO-Aktivität, die da allein schon vom Militärpersonal beobachtet wird! Da steht auch, dass es keinerlei Beweise dafür gibt, dass diese unbekannten Flugobjekte das Werk verdeckter Operationen im eigenen Land oder verdeckter Technologie anderer irdischer Staaten sind – keinerlei Beweise.«

Das ist doch schon was. Immerhin gibt es ungeachtet dieser sehr nachdrücklichen Aussagen in dem Bericht immer noch Leute, die versuchen, das UFO-Phänomen in unserem Luftraum abzutun, indem sie sagen: »Es könnten die Russen sein, es könnten die Chinesen sein.« Aber hätte das US-Verteidigungsministerium auch nur eine Minute lang vermutet, dass es sich bei dem *Tic-Tac*-UFO von 2004 um chinesische oder russische Militärtechnologie handelte, die in den amerikanischen Luftraum eindrang, wäre die militärische Reaktion darauf sicher eine völlig andere gewesen.

Ich spreche mit Nick Pope darüber. Er arbeitete früher als Ermittler für das britische Verteidigungsministerium und ist mittlerweile ein anerkannter Experte in der internationalen Bewegung für die Veröffentlichung von bislang geheim gehaltenen UFO-Informationen. Ich interviewe ihn für The 5th Kind TV, und wir sind in diesem Gespräch schon tief ins Gebiet der ET-Kontaktphänomene vorgedrungen.

»Nun ja«, sagt Nick. »Wenn man etwas veröffentlicht, muss man sich bewusst sein, dass man es nicht nur dem amerikanischen Volk mitteilt, sondern der ganzen Welt. Bei all diesen Erklärungen, die derzeit über UFOs abgegeben werden – ob es sich nun um das *Tic-Tac*-UFO oder andere Phänomene handelt –, spielt immer die Frage eine Rolle, wie die politischen Führungen in Moskau und Peking die Sache sehen. Das Bewusstsein dafür ist stets vorhanden. Vielleicht hätte man es anders handhaben können, aber wenn es sich um eine Geheimdienstoperation handelt, muss man sich immer fragen, was die Botschaft ist und an welches Publikum sie sich richtet.«

Nick lässt mich damit also taktvoll wissen, dass ich eine offizielle Auskunft nie für bare Münze nehmen sollte.

Ngunnawal-Land, New South Wales, Australien

Während ich heute vor meinem Laptop sitze, erfahre ich von einem Geheimnis, dessen Existenz viele schon seit mehr als einem halben Jahrhundert vermutet haben.

Ich lese Dialoge, die jede offizielle Stelle rundheraus leugnen würde – selbst im Zeitalter von Senatsanhörungen und der behutsamen Offenlegung von UFO-Informationen.

In den 1960er und 1970er Jahren diente meine Quelle, nennen wir sie Jim, als Kommunikationsoffizier in einer Bodenstation des australischen Militärs. Die Station war ein wichtiges Glied in der Kommunikationskette für die *Apollo*-Mondflüge. Zu Jims Aufgabenbereich gehörte die Weiterleitung und Überwachung des Funkverkehrs zwischen dem Mond und der Missionskontrolle in Houston, als unsere tapferen *Apollo*-Astronauten die Mondoberfläche erkundeten. All diese Informationen habe ich gewissenhaft überprüft und verifiziert. Ungeachtet der Frage nach der Authentizität des Filmmaterials, das wir damals zu sehen bekamen, möchte ich mich hier ganz auf den Funkverkehr mit den *Apollo*-Astronauten konzentrieren, der an die australische Bodenstation übermittelt wurde. Dank der öffentlichen Äußerungen von Buzz Aldrin ist inzwischen allgemein bekannt, dass *Apollo 11* auf dem Weg zum Mond im Jahr 1969 Gesellschaft hatte. Jim sah mit eigenen Augen das Telex mit dem Gespräch, das ihnen von der Bodenstation in Madrid geschickt wurde. Es lautete:

Buzz: He, Cap! Wie ist die Position unserer S IV B? [Gemeint ist die abgetrennte *Saturn*-Raketenstufe.]

CAPCOM [NASA-Missionskontrollzentrum]: Moment, ich schaue nach! … Sie ist 6.500 nautische Meilen von euch entfernt und fliegt in eine andere Richtung. Warum?

Pause …

Buzz: Cap, weil da etwas ist, das uns begleitet.

Diese Geschichte höre ich nicht zum ersten Mal. Wenn Sie auf YouTube nach Buzz Aldrin suchen, werden Sie mit ziemlicher Sicherheit einige Videos finden, in denen Buzz sie selbst erzählt.

Aber was Jim mir als Nächstes zeigt, ist etwas, das ich noch nie gesehen oder gehört habe. Es ist ein Gespräch zwischen den Astronauten Ed Mitchell und Alan Shepard während der Mondmission *Apollo 14* im Jahr 1972. An ihrem ersten Tag auf dem Mond machten Ed und Alan einen Spaziergang, um das Gebiet in unmittelbarer Nähe der Landefähre zu erkunden, eine Kraterformation, die nach einem venezianischen Mönch und Kartografen als Fra Mauro bezeichnet wird. Das Gebiet war noch nie für eine Mondlandung genutzt worden, obwohl es für die *Apollo-13*-Mission vorgesehen war. Aufgrund des berüchtigten »Problems« jener Mission landete die Landefähre von *Apollo 13* jedoch nie auf der Mondoberfläche. Folglich war der graue Sand von Fra Mauro bis zum Jahr 1972 Neuland.

Nach der Landung und einem Spaziergang auf der Oberfläche am 5. Februar kehrten Mitchell und Shepard zum Landemodul zurück und versuchten, sich auszuruhen. Doch wie ihre unerschrockenen *Apollo*-Vorgänger waren beide Astronauten einfach zu aufgedreht für eine lange Ruhepause. Deshalb kletterten Ed und Alan schon nach wenigen Stunden wieder aus dem Landemodul, um einen zweiten Spaziergang auf der Mondoberfläche zu unternehmen. Dabei bemerkten sie etwas, das dort nicht hätte sein dürfen. Über ihren eigenen Spuren lagen unverwechselbar die Fußabdrücke eines anderen Menschen.

Über Funk kommentierten die beiden das so:

Ed Mitchell: »Sieht aus, als hätten wir letzte Nacht Besuch gehabt!«

Alan Shepard: »Ja, ist nicht weiter erwähnenswert.«

Ich möchte in aller Bescheidenheit behaupten, dass es *absolut* erwähnenswert war, dass unsere *Apollo*-Astronauten in dieser Nacht Gesellschaft hatten! Für mich ist es auch erwähnenswert, dass Alan Shepard, der ältere der beiden, diesen unerwarteten Besuch von jemandem oder etwas anderem als »nicht weiter erwähnenswert« bezeichnete. Denken Sie mal darüber nach. Natürlich unterlagen und unterliegen alle am *Mercury-* und *Apollo*-Programm beteiligten Personen einer Reihe von Vorschriften zur Wahrung von Dienstgeheimnissen. Wir können also sicher sein, dass es vieles gibt, über das sie nicht sprechen dürfen. In all den Jahren, in denen Ed Mitchell der Presse gegenüber immer wieder andeutete, es sei eine Tatsache, dass bestimmte Personen innerhalb der US-Regierung, des Verteidigungsministeriums und der Geheimdienste in Kontakt mit anderen Zivilisationen standen, gab es stets auch Dinge, die er nicht preisgeben durfte – und hätte er sich nicht daran gehalten, hatte das schlimme Konsequenzen für seine Kinder und Enkelkinder gehabt. Dieser Kontext macht das, was Dr. Mitchell sagen durfte, umso bedeutsamer und sollte jeden veranlassen, sehr genau zuzuhören, was er bei den Gelegenheiten sagte, bei denen sich Fragesteller auf verbotenes Terrain wagten. In einem aufgezeichneten Interview wurde Ed Mitchell einmal gefragt, was die NASA über ET-Kontakte weiß. »Offiziell«, antwortete er, »weiß die NASA nichts von UFOs. Das ist nicht ihr Aufgabengebiet.« Verstehen Sie?

Anfang des Jahres 2021 unterhielten Erich von Däniken und ich uns über ET-Kontakte und das *Apollo*-Programm. Erich erzählte mir von einem seiner vielen Gespräche mit Ed Mitchell, in dem Ed beiläufig erwähnte, er habe *»offizielle Informationen«* über ET-Kontakte erhalten. Erich fragte ihn natürlich, was das für »offizielle Informationen« seien. Ed Mitchell reagierte ausweichend. Er sagte: *»Nun …* Ich habe noch nie ein UFO gesehen.« Jemandem wie Ed Mitchell bin ich bereit zu glauben. Aber dennoch war es eine ausweichende Antwort. Immerhin hatte er in der Nähe seiner Mondlandefähre Fußabdrücke gesehen, und darüber durfte er eindeutig nicht sprechen. Was er jedoch als »offizielle Information« preisgeben durfte, war das geheime Codewort, mit dem seine Besatzung die Anwesenheit von Außerirdischen an das NASA-Kontrollzentrum signalisieren sollte. Es zeigt sich, dass fünfzehn Jahre nach Beginn des US-Raumfahrtprogramms die Möglichkeit, dass unsere Astronauten auf dem Weg zum Mond, auf seiner Oberfläche oder auf dem Rückweg auf Außerirdische treffen könnten, von der NASA für so wahrscheinlich erachtet wurde, dass Ed, Alan und der Pilot des Orbiters, Stuart Roosa, vor dem Start von dem Astronomen Carl Sagan diesbezüglich gebrieft wurden. Er war es auch, der der Besatzung das Codewort mitteilte. Es lautete bei dieser Mission »Grandma«.

Als mein Freund Jim in den 1960er und 1970er Jahren den Funkverkehr zwischen den Mondfahrern und dem NASA-Kontrollzentrum verfolgte, war er Ende zwanzig, ein junger Australier mit strahlenden Augen, der hoffnungsvoll in die Zukunft blickte und den staatlichen Autoritäten vertraute. In jenen aufregenden Jahren waren es Informationen wie die NASA-Fernschreiben, die er mir zeigte, durch die ihm die Methoden bewusst wurden, mit denen Regierungen und Militär wichtige Informationen verbergen und die Öffentlichkeit gezielt durch bestimmte Narrative täuschen. Das war seine rote Pille, der Eintritt in eine völlig neue Welt – eine Welt, die er nun seit fünfzig Jahren mit großem Engagement erforscht und über die er die Menschen informiert und aufklärt. Ich betrachte es als ein Privileg, ihn zu kennen.

Überhaupt war 2021, vorsichtig ausgedrückt, ein interessantes Jahr der Enthüllungen und Offenbarungen. Brigadegeneral Haim Eshed war siebenundzwanzig Jahre lang im israelischen Verteidigungsministerium in leitender Funktion zuständig für die Weltraumsicherheit. Kurz vor Weihnachten 2020 erklärte er öffentlich, dass wir bereits in Kontakt mit außerirdischen Zivilisationen stehen. Es gebe eine intergalaktische Föderation raumfahrender Zivilisationen, die bereits auf verdeckter Regierungsebene Kontakte pflege, sich aber erst dann öffentlich zu erkennen geben wolle, wenn die Menschheit gelernt habe, die Natur des Weltraums besser zu verstehen – eine, ehrlich gesagt, seltsame Formulierung. Ed Mitchell setzte sich jahrzehntelang dafür ein, dass die US-Regierung endlich offenlegen sollte, seit Längerem in Kontakt mit außerirdischen Zivilisationen zu stehen. In Form einer Aufforderung stellte er genau die gleiche Behauptung auf wie Brigadegeneral Haim Eshed.

Chris Mellon, der ehemalige stellvertretende Verteidigungsminister in den Regierungen der Präsidenten Bill Clinton und George W. Bush, hat die Kampagne Ed Mitchells in den letzten Jahren weiter vorangetrieben, und zwar mit einigem Erfolg. Mellon war es, der im Jahr 2017 der *New York Times* die UFO-Filmaufnahmen zuspielte, die von den Kameras der Kampfjets des Flugzeugträgers *U.S.S. Nimitz* aufgenommen worden waren. Diese Navy-Jetpiloten hatten es 2004 mit den inzwischen berühmten *Tic-Tac*-förmigen UFOs zu tun bekommen. Mit Hilfe der renommierten Physiker Eric W. Davis und Jacques Vallee, dem ehemaligen Direktor des AATI-Programms Luis Elizondo, und Alain Juillet, dem ehemaligen Direktor des französischen Geheimdienstes, wurde der Druck auf die US-Regierung erhöht, endlich offiziell die Öffentlichkeit zu informieren, da jeder dieser Experten die Aussagen der anderen bestätigte. Die so in Gang gesetzte Lawine der Enthüllungen führte zu einem Senatsbriefing im Jahr 2021. Deshalb hatten so viele gehofft, das Pentagon würde nun nach siebzig Jahren offizieller Leugnung von ET- und UFO-Phänomenen endlich reinen Tisch machen. Doch wie wir gesehen haben, entpuppte sich das Briefing als eher enttäuschend. Warum geschah das?

Der Mangel an Substanz des an den Senat übergebenen Briefing-Dokuments – jener weiter oben bereits erwähnte Bericht der

UAP Task Force, das sogenannte *Preliminary Assessment Paper* (»Papier zur Erstbeurteilung«) – zeigt meines Erachtens das Hin und Her innerhalb der Institutionen auf diesem Weg der Offenlegung. Es ist eine Erinnerung daran, dass das Pentagon kein monolithischer Block mit nur einer einzigen Sichtweise ist. Es ist eine Gemeinschaft von Menschen und Zielen. Einige würden gerne mehr Informationen offenlegen. Einige nicht. Einige sind eingeweiht. Die meisten sind es nicht. Das Gleiche gilt auch für die Geheimdienste und die geheimen Regierungsebenen. Chris Mellon sorgte für so viel Wirbel, dass man gezwungen war, zum ersten Mal seit siebzig Jahren die Existenz des UFO-Phänomens offiziell zuzugeben. Aber die Kräfte der Geheimhaltung sind immer noch so stark, dass der Öffentlichkeit auch weiterhin die während siebzig Jahren gesammelten materiellen Daten, die bei UFO-Abstürzen gewonnen wurden, vorenthalten werden. Wir wissen immer noch nicht, welche Technologie der Menschheit nach sieben Jahrzehnten physikalischer Analyse und des Reverse Engineering, also des Nachbaus der geborgenen Technologie, möglicherweise heute zur Verfügung steht.

Nicht erwähnt wurde ein Schreiben der Defense Intelligence Agency, der Dachorganisation von Army, Navy, Air Force und Marine Corps, an den Kongress aus dem Jahr 2017. Darin werden achtunddreißig technische Studien aufgelistet, die im Auftrag des AATIP, des »Identifizierungsprogramms für fortschrittliche Bedrohungen im Luftraum«, durchgeführt wurden. Sie befassen sich mit dem, was geistreich als »menschliche Schnittstelle« bezeichnet wird – eine elegante Formulierung, die sich darauf bezieht, welche Auswirkungen ET-Kontaktphänomene auf die Kontaktierten haben. Auch davon wird im *Preliminary Assessment Paper* nichts erwähnt. Man ließ die Öffentlichkeit also außen vor, so dass den Leuten nichts anderes übrigblieb, als ihre eigenen Schlüsse zu ziehen.

Am meisten enttäuscht wurden diejenigen, die von der Regierung wissen wollten, ob tatsächlich Kontakte mit Außerirdischen bestanden oder bestehen. Sie hätten gerne Unterlagen über jene »Medien« – so hätte Präsident Carter sie vermutlich genannt – gesehen, die das Pentagon in den 1940er und 1950er Jahren einsetzte. Damals sollten offenbar medial begabte Personen Kontakt zu den anomalen Flugobjekten herstellen, die im amerikanischen Luftraum herumschwirrten. Auch die Arbeit dieser Einheiten wurde im Bericht an den Senat verschwiegen.

Die Welt ist jedoch größer als die Vereinigten Staaten von Amerika, und Phänomene der Kontaktaufnahme und Kommunikation reichen viel weiter zurück als siebzig Jahre.

Camden Town, London – 2022

»Ich weiß, die Sache klingt verrückt, und du könntest zu dem Schluss kommen, dass ich einfach nur eine neurotische Frau bin, die immer noch auf ihren Ex fixiert ist! Aber darum geht es in meiner Geschichte definitiv nicht. Ich habe eine Familie. Ich bin sehr glücklich verheiratet. Ich bin niemand, der verrückte übernatürliche Erfahrungen hat oder so etwas. Es ist nur so, dass mich diese eine ganz bestimmte Erfahrung immer sehr irritiert hat. Ich konnte mir keinen Reim auf das machen, was ich in jenem Jahr erlebt hatte. Nichts davon ergab einen Sinn, bis ich dein Buch Die Narben von Eden las. Da fiel bei mir plötzlich der Groschen. Zum ersten Mal hatte ich das Gefühl, zu verstehen, was ich damals sah.«

Um hier ganz offen zu sein: Ich kenne Heather und stimme ihrer Selbstbeschreibung völlig zu. Sie ist vernünftig. Sie ist glücklich verheiratet und hat eine Familie. Sie steht mit beiden Beinen fest im Leben, hat keine überbordende Fantasie und interessiert sich eher nicht für sonderbare Phänomene und Übersinnliches. Und so höre ich mir die Geschichte über ihre seltsame Begegnung vor dreißig Jahren unvoreingenommen an.

Es ist die Begegnung mit einem Mann namens J. J. Ich kenne ihn, denn ich bin ihm ebenfalls schon begegnet.

»Ich kannte J. J. genau ein Jahr lang«, beginnt sie ihre Geschichte. »Oder besser gesagt, wir hatten eine Reihe von Dates über einen Zeitraum von einem Jahr. Das Seltsame war, dass ich ihn eigentlich nie wirklich kennenlernte. Ich meine, es gelang mir nicht, mir ein Bild von ihm machen. Ich hatte nicht das Gefühl, dass wir wirklich miteinander in Beziehung traten, obwohl ich ganz verrückt nach ihm war.

J. J. war groß. Körperlich war er der attraktivste Mann, der mir je begegnet ist. Und nicht nur körperlich, er hatte diese erstaunliche Ausstrahlung von Ruhe und Freude. Ich erinnere mich, dass er eine echte Naschkatze war und eine Vorliebe für ein Nickerchen nach dem Mittagessen hatte. Er musste immer seine Siesta halten. Er war in dieser Hinsicht exzentrisch, aber er war sich dessen nicht bewusst. Er hatte etwas sehr Kindliches an sich. Doch obwohl er süß und sympathisch war, fehlte J. J. etwas. Er schien gleichzeitig anwesend und abwesend zu sein. Irgendwie fehlte ihm die Fähigkeit, mit anderen Menschen eine nahe Verbindung einzugehen. Aber ich konnte nie genau benennen, was ihn *anders* machte.«

Ich weiß genau, was Heather meint. J. J. war blond und hatte die am perfektesten gemeißelten Gesichtszüge, die ich je gesehen habe. Er sah besser als ein Hollywood-Star aus, ein geradezu klischeehaft schöner Mann vom nordischen, skandinavischen Typ. Und Heather hat recht, er strahlte eine ganz ungewöhnliche Energie aus. Es war ein wirklich erhebendes Erlebnis, Zeit in seiner Gesellschaft zu verbringen. Als Heather J. J. ein paar Mal zu Treffen unseres gemeinsamen Bekanntenkreises mitbrachte, war es uns stets ein Vergnügen, ihn in der Gruppe zu haben, auch wenn er immer ziemlich still dasaß. Er schien sehr interessiert alles aufzunehmen, ohne selbst das Bedürfnis zu haben, wirklich etwas beizutragen. Dieses seltsame Gefühl, dass J. J. irgendwie immer etwas abwesend wirkte, war etwas, das meine Freunde und ich alle bemerkt hatten. Deshalb bin ich jetzt sehr gespannt darauf, von Heather zu hören, wie sich das in ihrer Beziehung anfühlte.

»Es war eigentlich gar keine *richtige* Beziehung. Ich glaube nicht, dass man es so nennen kann. J. J. war … nun, es war, als wüsste er nie so recht, was er tun sollte. Wir haben uns getroffen. Wir haben miteinander geredet. Ich habe seine Gesellschaft immer sehr genossen, aber er war seltsam unreif. Es war, als wüsste er nicht, wie man eine Liebesbeziehung anfängt oder bei einem Date die Führung übernimmt.

Wir hatten diese Verabredungen, aber bei unseren Verabredungen gab es einfach keine Verbundenheit zwischen uns – jedenfalls nicht aus meiner Sicht. J. J. hat mich nie seinen Freunden vorgestellt, obwohl er meine kennenlernte. Und auch seine Familie bekam ich nie zu Gesicht, obwohl ich ihn mit Mitgliedern meiner Familie bekanntmachte. Doch wenn wir zusammen waren, schaute er mich an, als würde er mich vergöttern und jedes Detail von mir in sich aufsaugen.

Um ehrlich zu sein, habe ich mich damals gefragt, ob er vielleicht an einer milderen Form von Autismus oder an Asperger litt oder ob es ihm einfach an sozialen Fähigkeiten mangelte. Er war wirklich intelligent, und alle meine Freundinnen fühlten sich in seiner Nähe wohl. Ich konnte mir das nicht erklären. Und die Art und Weise, wie das Ganze endete, war bizarr. Bei unserer letzten Verabredung meinte er, dass er wegziehen würde – wohin, sagte er mir nie. Erst dachte ich, er wolle sich von mir trennen und vermeiden, dass ich ihm nachreiste. Aber dann fragte er mich, ob ich mitkommen *würde*. Das fühlte sich seltsam an, weil die Verbindung wirklich nicht so war, dass ich mit ihm zusammenleben wollte. Selbst nach einem Jahr noch nicht. Also verneinte ich und meinte, dass ich weiterhin in London leben wollte. Als ich ihm das mitteilte, sagte J. J., es sei ihm wirklich eine Freude gewesen, mit mir befreundet gewesen zu sein, und dass dies unser letztes Date wäre. Es war einfach nur merkwürdig! Ich meine, im Rückblick ist es doch völlig egal, was zwischen uns war.

Es war eine kurze Episode in meinem Leben. Als ich ihn schließlich nicht mehr vermisste, wurde mir klar, dass J. J. während des ganzen Jahres, das unsere Beziehung gedauert hatte, für mich immer ein schöner Fremder geblieben war.

Seitdem liegt ein ganzes Leben hinter mir, und auch nach all den Jahren ist er mir noch ein Rätsel. Ich habe nie ganz begriffen, was damals eigentlich geschah. Bis vor ein paar Wochen, als ich von den schönen Fremden las, über die du dich dreißig Jahre lang gewundert hast – das junge Paar, das du in diesem Laden, *Holland & Barrett*, gesehen hattest. Und du schreibst in deinem Buch, du hättest dich gefragt, ob es auch wirklich Menschen waren oder ob sie nicht vielleicht von ganz woanders herkamen. Als du dein Erlebnis mit den Geschichten über schöne Fremde, die als Besucher und Beobachter auf der Erde waren, in Verbindung brachtest, machte es bei mir einfach *Klick*. Das war J. J.! Er war ein *Besucher*. J. J. hat mich beobachtet. Ich weiß, es klingt verrückt, aber es fällt mir überhaupt nicht schwer zu glauben, dass er von woanders herkam. Also, was denkst du, Paul? Du hast J. J. ja auch getroffen. Hältst du mich für verrückt, wenn ich das glaube?«

Das nenne ich mal in die Enge getrieben werden! Wie ich bereits sagte, kenne ich Heather, und daher neige ich dazu, sie ernst zu nehmen und ihr zu glauben. Natürlich habe ich, objektiv gesehen, keine Möglichkeit zu wissen, wer J. J. wirklich war. Vielleicht war er einfach nur ein ungewöhnlich gut aussehender

Typ mit einem Überschuss an Pheromonen und einem Defizit an sozialen Fähigkeiten. Das ist durchaus möglich.

Auf der Grundlage unseres kulturellen Mainstreams müsste ich, wenn Heather als Erklärung vorschlägt, J. J. sei nicht von dieser Welt gewesen, mit den Schultern zucken und sagen: »Wer weiß?« Ist sie verrückt, wenn sie das denkt? Hat sie eine blühende Fantasie? Was weiß ich denn schon? Aber ich habe zu Füßen von indigenen Ältesten aus der ganzen Welt gesessen und ihren Erklärungen über unseren Platz auf dem Planeten Erde gelauscht. Und ich weiß, dass diese indigenen Menschen Heather weder etwas über Asperger und Pheromone erzählen noch behaupten würden, sie sei verrückt oder mit einer zu lebhaften Fantasie ausgestattet. Aus den Überlieferungen der Naturvölker würde sie Folgendes erfahren: »Heather, die Menschen berichten einander seit Jahrtausenden von Kontakten, die deiner Erfahrung mit J. J. ähneln. Es ist durchaus möglich, dass dein J. J. ein Besucher war, der nur zum Beobachten auf die Erde geschickt wurde.«

Dieser breitere, die Realität solcher Begegnungen bejahende Bezugsrahmen ist uralt. Hätte Heather beispielsweise Abraham und Sarah, den Stammvätern der hebräischen Tradition, ihre Erfahrung erzählt, hätten sie ihr vielleicht von jenen schönen Besuchern berichtet, die während des gemeinsamen Mittagessens in *Genesis 18* ganz menschlich wirkten. Erst nachdem sie gegangen waren, dämmerte den beiden, dass diese Wesen etwas anderes als Menschen gewesen sein mussten. Wenn Heather meinem Freund Blair vom Volk der Cherokee von J. J. erzählte, würde er ihr von den schönen Menschen erzählen, die von einem weit entfernten Planeten in den Plejaden kamen. Das waren die faszinierenden Gäste, die vor Zehntausenden von Jahren eine Zeit lang mit seinen entfernten Vorfahren zusammensaßen und sie in die Geheimnisse der Zivilisation einweihten. Würde Heather ihre Geschichte mit den Eingeborenen im ländlichen Paraguay teilen, würden ihr die Guarani-Ältesten von transdimensionalen Wesen erzählen, die eine Reihe von Formen annehmen können, einschließlich schöner physischer Formen, um sich an der Interaktion mit Menschen zu erfreuen. Ich hoffe, dass dieser alte Bezugsrahmen Heather helfen wird, sich mit dem Gedanken anzufreunden, dass ein ungewöhnlicher Besucher sie tatsächlich ein Jahr lang beobachtete und es wirklich genoss, sie zu kennen, auch wenn er nicht ganz wusste, wie er sich in die menschliche Gesellschaft einfügen sollte.

Dann wüsste Heather wenigstens, dass sie nicht verrückt ist, dass sie sich in guter Gesellschaft befindet und dass sie bei weitem nicht die erste und einzige Person ist, die darüber rätselt, was für eine Erfahrung sie gemacht hat.

Die Geschichten der Eingeborenen auf der ganzen Welt, die Mami-Wata-Geschichten aus Ghana und Nigeria, die Mahurani-Tradition in Kenia, die Yemoia in der Karibik, die Engkantos, Biringan und Dwendi auf den Philippinen, die Simbi oder Lasiren auf Haiti, die Geschichte von Zeus und Europa im alten Griechenland, die Fay in Schottland und die Tylwyth Teg in Wales, sie alle deuten darauf hin, dass wir Menschen auf dem Planeten Erde von einer anderen Präsenz begleitet werden, von Wesen, die ungewöhnlich attraktiv sind, die menschlich aussehen, es aber nicht sind, und die die Menschen so sehr bewundern, dass sie gerne mehr menschliche Züge in ihren eigenen Genpool aufnehmen würden. All diese Überlieferungen aus aller Welt erzählen von Entführungen, die genau zu diesem Zweck durchgeführt wurden. Die Details, die sich wiederholen, sind verblüffend. Eines dieser Details ist, dass bei denjenigen, die für kurze Zeit entführt werden und dann zurückkehren, dies nicht gegen ihren Willen geschieht. Sie werden durch die Schönheit ihrer Besucher angelockt und außerdem dadurch, dass diese ihnen mehr Gesundheit, Intelligenz und Wohlstand als Belohnung versprechen.

Ein weiterer Gesprächspartner zu diesem Thema ist Jay, ein Kampfkunstmeister aus Südaustralien. »Bis heute frage ich mich, ob ich etwas verpasst habe, weil ich nicht hingegangen bin«, beginnt er seine Schilderung einer Begegnung, die schon vierzig Jahre zurückliegt. Vor diesem Gespräch mit mir hat er noch nie jemandem davon erzählt.

»Sie war einfach die schönste und charismatischste Frau, die mir je begegnet ist«, berichtet er. »Die Initiative ging von ihr aus. Sie kam zu mir und sprach mich an. Ich glaube, ich kann ohne zu prahlen sagen, dass ich vor vierzig Jahren ein gut aussehender Mann war, aber so etwas war mir trotzdem noch nie passiert. Ich war immer derjenige, der den ersten Schritt machte. Aber diese Frau kam direkt auf mich zu, und die Art, wie sie sprach, war wirklich ungewöhnlich. Sie sagte: ›Sie sind ein sehr attraktiv aussehender Mann. Ich wäre daran interessiert, mit Ihnen Sex zu haben.‹ Ich meine, wer redet denn so?

Wir unterhielten uns also eine Weile, und sie schien sich wirklich sehr für mich zu interessieren. Sie stellte mir eine Reihe von Fragen und betrachtete mich dabei die ganze Zeit aufmerksam. Dann sagte sie unvermittelt, wie aus heiterem Himmel: ›Hör mal, ich bin nicht von hier. Ich komme von sehr weit weg. Es würde dich umhauen, wenn ich dir sagen würde, woher ich komme. Aber wenn du mit mir kommst, werde ich dir Dinge zeigen, die dein Leben für immer verändern. Du wirst eine wunderbare Zeit haben. Wir werden uns näher kennenlernen, und es wird ein unglaubliches Abenteuer sein.‹

Glauben Sie mir, zu diesem Zeitpunkt war ich völlig überfordert. Ich war ein ziemlich selbstbewusster Sechsundzwanzigjähriger, aber um ehrlich zu sein, das machte mich sprachlos! Ich wusste wirklich nicht, was ich von ihr halten sollte. Dann sagte sie: ›Morgen um 18 Uhr wird mein Schiff unten in der Bucht sein. Wenn du mit mir kommen willst, treffen wir uns dort.‹

Um es kurz zu machen: Ich bin nicht hingegangen. Ich habe gekniffen. Ich blieb zu Hause. Und ich habe mich immer gefragt, was passiert wäre, wenn ich der Einladung gefolgt wäre. Ich habe mich immer gefragt, wer und was sie war. Heute glaube ich es zu wissen.«

Was Jay mir erzählt, macht mich sprachlos, denn offen gesagt kann ich natürlich nicht wissen, ob die aufdringliche junge Frau, die Jay vor vierzig Jahren in Versuchung führte, eine heiße Plejaderin war, und ob Jay möglicherweise kurz davor stand, zum Sex gezwungen zu werden. Noch vor ein paar Jahren hätte ich Jay nichts anderes zu bieten gehabt, als zu sagen: *»Wie ungewöhnlich!«* Doch seit ich mich mit der Weisheit der Ahnenerzählungen aus Griechenland, Wales, Kenia, Ghana, der Karibik und den Philippinen auseinandergesetzt habe, kann ich eine hilfreichere Antwort geben. »Jay, was du erlebt hast, ist nicht ungewöhnlich. Deine Begegnung ist Teil einer großen Geschichte, die sich über den ganzen Globus und durch die Jahrhunderte erstreckt. Du befindest dich in guter Gesellschaft!«

Ich bin froh, dass ich Jay auf diese Weise beruhigen kann. Ich erzähle ihm die ghanaische Version – die Mami-Wata-Geschichte. In dieser seit langer Zeit bekannten Überlieferung wird von Menschen berichtet, die am Wasser außergewöhnlich schönen Fremden begegnen. Die unglaublich attraktiven Wesen versprechen ihnen allerlei persönliche Vorteile, wenn sie mit ihnen gehen. Nehmen die Menschen das Angebot an, werden sie von den Wesen in deren Reich entführt, zur Hybridisierung verwendet und einige Jahre später in die Menschenwelt zurückgebracht. Jeder Aspekt dieser Erzählung findet sich in vergleichbaren Narrativen nahezu aller Kulturen auf der ganzen Welt.

Manche Leute möchten diese weltweit wiederkehrenden Entführungsberichte gerne damit erklären, dass sie vor dem Hintergrund realer historischer Erfahrungen mit Menschenraub und Menschenhandel entstanden sind. Doch wie passt das zu dem Aspekt, dass die Entführten zur Hybridisierung verwendet werden und dann völlig wohlbehalten zurückkehren, manchmal sogar gesünder als vor ihrer Abreise? Die historische Realität von Menschenraub und Sklaverei sah jedenfalls anders aus. Man sollte auch bedenken, dass Menschen, die nach zwei oder drei Jahren Abwesenheit zurückkehren und dann von einer solchen Entführungserfahrung berichten, gesellschaftlich auf wenig Akzeptanz stoßen. Das US-Verteidigungsministerium zum Beispiel stellte in den 1990er Jahren den besten klinischen Psychologen ein, den es finden konnte, um die psychische Zuverlässigkeit von Militärangehörigen zu überprüfen, die derartige Behauptungen aufgestellt hatten. Allein diese Tatsache gibt uns eine Vorstellung davon, wie weit verbreitet solche Erfahrungen sind. Sie veranschaulicht auch unsere kulturelle Neigung, die Zurechnungsfähigkeit von Menschen, die von so etwas berichten, in Frage zu stellen. Wenn in Kenia Menschen wieder auftauchen, die behaupten, eine derartige Entführungserfahrung gemacht zu haben, werden sie nicht gefeiert oder bejubelt. Vielmehr werden sie entweder von einem Arzt medizinisch behandelt oder vom Priester zum Exorzismus in die Kirche gebracht. Niemand verschafft sich mit einer solchen Behauptung Vorteile. An anderen Orten herrscht kulturell dermaßen viel Engstirnigkeit, dass wir, wenn wir einen solchen Bericht hören, sofort annehmen, da hätte sich wohl jemand, für 50 Dollar Trinkgeld von Boulevardzeitungen wie dem *National Enquirer*, etwas aus den Fingern gesaugt.

Aus all diesen Gründen höre ich, wenn Menschen wie Heather und Jay mir ihre persönlichen Geschichten erzählen, respektvoll und unvoreingenommen zu. Ich weiß, dass es nur sehr wenige Orte gibt, an denen Menschen überhaupt offen über diese Art von Erfahrungen sprechen können. Und noch seltener wird ihnen geholfen, sich zu erden und das Erlebte zu verarbeiten und innerlich damit abzuschließen. In der westlichen Mainstream-Kultur gibt es diesbezüglich ein großes Vakuum, nicht nur, was Hilfsangebote für Menschen mit seelisch belastenden ET-Kontakten angeht, sondern auch im Hinblick auf deren Deutung. Obwohl das britische Verteidigungsministerium und das US-Verteidigungsministerium, wie Nick Pope mir sagte, seit Jahrzehnten das untersuchen, was sie trocken als »menschliche Schnittstelle« bezeichnen, scheint sich aus diesen Studien kein therapeutischer oder seelsorgerischer Weg ergeben zu haben, der den Betroffenen Begleitung und Hilfe anbietet. Wären die Daten des US-Verteidigungsministeriums über die »menschliche Schnittstelle« in den Bericht der UAP Task Force vom Juni 2021 aufgenommen worden, würden wir jetzt eine ganz andere Diskussion führen. Stattdessen folgen die offiziellen Informationen über die menschliche Schnittstelle weiterhin dem klassischen Muster, nämlich in der Öffentlichkeit alles abzustreiten und zu desinformieren, während gleichzeitig im Geheimen analysiert wird.

Die Überlieferungen der Menschheit belegen, dass das nicht immer so war. Vor zweieinhalbtausend Jahren war die Idee einer menschlichen Schnittstelle mit Wesenheiten von anderen Planeten oder aus anderen Dimensionen etwas, das ernsthaft akademisch diskutiert wurde. Für Gespräche solcher Art müssen wir jedoch eine ziemlich weite Reise antreten. Sie wird uns aus der US-Hauptstadt Washington nach Griechenland führen, in ein marmorverkleidetes Kloster hoch oben auf einem Hügel, mit Blick auf ein antikes Zentrum der menschlichen Zivilisation.

Doch bevor wir Washington verlassen, muss ich noch einen weiteren Anruf entgegennehmen, diesmal von dem Baptistenpastor Jason in Queensland, Australien. Seit ich ihn das letzte Mal getroffen habe, ist etwas mit Jason geschehen, etwas, das seine vertraute Welt auf den Kopf gestellt und ihn in eine ganz neue Welt der Kontakte und Begegnungen hineingezogen hat.

9

Tod und Wiedergeburt

Queensland, Australien – 2019

»Es war, als ob ich den ganzen Schmerz, den ich in meinem Leben ertragen habe, die ganze Last, jedes Trauma, auskotzen würde. Ich fühlte mich, als würde ich meine Seele ausspucken.«

Jason ist Baptistenpfarrer, und so habe ich ihn noch nie reden hören. Ich kenne Jason seit ein paar Jahrzehnten, und wir haben beide gelernt, dass das Leben als christlicher Seelsorger wie eine Achterbahnfahrt sein kann. Es kann einen wirklich durchschütteln. Aber nichts, was Jason bisher in seinem Berufsleben als Geistlicher mitgemacht hat, scheint ihn so sehr getroffen zu haben wie die Zeremonie, die er mir nun schildert:

»Ich hatte einen Tag lang nichts gegessen. Während meines Aufenthalts im Exerzitienhaus hielt ich ein strenges Fastenprogramm ein, und zwar eine Woche lang. Das war die Vorbereitung auf die Zeremonie. Ich dachte also nicht an Essen. Es war eine wirklich sehr tiefgehende Erfahrung. Die ganze Zeit über hatte ich das Gefühl, dass ich hochgezogen und von mir selbst weggezogen wurde, durch Dimensionsschichten hindurch. Ich hatte den Eindruck, mich immer weiter von meinem Körper zu entfernen, und ich begann das Gefühl dafür zu verlieren, wo mein Körper aufhörte und das Universum begann. Es war, als würde ich mich auflösen. Ich hatte das Gefühl zu sterben. Wegen dieser Todesangst war es ein echter Kampf, mich der Erfahrung hinzugeben. Sobald ich das tat, verwandelte sich das Ganze in eine Erfahrung der Erleichterung und des Friedens. Plötzlich glaubte ich mich zu erinnern, wer ich bin, dass ich nicht nur Jason bin, ein Junge aus Queensland. In Wahrheit bin ich ein ewiges Wesen, ein Wesen des Geistes oder des Lichts, in völligem Einklang mit allem. Eine Ganzheit aus Liebe, Vertrauen und Sicherheit. An diesem Punkt drehte ich mich um und blickte auf mein Leben auf der Erde zurück, und es sah schwer und belastet aus!

Dann, als ich mich auf den Raum in meiner unmittelbaren Umgebung fokussierte, zeigten sich mir Wesenheiten. Einige hatten das Aussehen von Pflanzen, andere sahen aus wie Schlangen, und dann erblickte ich Gesichter, die wie die Köpfe von Drachen aussahen. Einige waren freundlich, andere wirkten feindselig, und wieder andere schienen mich mit völliger Gleichgültigkeit anzuschauen. Irgendwann begann dann eines dieser Wesen mit mir zu sprechen und mir Dinge über mein Leben zu zeigen. Was es mir zeigte, war ziemlich schockierend. Ich sah, auf welche Weise ich zugelassen hatte, dass die Angst mir meine Lebenserfahrung verdarb. Ich habe mich von der Angst vor Schmerz, Krankheit, Armut, Tod, Trennung und Einsamkeit attackieren lassen. Und ich muss sagen, dass dieses Drachenwesen dafür kein Mitgefühl oder Verständnis zeigte. Die Stimme schimpfte sogar mit mir. Ich hätte vergessen, dass ich ein ewiges Wesen bin. Und ich hätte zugelassen, dass diese negativen Gefühle mein Leben auf diese Weise verderben. Ich fühlte mich wirklich ausgeschimpft. Aber als ich mich wieder etwas beruhigt hatte, spürte ich, dass dieses Wesen mich nicht verurteilte, sondern mir auf strenge Weise Liebe entgegenbrachte, denn ich wusste, es hatte recht. Ich musste endlich anfangen, selbstbewusster zu leben, und wirklich versuchen, das Beste aus der erstaunlichen Erfahrung als Mensch zu machen. Diese Übung zeigte mir, dass ich mein Leben viel zu engstirnig gelebt hatte. Sie öffnete mir die Augen, und meine Türen wurden weit aufgestoßen!«

Athen, Griechenland

Wir befinden uns in einem kühlen Korridor mit Nischen aus Stein und Marmor. Der Tempel steht auf einem bewaldeten Hügel mit Blick auf die belebten Straßen der Stadt Athen. Wir stehen hoch über allem und blicken auf die Metropole. Die Höhe und Stille dieses Ortes der Besinnung vermitteln das Gefühl, sich auf dem Gipfel der Welt zu befinden. Es ist keine kleine Anlage. Es müssen gewaltige Mittel in den Gebäudekomplex geflossen sein, der es mit allen Monumenten der Stadt aufnehmen kann. Dieser Ort dient nur einem einzigen Zweck: der Kuratierung von jahrtausendealten Informationen, die durch Zeremonien und Initiationen von Generation zu Generation weitergegeben werden. Hierher kommen nur Menschen, die ausdrücklich eingeladen wurden. Sie kommen, um in die Mysterien von Eleusis eingeweiht zu werden.

Wir stehen jetzt in der Nähe der Stelle, wo vor zweieinhalb Jahrtausenden der griechische Philosoph und Wissenschaftler Platon auf einer einfachen Matte lag und sich von einer machtvollen Begegnung erholte, die derjenigen, die Jason mir gerade beschrieben hat, unheimlich ähnlich war. Wie Jason hatte sich auch Platon an einen Ort der Meditation und inneren Einkehr begeben. Auch er hatte mehrere Tage lang gefastet. Auch ihm wurde ein Aufguss aus Blättern und Pilzen gereicht, der gebraut, fermentiert und dann im Rahmen einer sorgfältig angeleiteten

Zeremonie eingenommen wurde. Das Gebräu und seine Zubereitung sollten einen veränderten Bewusstseinszustand herbeiführen. Als der Tee seine Wirkung entfaltete, fand sich Platon, genau wie Jason, bald in der Gesellschaft eines geheimnisvollen Wesens wieder, das ihn in der Rolle eines *»strengen, aber liebevollen«* Beraters besuchte. Platons transdimensionaler Therapeut forderte ihn auf, seine Angst vor dem Tod abzuschütteln und zu lernen, sich von all den *»schwereren Gefühlen«* (um es mit seinen Worten zu sagen) zu lösen, die uns Menschen so oft den Alltag verderben. Nach längerem Nachdenken übersetzte Platon seine transdimensionalen Gespräche in eine Reihe von Thesen, die er in seinen Schriften mutig als »Dinge, die ich gefolgert habe, aber nicht beweisen kann« darlegte.

Platon glaubte, dass die Wesen, denen er an jenem Tag begegnete, transdimensionaler Natur waren – möglicherweise handelte es sich um Ahnen, möglicherweise aber auch um eine andere Art von intelligenten Wesen aus einem anderen Teil des Kosmos oder aus einer anderen Dimension. Da er ihnen in einer Nahtoderfahrung begegnete, spekulierte er, dass der Lebensrückblick, den er erhalten hatte, etwas Ähnliches sein könnte wie der Lebensrückblick, der uns alle bei unserem endgültigen Abschied von diesem materiellen Leben erwartet. Diese Erfahrung überzeugte ihn davon, dass wir alle in erster Linie Bewusstseinswesen sind und dass unser Bewusstsein schon vor diesem Leben existierte und auch nach diesem Leben weiterhin Erfahrungen machen wird. Er spekulierte außerdem, dass wir mehr als einen Versuch haben könnten, diese materielle Erfahrung zu machen, entweder erneut hier auf Erden oder in einer anderen Dimension oder in einem anderen Sektor des materiellen Universums. Als ich an der theologischen Hochschule studierte, um mich auf den Pfarrerberuf vorzubereiten, mussten wir alle Platon lesen, damit wir die Gedankenwelt verstanden, durch die der Diskurs im frühen

Christentum geprägt war. Aber irgendwie schafften wir es, die Tatsache unter den Teppich zu kehren, dass einige von Platons wichtigsten Grundsätzen aus einer Quelle stammten, die er als interdimensionalen Kontakt bezeichnet hatte.

Der Genauigkeit halber sollte ich an dieser Stelle klarstellen, dass Platon all diese Erfahrungsberichte und Schlussfolgerungen Sokrates in den Mund legte. In seinen Büchern *Phaidon*, *Timaios* und *Kritias* stellte Platon sich selbst ausschließlich als Erzähler und Sokrates als Sprecher dar. Der Witz an der Geschichte ist, dass Platon als einziger von Sokrates' Schülern bei keinem der Gespräche anwesend war, die in seinen Büchern Wort für Wort wiedergegeben werden. Man kann also sagen, dass nicht ganz klar ist, wo Sokrates aufhört und Platon beginnt. Die Bücher sind Platons Wiedergabe der Lehre des Sokrates, und zwar in Platons eigenen Worten. Obwohl es also in Platons Werken Sokrates war, der den Tee trank und diese transdimensionalen Kontakte hatte, werde ich mich jetzt weit aus dem Fenster lehnen und eine Behauptung aufstellen. Da Platon diesen veränderten Bewusstseinszustand so eindringlich beschreibt, den die Teilnehmer der Mysterien in der Tempelanlage von Eleusis erlebten, bin ich mir sicher (auch wenn ich es nicht beweisen kann): Nicht nur Sokrates, sondern auch Platon selbst hat von diesem geheimnisvollen Gebräu auf dem Berggipfel getrunken. Wenn dem so ist, können wir sagen, dass Sokrates und Platon »Experiencer« waren. Beide hatten Kontakte mit andersweltlichen Wesen.

Auf Platon und Sokrates hatten ihre Nahbegegnungen in Eleusis eine enorme Wirkung. Ihr Denken und das ihrer Schüler und Anhänger wurde in einer Weise revolutioniert, dass es selbst heute noch nachwirkt, über zweieinhalb Jahrtausende später. Außerdem inspirierten ihre Kontakterfahrungen die beiden großen Lehrer dazu, ihr Leben mit unerschütterlicher Zuversicht zu leben. Angesichts des Charakters seiner Begegnung, die er in Eleusis erlebte, überrascht es nicht, dass Platons Lehren viele andersweltliche Elemente enthalten. Zusätzlich zu seiner Bejahung transdimensionaler Wesenheiten erwähnt Platon außerdem Wesen, die uns materiellen Geschöpfen sehr ähnlich seien, aber wesentlich mehr über den Weltraum wüssten als wir. Platon zufolge leben diese anderen Wesen auf Inseln im Himmel, sind erheblich intelligenter als wir und besitzen eine wesentlich längere Lebenserwartung. Ich denke, dass wir sie heute als Außerirdische bezeichnen würden. Platon spricht auch davon, wie unser Planet aus der Ferne aussieht – ein Globus, dessen Oberfläche einem Wirbel aus Indigo-Blau, Weiß und Gold gleicht, schwebend in der Schwärze des Alls. Er beschreibt, dass auf der Erde immer wieder planetarische Kataklysmen auftreten, die einen Neustart des Lebens und der Zivilisation notwendig machen. Diese globalen Katastrophen, so sagt er, werden durch Objekte verursacht, die sich durch den Weltraum bewegen und alle paar tausend Jahre auf der Erde einschlagen. Wir würden diese verhängnisvollen Ereignisse als Asteroiden- oder Kometeneinschläge bezeichnen. Platon berichtet auch von einem Paläokontakt: Unsere entfernten Vorfahren seien von außerirdischen Besuchern gezielt verändert worden, um eine Höherentwicklung unseres Bewusstseins und unserer Intelligenz zu bewirken. Es dürfte sich demnach um gentechnische Eingriffe gehandelt haben. Er spricht außerdem von transdimensionalen Wesen mit gewaltigen technologischen Fähigkeiten, die es ihnen ermöglichen, auf stellarer und sogar galaktischer Ebene physikalisch einzuwirken.

Diese weitreichenden Aspekte von Platons Lehre begegnen uns auch in den Schöpfungsgeschichten indigener Völker auf der ganzen Welt. Und wie ich bei meinen eigenen Nachforschungen herausfand, sind die gleichen Erzählungen in der Bibel verborgen. Es genügt eine genaue wörtliche Übersetzung, um sie klar und deutlich sichtbar zu machen.

Wie schon gesagt, gibt Platon Sokrates als seine Quelle an. Und im Text nennt wiederum Sokrates seine Quellen:

- Philosophie – Anwendung der Logik auf objektive Phänomene, die wir alle beobachten können – also das, was wir heute Naturwissenschaft nennen würden.
- Veränderte Bewusstseinszustände und Kontakterfahrungen bei der Initiation in die Mysterien von Eleusis.
- Die Mythen unserer Vorfahren und generell der indigenen Kulturen – das Wissen der Überlebenden aus Atlantis, das von der altägyptischen Priesterschaft überliefert, von einer esoterischen Gesellschaft ihrer ägyptischen Nachfolger bewahrt und dann von der Familie des historischen griechischen Gesetzgebers Solon an spätere Generationen weitergegeben wurde.

An dieser Stelle stellt sich die naheliegende Frage: »Für welche dieser Enthüllungen musste Sokrates sterben?« Denn die Dialoge mit Sokrates, die von seinem Schüler Platon dramatisiert werden, spielen alle in den Tagen unmittelbar vor Sokrates' Hinrichtung. In Ermangelung elektrischer Stühle oder tödlicher Injektionen verlangte die athenische Justiz, dass der zum Tode Verurteilte ein tödliches Gift trank. Was genau war also an Sokrates' Enthüllungen so anstößig, dass er in der Todeszelle landete? Laut Platon wurde Sokrates beschuldigt, »die Jugend von Athen zu verderben«. Um es klar zu sagen: Diese Anschuldigungen hatten nichts mit beruflichem oder sexuellem Fehlverhalten zu tun, wie solche Worte für Ohren des einundzwanzigsten Jahrhunderts vermuten lassen könnten. Der Satz bedeutete, dass die Behörden die Lehre des Sokrates als aufrührerisch betrachteten. Sokrates wurde vor Gericht gestellt, weil man ihm vorwarf, er hätte »junge athenische Männer zur Revolte gegen die Demokratie Athens angestiftet«.

Platons Perspektive als Sokrates' Schüler war da weit großzügiger. Seiner Meinung nach zielten die Bemühungen des Sokrates darauf ab, seine Schüler zu ermutigen, die Logik zu nutzen und eigenständig zu denken, offizielle Dogmen in Frage zu stellen und die Ansprüche von Autoritäten zu hinterfragen. Sokrates verzweifelte an der Unfähigkeit der athenischen Politiker, substanzielle Fortschritte in der gesellschaftlichen Ordnung zu erreichen. Eine Zeit lang überlegte er, selbst in die Politik zu gehen und sich auf diese Weise für Veränderungen einzusetzen. Aber schließlich entschied er sich für einen anderen Weg. Er versuchte, Bewusstheit und Intelligenz der Menschen zu steigern, damit sich durch kulturellen Wandel eine bessere, aufgeklärtere Gesellschaft entwickeln konnte. Politische Veränderungen würden dann zwangsläufig folgen. In diesem Sinne forderte Sokrates die Menschen auf, selbständig über die Auswirkungen von Wissenschaft, veränderten Bewusstseinszuständen, früheren Zivilisationen, andersweltlichen Kontakterfahrungen und Geheimnissen der überlieferten Mythen nachzudenken. Dieser Kurs brachte Sokrates in Konflikt mit den politischen Sittenwächtern des antiken Athens. Leider hielten die athenischen Behörden die Themen des Sokrates nicht für geeignet, öffentlich diskutiert zu werden. Sie wurden als ein für die Allgemeinheit inakzeptabel gefährlicher Cocktail bewertet. Daher wurde Sokrates vor Gericht gestellt, der Aufwiegelung für schuldig befunden, einen Monat lang in der Todeszelle festgehalten und dann mit einer tödlichen Dosis Schierling hingerichtet. So starb Sokrates als Märtyrer für die Bildung und Selbstbestimmung des Volkes.

Aber lassen Sie mich kurz auf den dritten Strom sokratischer Informationen zurückkommen – das atlantische, ägyptische und esoterische griechische Wissen, das er als Nachfahre Solons weitergab. Wenn Sie nachverfolgen wollen, was mit diesem besonderen Strom antiken Wissens geschah, dann ist *Hermetik* der

Begriff, den Sie recherchieren sollten. Die Hermetik ist ein Glaubenssystem, dessen Ursprünge auf eine Reihe von ägyptischen Texten aus der Zeit der griechischen und römischen Besatzung zurückgehen. In diesen Texten wird die Auffassung vertreten, dass wir Menschen unsere Intelligenz und Bewusstheit so weit steigern können, dass wir direkten Zugriff auf die Prinzipien erhalten, von denen das gesamte Universum gesteuert wird, und die Fähigkeit erlangen, diese Prinzipien zu lenken.

So heißt es zum Beispiel im gnostischen Thomasevangelium: »Das Himmelreich ist in dir.« Welche Erwartungen musste ein solcher Satz wecken? Wenn ich die Grundbedeutung dieser Worte interpretiere, wird mir gesagt, dass die Kräfte und Prinzipien des Kosmos in mir wirken. Wenn ich einen ähnlichen Ausspruch aus dem kanonischen Matthäusevangelium betrachte – »Das Himmelreich ist nahe« –, sagt mir der Wortstamm, dass mir die Kräfte und Prinzipien des Kosmos zur Verfügung stehen. Diese Worte verkörpern genau die gleiche Erwartung, die man bei einem Anhänger der Hermetik antreffen würde.

Die Implikation der beiden Verse ist, dass wir das Universum finden, wenn wir tief in uns selbst suchen, und dass wir uns selbst finden, wenn wir tief ins Universums schauen. Da sich die Entstehung des *Corpus Hermeticum* vom dritten vorchristlichen Jahrhundert bis ins dritte Jahrhundert unserer Zeitrechnung erstreckte, ist es schwer zu sagen, ob Jesus und die Autoren der Evangelien hermetische Ideen aufgriffen oder ob die Hermetik auf christliche Ideen zurückgriff. Was man sagen kann, ist, dass beide im Meer des griechischen Denkens schwammen.

In der Hermetik ging es darum, Gott zu finden, die Wahrheit zu finden, sich mit dem göttlichen Gedanken zu vereinen und sich selbst zu verwandeln. Es war eine Erkundungsreise, von der man sich einen persönlichen spirituellen Aufstieg erhoffte. Der Unterschied zum kaiserlichen Christentum besteht darin, dass es auf der

Reise des Hermetikers nicht den Dualismus von wahrer Religion *kontra* Götzendienst gab, von Himmel *kontra* Hölle, Belohnung *kontra* Bestrafung, Vergebung *kontra* Verurteilung, Rechtschaffenheit *kontra* Sünde, Christsein *kontra* Heidentum. Beim Weg des Hermetikers war persönliche Entwicklung das Ziel.

Die Mythen um den Ursprung der hermetischen Texte besagen, dass sie aus Gesprächen mit hochentwickelten Wesen entstanden sowie durch direktes Channeln aus einem Feld höherer oder göttlicher Intelligenz. Um es klar zu sagen: Es ist möglich, dass dieses Narrativ bezüglich der Herkunft der Texte nur ein literarisches Mittel ist, um einen Rahmen für das Dialogformat zu schaffen. Platon behauptete, dass einige seiner Prinzipien auf dem Wissen beruhten, dass er bei Nahbegegnungen und Kontakterfahrungen empfangen hatte – und er meinte das genauso, wie es klingt. Diesbezüglich finde ich interessant, dass einige der Autoren der hermetischen Texte die Stichhaltigkeit ihrer Argumente mit sehr ähnlichen Behauptungen begründeten.

Die hermetischen Texte behandeln eine Themenauswahl, die einem modernen Menschen ziemlich bunt zusammengewürfelt erscheinen mag – Astrologie, Astronomie, Wahrsagerei, Naturwissenschaften, Philosophie, Alchemie und Magie. Im hermetischen Denken wurden diese Themen jedoch einfach als die vielen Facetten einer großen Suche verstanden – nämlich dem Streben danach, die wahre Natur der Dinge zu verstehen. Der größte Teil der hermetischen Texte, das *Corpus Hermeticum*, befasst sich mit der Idee, dass wir als Menschen unser Bewusstsein entwickeln und die Gesetze der Natur zu unserer Selbstermächtigung nutzen können. Dieser Prozess des Aufstiegs galt als der eigentliche Zweck des Lebens. Es ging, ausgedrückt in den Begriffen jener Zeit, um die Entfaltung des menschlichen Potenzials.

Die hermetischen Prinzipien erfreuten sich in der frühen Kirche großer Beliebtheit, insbesondere bei den sogenannten

»griechischen Kirchenvätern«. Clemens, der Bischof von Alexandria im dritten Jahrhundert, bezog sich beispielsweise auf den mythischen Hermes Trismegistos (den »dreimal großen Hermes«), jenes hochentwickelte nichtmenschliche Wesen, das als Urheber der Hermetik gilt. Er preist Hermes als »großen Lehrer der Weisheiten der Welt«. Obwohl viele Menschen in der antiken Welt durch die hermetischen Texte inspiriert wurden, waren diese Texte aber nicht unumstritten. Als sich die christliche Kirche in das kaiserlich-römische Religionsministerium verwandelte, wurde das Kaleidoskop der frühchristlichen Theologie auf einen Kanon der Orthodoxie reduziert, der überwacht und durchgesetzt werden konnte. Die griechischen Kirchenväter wurden zunehmend an den Rand gedrängt und einer nach dem anderen zensiert und exkommuniziert.

Bis zum sechsten Jahrhundert wurden sogar die wichtigsten frühen Kirchenväter anathematisiert – mit dem Kirchenbann belegt –, wenn man der Meinung war, dass sie zu stark vom hermetischen und platonischen Denken beeinflusst waren. Lehren über Seelenreisen oder Nahbegegnungen galten von nun an als weit jenseits der Grenze des christlich Akzeptablen. Ketzerei wurde nicht gern gesehen, und in jenen Jahrhunderten, in denen das Römische Reich das institutionelle Christentum fester im Griff hatte, drohten sowohl den Gelehrten wie auch den Texten Gefahren. In diesem Klima machten es sich klosterähnliche Gemeinschaften zur Aufgabe, Kopien der nicht zum offiziell zulässigen Kanon gehörenden Texte zu retten. Sie wurden in der Wüste von Nag Hammadi vergraben, um sie für künftige Generationen zu bewahren. So wurden die Höhlen von Nag Hammadi zu einer Fundgrube für die antike Literatur, die anderthalb Jahrtausende lang vergraben und vergessen war, bis sie in den 1940er Jahren wiederentdeckt wurde. Zu den Texten, die damals wieder ans Tageslicht kamen, gehören verschiedene gnostische Evangelien und

Briefe, das Buch Henoch und ein faszinierender Teil der hermetischen Literatur. In vielen dieser Texte ist von Nahbegegnungen, Kontaktphänomenen, Raumfahrt, veränderten Bewusstseinszuständen und dem Konzept des Aufstiegs die Rede.

Im Zuge der Jahrhunderte, nachdem dieses wertvolle Archiv vergraben worden war, geriet das *Corpus Hermeticum* weitgehend in Vergessenheit, bis ein griechisch-orthodoxer Mönch namens Michael Psellos es im elften Jahrhundert in seinen Schriften zitierte. Das Zitat von Psellos zeigt, dass die hermetische Tradition in den Regalen der antiken Bibliotheken auch außerhalb der Höhlen von Nag Hammadi überlebt hatte und in akademischen Kreisen einigermaßen bekannt blieb. Im dreizehnten Jahrhundert zählte der große Dichter des Islam, der andalusische Sufi-Philosoph Abu al-Hasan al-Shushtari, Hermes zusammen mit Platon zu den größten Lehrern aller Zeitalter. Dass er Hermes erwähnte zeigt, wie weit verbreitet die hermetischen Quellen zu dieser Zeit noch waren und wie sehr sie über religiöse und kulturelle Grenzen hinweg Beachtung fanden. Dann, im fünfzehnten Jahrhundert, erwachte die Hermetik mit all ihren Informationen über kosmische Nachbarn, interdimensionale Kontakte und das menschliche Potenzial plötzlich zu neuem Leben. Diese Explosion ist einem katholischen Priester namens Marsilio Ficino zu verdanken. Ficino sah es als seine persönliche Mission an, die Weisheit der Antike in das Europa der Nachrenaissance zu tragen, das nach neuem Wissen und neuen Philosophien hungerte. Ficinos Beitrag zur Entwicklung des europäischen Denkens war enorm. Er war es, der Platon den Massen nahebrachte, indem er dessen Gesamtwerk zum ersten Mal ins Lateinische übersetzte, die *Lingua franca* der internationalen Welt.

Plötzlich eröffnete sich einer neuen Generation von Gelehrten und Suchenden ein ihnen bislang unbekannter Wissensschatz, zu dem Informationen über veränderte Bewusstseinszustände, frühere Zivilisationen und Paläokontakte gehörten. Doch Ficino betrachtete sein revolutionäres Werk als unvollständig, bis er seiner Platon-Übersetzung eine neue lateinische Übersetzung des *Corpus Hermeticum* hinzugefügt hatte.

Zu den gelehrtesten Netzwerken im Europa der Nachrenaissance gehörte der Dominikanerorden. Und an der Spitze der dominikanischen Gelehrsamkeit stand der spanische Ordensbruder Giordano Bruno (1548-1600). Bruno verschlang das Werk von Ficino und tauchte in die Welt von Platon und Hermes ein. Zu dieser Zeit befand sich die römisch-katholische Kirche in einem Zustand großer Unruhe. Während der vorangegangenen Jahrzehnte hatten neue Bibelübersetzungen dazu geführt, dass sich halb Europa durch die protestantische Reformation vom römisch-katholischen Glauben abwandte. Der alte religiöse Konsens war dahin, und nun drohte der Monolith der Wissenschaft das Wahrheitsmonopol der Kurie weiter zu untergraben. So gründete damals zum Beispiel der große Gelehrte und Erfinder der Camera obscura, Giambattista della Porta (1535-1615), eine unabhängige Akademie für das Studium der Astronomie, Meteorologie, Naturgeschichte, Kryptographie, Physiognomie, Pharmakologie und Optik, doch es dauerte nicht lange, bis die kirchlichen Behörden sich einschalteten und ihn zwangen, die Akademie zu schließen. Auch als Galilei die moderne wissenschaftliche Methode schuf, die Pendeluhr erfand und seine Entdeckungen vorstellte und zusammen mit Kopernikus argumentierte, dass die Sonne und nicht die Erde das Zentrum unseres Universums sei, traten die päpstlichen Behörden auf den Plan. Sie verlangten mit Nachdruck, dass sowohl Galilei als auch Kopernikus ihre inakzeptablen Ansichten zurückziehen sollten. Das taten beide, und Galilei verbrachte den Rest seines Lebens unter Hausarrest.

Statt sich einschüchtern zu lassen, ging Giordano Bruno noch weiter als Galilei und Kopernikus. Er argumentierte, dass die

Erde nicht der Mittelpunkt des Universums ist, da sie die Sonne umkreist, und ebenso, dass unsere Sonne nicht der Mittelpunkt des Universums ist. Unsere Sonne sei nur eine von Millionen Sonnen, die von Millionen Planeten umkreist werde, auf denen Millionen außerirdische Zivilisationen wohnten. Wie schon Sokrates vor ihm wollte Giordano Bruno diese Art von Informationen an die breite Öffentlichkeit weitergeben und es nicht den bürgerlichen oder religiösen Sittenwächtern überlassen, sie zu genehmigen oder zu missbilligen. Angetrieben von seinem Wunsch, solcherart die Entwicklung der Menschheit zu fördern, reiste er mit seinen Entdeckungen um die Welt. Seine internationale Tournee führte ihn nach Spanien, Italien, Deutschland, Frankreich und England. Überall hielt er Vorträge, bei denen er die Weisheiten, die er von Gelehrten wie Sokrates, Platon, Hermes Trismegistos und Johannes Trithemius aufgesogen hatte, großzügig an die Menschen weitergab. Er hielt Vorlesungen an der Sorbonne und an der Universität von Oxford. Er veranstaltete öffentliche Kongresse, auf denen er Techniken zur Aktivierung verschiedener Teile des Gehirns lehrte und vorführte, womit er das menschliche Gedächtnis, die Intelligenz und das Bewusstsein optimieren wollte.

Wie Sokrates strebte auch Bruno eine wachere, bewusstere und intelligentere Gesellschaft an. Seine öffentlichen Vortragsreisen waren sehr erfolgreich und verhalfen ihm in ganz Europa zu großer Berühmtheit – und das zu einer Zeit, als Rom Angst vor jeder populären Bewegung hatte, die nach Ansicht der Kirche Verwirrung stiften konnte und somit die intellektuelle und religiöse Loyalität der Menschen gefährdete. So wie Sokrates sich auf Kollisionskurs mit den Sittenwächtern des antiken Athens befunden hatte, geriet diese neue Generation europäischer Intellektueller nun in Konflikt mit dem internationalen Monolithen des römischen Katholizismus. Doch während della Porta,

Galilei und Kopernikus alle einen Rückzieher machten und widerriefen, als die kirchlichen Autoritäten sie dazu aufforderten, hätte Giordano Brunos öffentliche Reaktion nicht gegensätzlicher ausfallen können. »Ich werde nicht [widerrufen]. Und ich sollte es auch nicht.« Und während John Dee »alle Geheimnisse der Alchemie« nur ihrer Majestät, Königin Elisabeth I., und dem Heiligen Römischen Kaiser anvertraut hatte, bot Giordano Bruno seine Erkenntnisse der breiten Öffentlichkeit an. Diese Entscheidung besiegelte sein Schicksal. Die letzte Konsequenz von Brunos Aufklärungskampagne war seine Verhaftung und siebenjährige Inhaftierung in einer kirchlichen Todeszelle, gefolgt von brutaler öffentlicher Folter und seiner Hinrichtung auf dem Scheiterhaufen im Jahr 1600.

Hier brauchen wir eine Verschnaufpause. Ich habe eine Schnur aus vielen Fäden gewoben. Lassen Sie uns einen Schritt zurücktreten und einen Blick darauf werfen. Betrachten Sie einen Moment die große Abfolge von Hermes über Sokrates, Platon, die griechischen Kirchenväter, die Texte von Nag Hammadi, Michael Psellos, Marsilio Ficino bis zu Giordano Bruno.

Ein von intelligenten Wesen bevölkertes Universum, ET-Kontakte, spirituelle Bewusstseinserweiterung und menschliches Potenzial – das sind die Themen, die in diesen Werken miteinander verwoben werden. Und ebenso war in diesen Zeitraum der Menschheitsgeschichte der regelmäßige Pulsschlag von Geheimhaltung, Ausgrenzung, Unterdrückung und Hinrichtung eingeflochten, der darauf abzielte, strikt die dem gemeinen Volk zugänglichen Informationen von jenem Wissen zu trennen, das allein den Mächtigen vorbehalten blieb. An diesen Gegenmaßnahmen der Machteliten zeigt sich, wie wichtig esoterische Gesellschaften und heimlich überlieferte Texte als Quellen uralten Wissens über unseren Kosmos, unsere Vorgeschichte, unser Potenzial und unsere Macht als kosmische Wesen sind. Geschichten über

ET-Kontakte und interdimensionale Kommunikation sind in diesen Traditionen nie weit von der Oberfläche entfernt.

Die Geschichte aus dieser Perspektive zu betrachten, kann eine ziemlich deprimierende Übung sein, wenn man sieht, mit welcher Hartnäckigkeit die Mächtigen den transformatorischen Lehrstoff zum Schweigen bringen und dem Mainstream vorenthalten wollen. Dennoch findet sich auch darin eine Inspiration. Die Geschichte lehrt uns nämlich, dass diese alte Weisheit trotz aller Verschwörungen gegen sie die Jahrhunderte überdauert und immer wieder zu den nachfolgenden Generationen durchdringt. Irgendwie findet sie immer einen Weg.

Im nächsten Kapitel werden wir in Südfrankreich Zeuge einer der unglaublichsten Manifestationen dieses Doppelmusters aus Unterdrückung und Überleben, von der ich jemals erfahren habe. Wenn das alte Wissen das überleben kann, was dort geschah, dann muss selbst der skeptischste Betrachter innehalten und über die Kraft und Widerstandsfähigkeit dieses Wissens staunen.

10

Das Große Experiment und die Große Ausmerzung

Canberra – 2022

»Und, Paul, bekommst du in letzter Zeit eigentlich viele Einladungen, Predigten zu halten?«

Brad ist ein Freund mit der erstaunlichen Fähigkeit, spitze Fragen zu stellen, ohne jemals Anstoß zu erregen. Das ist seine Gabe. Und er widmet sich dem *»geistlichen Auftrag, den Leuten Mut zu machen«*, wie er sagt. Also stellt er mir bei einem Glas unseres Lieblingsgetränks im *The Pig and Whistle* im Stadtzentrum von Canberra gut gelaunt seine neuesten Fragen.

Bekomme ich viele Einladungen? Zufällig bin ich gefragter denn je für Interviews, Konferenzen und persönliches Coaching. Was die Predigt-Einladungen angeht, muss ich gestehen, dass die Auswahl dünner geworden ist. In letzter Zeit waren wir alle im Lockdown, so dass es sich nicht so gut einschätzen lässt, aber ich kann nicht leugnen, dass es um viele meiner Kirchenfreundschaften spürbar ruhiger geworden ist, seit ich auf der internationalen Bühne als Stimme für Paläokontakte auftrete.

Freundschaften, die früher unbeschwert und einfach waren, gestalten sich nun nicht mehr ganz so einfach. Zwar ließ es sich aufgrund der internationalen Reisebeschränkungen in der Coronazeit zeitweise nicht mehr so leicht erkennen, wo genau ich in der Kirchenszene eigentlich stehe, aber ich muss Brad gegenüber einräumen, dass meine Auswahl an kirchlichen Einladungen neuerdings tatsächlich merklich abgenommen hat.

Auf individueller Ebene sind jedoch viele meiner besonders engagierten Unterstützer in der kirchlichen Welt zuhause – Menschen, die aufgrund eigener Erfahrungen gezwungen waren, sich mit Elementen der christlichen Theologie auseinanderzusetzen, die während des größten Teils der Kirchengeschichte tabu waren.

»Wie tief bist du denn inzwischen in den Kaninchenbau der Verschwörungstheorien hinabgestiegen, Paul? Ich meine, warum sollte sich politisches oder kirchliches Führungspersonal über ein Thema wie dieses Gedanken machen? Warum sollten sie verheimlichen, wenn sie etwas über Außerirdische wissen? Falls sie tatsächlich etwas wissen. Alle Politiker, die ich kenne, sind Propagandisten. Sie wollen ihre Botschaft verbreiten.

Und das trifft auch auf alle Theologen zu, die ich kenne. Ihre Missionen gleichen sich. Sie wollen eine Bühne für ihre Botschaft. Diese Art von Einschüchterung oder Geheimhaltung, von der du sprichst, nehme ich nirgendwo wahr.

Ich meine, was soll schon dabei sein, wenn unsere Vorfahren vor ein paar tausend Jahren ein oder zwei Außerirdische gesehen haben? Und wenn ja, warum sollten Schriftgelehrte, Präsidenten und Prälaten sich die Mühe machen, das geheim zu halten? Wenn sie wirklich von Außerirdischen Informationen erhalten hätten, die hilfreich für den Fortschritt der Menschheit sind, warum sollten sie das der Öffentlichkeit denn vorenthalten?«

Ja, warum eigentlich? Warum sollten sie die wahre Geschichte unserer Vergangenheit übermalen wollen? Zu welchem Zweck?

Während ich diese Frage in meinem Kopf hin und her wälze, wird mir klar, dass ich sie nur auf eine Weise angehen kann – indem ich sie in handlichere Teile zerlege. Also, auf geht's:

- Warum sollten die Schriftgelehrten, die im sechsten Jahrhundert vor Christus die aktuelle Ausgabe der hebräischen Schriften erstellten (die Redaktoren des hebräischen Kanons), die Erinnerung ihrer Vorfahren aus den Texten entfernen wollen – die Erinnerung daran, dass die *Elohim* außerirdische Wesen waren, die um die Vorherrschaft über die Menschheit kämpften?
- Warum hielt man es für falsch, die Beschreibung von Paläokontakten bei Platon und in der Bibel anzuerkennen?
- Warum bevorzugte das Römische Imperium die engstirnige Orthodoxie gegenüber der bunten Vielfalt des frühen Christentums?
- Was war falsch an jenen Teilen des Christentums, die missachtet oder in den Untergrund getrieben wurden, weshalb man deren Texte in den Höhlen von Nag Hammadi vergrub, um sie für die Nachwelt zu bewahren?
- Warum hatte man ein Problem damit, die Existenz von Ahnengeistern zu akzeptieren, die uns Rat und Hilfe geben?
- Warum wollte man Kontakte mit anderen Wesenheiten nicht zur Kenntnis nehmen?
- Was stand auf dem Spiel, als es darum ging, unsere Präexistenz als Lichtwesen und unsere Existenz nach diesem Leben, in anderen Leben, auf anderen Planeten oder in anderen Dimensionen anzuerkennen?

Die Antworten mögen komplex und vielschichtig sein, aber im Wesentlichen läuft es auf Folgendes hinaus: *Macht und Kontrolle.* Nur wenige Bibelhistoriker würden bestreiten, dass die Bücher der Bibel von der *Genesis* bis zum 2. Buch der Könige in ihrer ursprünglichen pluralistischen Form überarbeitet und umgeschrieben wurden, um das Königshaus David und das levitische Priestertum zu legitimieren. Und nur wenige würden bestreiten, dass die Endredaktion des hebräischen Kanons im sechsten vorchristlichen Jahrhundert in einer Weise erfolgte, die ihn von seinen mesopotamischen Quellen entfernte und die monotheistische Weltsicht des Judentums im Zeitalter des Zweiten Tempels stärkte. *Mit anderen Worten, der hebräische Kanon, wie wir ihn heute kennen, wurde geschaffen, um eine Machtpyramide zu legitimieren: mit Gott an der Spitze, den Königen und Hohepriestern direkt unter ihm, die ihren Tribut und ihre Steuern kassieren, und dem Volk, das kleinlaut am unteren Ende sitzt, bezahlt und betet.*

In ähnlicher Weise verlangte das Römische Reich in der Zeit, in der es das frühe Christentum in die Pax Romana integrierte, von seiner neuen *»christlichen«* Religionsabteilung im Wesentlichen eine religiöse Untermauerung der Hierarchie des Reiches. Das bedeutete: Macht für die Herrschenden, Passivität und Gehorsam für das Volk, und das alles schön ordentlich verankert in einem Paradigma der Anbetung, des Gehorsams und der Angst vor göttlicher Strafe. Als Konstantin die Bischöfe der Kirche in den Senatorenpurpur steckte, fügte er die Kirchenhierarchie in die feudale Struktur des Reiches ein. Sie bildete damit eine Hierarchie mit Gott und dem Kaiser an der Spitze, den Senatoren und Bischöfen in der Mitte und den Priestern und dem Volk am unteren Ende. *Simsalabim: eine Machtpyramide, und die ganze Macht oben an der Spitze konzentriert!*

In den zunehmend vernachlässigten und verbotenen Lehren gab es Themen, die dem kaiserlichen Paradigma der frommen und gefügigen Bürgerschaft wenig entgegenkamen. Wird die Bibel beispielsweise durch die platonische Linse des Paläokontakts gelesen, entsteht ein Bild der menschlichen Geschichte, das die Menschen als Geknechtete im Kreuzfeuer zwischen einer Reihe von mächtigen ET-Herrschern zeigt, welche die Menschheit auf zynische Weise für sich ausbeuteten. In diesem Kontext war *Jahwe* nur eine von mehreren Entitäten, jede mit ihren eigenen menschlichen Stellvertretern, die alle die gleichen unmenschlichen Spiele mit ihren jeweiligen Menschenkolonien spielten. Kirchenväter wie Origenes und Marcion lehrten diese Interpretation des hebräischen Kanons.

Jedoch wollte das römische Kaiserreich einen solchen Blick auf die Gesellschaft nicht fördern. *Die kaiserliche Botschaft war viel einfacher – es gab nur einen Gott und einen Kaiser.* Beiden hatte das Volk zu gehorchen, dankbar und zum eigenen Besten. Die Tage von Origenes und Marcion als für die kaiserliche Kirche akzeptable Theologen waren damit gezählt.

Kontakt mit Ahnengeistern und anderen Wesenheiten, wie er sich im Buch Henoch, im 1. Buch Samuel, im Hebräerbrief und im 1. Brief des Johannes findet, als Realität zu akzeptieren, wirft ein weiteres Problem auf, das sich aber leicht lösen lässt. Hier geht es darum, wer die Kontrolle über die für das Volk zugänglichen Informationen hat. Ein transdimensionaler Kontakt mit den Geistern der Vorfahren oder anderen Wesenheiten wäre eine bedeutende Informationsquelle, die weit außerhalb der Kontrolle von Regierungen, Schulen und Nachrichtenagenturen läge. Natürlich strebt jede erobernde und kolonialisierende Macht an, eine umfassende Vorherrschaft zu etablieren, in der nur die Sprachrohre des Imperiums bestimmen dürfen, was wahr und was falsch ist, was Geschichte und was Fiktion ist. Der Staat muss das Narrativ kontrollieren. Er kann nicht zulassen, dass Ahnengeister oder interdimensionale Wesen dazwischenfunken und der Welt alternative Informationen anbieten. Entsprechend durften sich neutestamentliche Texte wie *Hebräer 12*, der eine primitive christliche Tradition des Kontakts mit den Geistern der

Vorfahren darstellt, und *1. Johannes 4*, der eine primitive christliche Praxis des Kontakts mit transdimensionalen Wesenheiten widerspiegelt, nicht als Teil der gelebten Erfahrung des kaiserlichen Christentums entwickeln, obwohl sie im Kanon des Neuen Testaments erhalten blieben.

Im kanonischen Buch *Daniel* nimmt ein hebräischer Prinz, der als politischer Gefangener festgehalten wird, Kontakt mit einem hoch entwickelten Wesen namens Michael auf. Das gelingt ihm durch ein zehnwöchiges Fastenregime, welches an Moses Erfahrung erinnert, der sechs Wochen lang fastete, bevor er seine persönliche Kommunikation mit dem Wesen namens *Jahwe* erlebte. Im Lukasevangelium lesen wir, dass Jesus sechs Wochen lang fastete, bevor er mit dem archonischen Wesen kommunizierte, das Lukas *»den Teufel«* nennt, woraufhin andere mysteriöse nichtmenschliche Wesenheiten eintrafen, um ihm zu helfen. In dieser Begegnung wird das Ringen Jesu mit den schweren, dichteren Gefühlen des Ehrgeizes, der Angst vor Mangel und der Angst vor dem Tod gezeigt, was den Auftakt zu seinem anschließenden Erscheinen auf der politischen Bühne bildet.

Auch hier wird das Fasten als Mittel zur Erleichterung des Kontakts mit anderen Wesenheiten eingesetzt, eine Methode, die in der Standardpraxis des Glaubens im römisch-kaiserlichen Christentum völlig fehlt. Es ist aber in Platons Verweis auf die Mysterien von Eleusis und in Jasons Erfahrung in Australien präsent. Troy berichtet uns, dass das Fasten noch im einundzwanzigsten Jahrhundert Teil der religiösen Praxis der Navajo ist, und ein paar Kapitel weiter wird es uns auch im modernen Sambia begegnen. *Aber im Christentum der römischen Kaiserzeit wurden solche Methoden der Kontaktaufnahme mit transdimensionalen Wesen gar nicht erst eingeführt.*

Der hebräische Kanon, der im Buch Samuel beginnt, erinnert an eine Periode des Altertums, in der die *Elohim*, die zuvor über unsere Vorfahren geherrscht hatten, nicht mehr physisch auf der Oberfläche des Planeten präsent waren. Nach ihrem Verschwinden übernahm ihr bisheriges Gefolge aus menschlichen Königen, Priestern und Propheten die Aufgabe von Vermittlern, die in entscheidenden Momenten Kontakt zu ihren fernen Oberherren aufnahmen und ihnen Botschaften entlocken sollten. Wenn wieder einmal eine Botschaft benötigt wurde, gingen die Hohepriester in das *Zelt der Begegnung*, das Allerheiligste. Über diesem Raum hatte man mehrere Zelte übereinander aufgeschlagen. Vier Materialschichten bildeten Wände, die dicker als eine Menschenhand waren. Jede Schicht war mit einer Mischung aus Ölen getränkt, darunter Cannabisöl, hebräisch *Kaneh-Bosm*. Diese Öle wurden auch verwendet, um die äußeren Gewänder der Hohepriester zu tränken und eine Räuchermischung für das *Zelt der Begegnung* herzustellen. Die Luft in diesem Zelt, gefüllt mit *Kaneh-Bosm*-Dämpfen und Rauch, muss eine ziemlich intensive chemische Suppe für die Priester erzeugt haben, die sie bei ihren Ritualen einatmeten. Die Rauchwolke im *Zelt der Begegnung* war das Zeichen für die Menschen, dass sich die Hohepriester auf die Kommunikation mit der anderen Seite vorbereiteten. Zusammen mit dem Trommeln und der lauten Musik ergibt sich so ein Bild, das den schamanischen Zeremonien anderer Kulturen ähnlicher ist, als wir es uns gemeinhin vorstellen. Diese Rituale wurden mit akribischer Liebe zum Detail durchgeführt, um einen transdimensionalen Kontakt zu erreichen und mit den *Elohim* in Fernkommunikation zu treten. Allerdings, so wird erzählt, waren ihre Bemühungen nicht immer von Erfolg gekrönt. *Es erübrigt sich fast zu sagen, dass auch die Verwendung von Substanzen, Ölen und Räucherungen als Methode zur Herbeiführung interdimensionaler Kontakte nicht Teil des Kanons des kaiserlich römischen Christentums wurde.*

In 2. Korinther 12 berichtet der Apostel Paulus, der bedeutendste der neutestamentlichen Schriftsteller, er sei in den »dritten

Himmel« entrückt worden, wo ihm bestimmte Dinge offenbart wurden, »die ein Mensch nicht aussprechen darf«. Was wissen wir über den »dritten Himmel«? In den Texten wird er als der Bereich beschrieben, in dem »Gott« seine Schar von hochrangigen »Engeln« befehligt und auf seinem »Thron« sitzt. Was genau hat Paulus also gesehen? Um die Sprache zu entmythologisieren, denken Sie an »Kommandobrücke« und »Mannschaft«. Denken Sie bei »Thron« an den Sessel das Raumschiffkapitäns auf der Brücke. Wenn das die Dinge sind, die Paulus preisgeben darf, ist es vielleicht keine Überraschung, dass es andere Details gab, über die er nicht sprechen durfte. Aber es gibt bei seinen Begegnungen noch einen weiteren faszinierenden Aspekt.

Obwohl sein geistiges Bild von diesem Vorfall äußerst deutlich und lebhaft ist, sagt Paulus, er wisse nicht, »ob es mit dem Leib oder ohne den Leib geschah«.

Mit anderen Worten, er weiß nicht, ob er die Kommandobrücke und den Kapitänssessel sah, weil er sich physisch dort befand, oder ob er astral gereist ist. Paulus' Unwissenheit deutet sofort auf einen veränderten Bewusstseinszustand hin. *Es erübrigt sich zu sagen, dass weder Astralreisen noch veränderte Bewusstseinszustände, noch außerkörperliche Erfahrungen, noch ET-Begegnungen der fünften Art Teil der offiziellen, akzeptablen religiösen Zeugnisse des imperialen Christentums wurden.*

Diese Aspekte des Kaleidoskops primitiver jüdischer und christlicher religiöser Praktiken sind wichtig, weil sie die Natur des menschlichen Bewusstseins und seine Beziehung zu Zeit, Raum und Materie betreffen. Sie alle implizieren, dass wir in diesem Kosmos Gesellschaft haben – von unseren Ahnen, von Außerirdischen und interdimensionalen Wesen.

Das große Geheimnis, das sie offenbaren, besteht darin, dass Sie und ich von einer Wolke anderer Wesenheiten umgeben sind, von denen viele bereit und in der Lage sind, uns bei unserem persönlichen Fortschritt und unserem Aufstieg als Spezies zu unterstützen. Wenn wir diese Phänomene als etwas Reales akzeptieren, eröffnet sich uns, kurz gesagt, eine größere Realität, die wir erforschen können.

Als jedoch die Kräfte des Imperiums die offizielle Lehre des Christentums einschränkten und seine Strukturen feudalisierten, entfernte es sich unaufhaltsam von diesen Themen, die eigentlich geeignet waren, die Selbstermächtigung und Erkenntnis der Gläubigen zu fördern. Wo die Elemente, die ich gerade aufgelistet habe, in gnostischen Schriften auftauchten, wurden die Texte komplett verworfen. Wo sie in den kanonischen Texten vorkamen, wurden sie einfach ignoriert. Die Vernachlässigung ging sogar so weit, dass heute keine christliche Amtskirche mehr auf die Idee käme, die »Befragung von Ahnengeistern« oder eine »Räucherzeremonie« zur Kontaktaufnahme, »Remote Viewing« oder »Astralreisen«, eine »Nahbegegnung«, eine »außerkörperliche Erfahrung«, den »persönlichen Aufstieg« oder »interdimensionales Channeling« als Teil des Christentums zu betrachten. Wenn Sie dort diese Themen ansprechen, wird man Ihnen einen strengen Vortrag darüber halten, dass solche Methoden aus dem »New Age« oder dem »Okkultismus« kommen und dass Sie als Christ dergleichen unbedingt meiden sollen. Vielleicht rät man Ihnen sogar, sich beim Hausarzt auf Ihren Geisteszustand untersuchen zu lassen. *Doch in den Anfängen, bevor das Christentum vom römischen Imperium eingeengt wurde, waren alle diese Praktiken Teil des Werkzeugkastens der christlichen Gläubigen für den spirituellen Aufstieg.*

Im Christentum der Pax Romana war kein Platz für solche Methoden, jedenfalls nicht für einfache Gläubige oder normale Bürger. Die Rolle des Volkes im kaiserlichen Christentum bestand einfach darin, zu bezahlen, zu beten, zu verehren und zu gehorchen. Der Zugang zu den Kräften der Ahnen, zu kosmischen oder interdimensionalen Mächten stellte einen Kanal der persönlichen Ermächtigung dar, über den die Obrigkeit keine Kontrolle hatte. Solche Phänomene ermächtigten zu sehr eine *Priesterschaft aller Gläubigen* und untergruben die Hierarchie.

Alle Regierungen versuchen, den Informationsfluss zu steuern. Die Vorstellung, dass transdimensionale Whistleblower in irgendeiner Weise bestimmen könnten, was geheim bleibt und was offengelegt wird, wird wohl kaum je von einer Regierung begrüßt werden. Denken Sie an Giordano Bruno. Denken Sie an Jeanne d'Arc. In ähnlicher Weise ist auch das Leben Jesu – sogar innerhalb der kanonischen Evangelien – eine Lektion darüber, wie sehr ein Individuum mit persönlicher Macht, das anderen Menschen Wege der Selbstermächtigung zeigt, ruhiges, ungestörtes Regieren erschweren kann. In den Evangelien sehen wir Jesus, wie er auf dem Berg der Verklärung die Geister der Vorfahren befragt und mit Heilungsakten und »Worten der Erkenntnis« demonstriert, dass er Zugang zu Macht und Informationen weit über das Prisma unserer konventionellen vier Dimensionen hinaus hatte. Natürlich kam es daraufhin zu einem Prozess und einer Hinrichtung. Spirituell starke, über eigene Autorität verfügende Individuen sind mit autokratischen Regierungen nicht wirklich kompatibel. Denken Sie an Gandhi, Lech Wałęsa oder Nelson Mandela. Kein Autokrat will, dass ihm solche Leute in die Quere kommen.

Wenn wir uns den gnostischen Texten zuwenden, stellt die Figur der Maria Magdalena eine sehr interessante Herausforderung dar. Um es klar zu sagen: Das ist nicht Maria, die Mutter Jesu. Es handelt sich um eine andere Person.

Ihr Name, Maria (der auf Aramäisch *Miriam* lautet), war zu dieser Zeit ein verbreiteter Name. Um diese Maria von den anderen zu unterscheiden, erwähnen sowohl die kanonischen als auch die gnostischen Evangelien keinen Nachnamen, sondern einen ihr von Jesus verliehenen Beinamen. So wie Jesus Simon Petrus den Beinamen *»Fels«* gab, nannte er Maria *»der Turm«*. Die Bedeutung dieses Titels wird im kanonischen Lukasevangelium angedeutet, in dem Maria, der Turm, als wichtige finanzielle Unterstützerin der öffentlichen Reisen Jesu bezeichnet wird. Und sie war, so heißt es dort, der erste Mensch, der nach der Kreuzigung den lebenden Jesus sah, vor den männlichen Aposteln. Ihre Rolle als bedeutende Lehrerin und enge Gefährtin Jesu wird in einer Reihe gnostischer Quellen ausführlicher dargelegt. Texte aus dem Wüstenarchiv von Nag Hammadi, darunter der *Dialog des Erlösers*, das Thomasevangelium und das Philippusevangelium, stellen Maria-der-Turm als führende Apostelin dar, deren Nähe zu Jesus den Neid des Apostels Petrus erregte. Das Philippusevangelium beschreibt Maria-der-Turm als »die Jüngerin, die Jesus am meisten liebte und die er auf die Lippen küsste«.

Die Ebioniten in den ersten Jahrzehnten des Christentums und die Katharer im Mittelalter waren Gruppen, die ihren Glauben und ihre Praktiken auf eine Erzähltradition stützten, der zufolge Jesus mit Maria-der-Turm verheiratet war und mit ihr Kinder hatte. Dies geht auf gnostische Texte und einige spätere Hinweise zurück. Die gnostische Geschichte von einem Jesus, der die Kreuzigung überlebte (und daher möglicherweise eine Familienlinie hinterließ), findet sich in späteren gnostischen Texten, und zwar in der koptischen *Apokalypse des Petrus*, der *Ersten Apokalypse des Jakobus* und dem *Zweiten Logos des großen Seth*.

Es besteht ein gewichtiger wissenschaftlicher Konsens, dass die frühesten Berichte über Jesus in der ursprünglichen Fassung des Markusevangeliums (das mit Kapitel 16, Vers 8 endet), im gnostischen Thomasevangelium und in der gemeinsamen Erzählquelle des Matthäus- und des Lukasevangeliums zu finden sind, die von den Gelehrten als *Logienquelle Q* bezeichnet wird. Keiner dieser Texte enthält das bekannte dreifache Motiv der Kreuzigung,

Auferstehung und Himmelfahrt Jesu. Markus berichtet von der Kreuzigung und verweist auf das leere Grab, wobei er sagt, dass ein noch lebender Jesus wenig später in Galiläa erscheinen wird. Die ausgearbeitete Geschichte der Auferstehung und Himmelfahrt wird jedoch erst später hinzugefügt. Thomas, Markus und die *Logienquelle Q* lassen also die Frage, was mit Jesus während und nach der Kreuzigung geschah, viel offener als die späteren Texte. Andere gnostische Quellen scheinen eine Reihe von Spekulationen über dieselbe Frage angestellt zu haben. Das Zeugnis dieser frühen Quellen wirft ein anderes Licht auf verschiedene alte Erzählungen aus Japan, Kaschmir, Leh und Puri in Indien sowie Ladakh und Tibet, die Jesus vor und nach der Zeit seines Wirkens in Palästina in diesen Teilen der Welt verorten. Ähnliche Überlieferungen gibt es im alten Frankreich und England. Diese Erzähltraditionen werfen in ihrer Gesamtheit viele Probleme für die orthodoxe Erklärung des Überlebens Jesu am Kreuz auf.

Für die Mächte des Feudalismus ergab sich die Herausforderung aber eher aus den gesellschaftlichen Implikationen einiger wichtiger gnostischer Ideen. Im Mittelalter inspirierte das Studium dieser späteren gnostischen Quellen die Katharer zu einer Glaubenslehre, die Folgendes in den Mittelpunkt rückte:

- Die Entdeckung der eigenen spirituellen Kraft – was wir heute »Taufe im Geist« nennen würden. Das war die übernatürliche Kraft, die von den Aposteln in den kanonischen Evangelien und im Neuen Testament demonstriert wurde.
- Kontakt mit höheren interdimensionalen Informationen.
- Wiederverbindung mit unserer individuellen Quelle als Lichtwesen, die vorübergehend als materielle Wesen verkörpert sind. Die Katharer nannten diese individuelle Quelle den *Lichtkörper*. Alle ihre Praktiken zielten darauf ab, diese Verbindung zu intensivieren.

- Aufstieg – die Erwartung einer fortschreitenden persönlichen Transformation mit wachsender Bewusstheit und Intelligenz, einer Zunahme der kognitiven Fähigkeiten und tiefer Einsichten in die Funktionsprinzipien des Kosmos.

Diese Konzepte zeigen, wie sehr die Gedankenformen Platons in das gnostische Denken und in die Lebensweise der Katharer eingewoben waren. Aus platonischer Sicht waren die Katharer Menschen, die sich an ihren wahren Ursprung und an ihre wahre Macht als menschliche Wesen erinnert hatten. Und sie ließen es zu, dass ihre gesamte Lebensweise durch dieses Wissen verändert wurde.

Die Städte und Dörfer der Katharer im elften Jahrhundert, im Languedoc in Südfrankreich, zeigten in der Praxis, wie dieses platonisch-gnostische Glaubenssystem aussah. Ihre Gemeinschaften waren friedlich und harmonisch, ohne das Ausmaß an Gewalt und Kriminalität, das in den benachbarten Regionen Europas zu dieser Zeit die Norm war. Die Menschen waren ruhig und zufrieden. Sie waren bekannt für ihre einfache Lebensweise, ihre sparsame und gesunde Ernährung, ihre Freundlichkeit und Großzügigkeit. Die Andersartigkeit der Katharer-Gemeinden war für Besucher so offensichtlich, dass ihre lokalen Nachbarn ihnen diesen Namen gaben: *Katharer* – ein Wort, das »die Reinen« oder »die Guten« bedeutet. Ich möchte die Bedeutung der Bezeichnung nicht schmälern. Dieser Name, den andere den Katharern gaben, ist ein Zeugnis für die Realität dessen, was sie getan hatten. Sie widmeten sich dem, was sich für uns wie ein Salat vager metaphorischer Ideen anhören mag, die sie Platon und der Gnosis entnommen hatten, und machten etwas daraus. In den Städten und Dörfern des Languedoc schufen sie eine bessere Welt. Normalerweise fürchtet oder verspottet man Menschen, die anders sind, aber die Überlegenheit des von den Katharern geschaffenen sozialen Umfelds war so offensichtlich und inspirierend für ihre Nachbarn, dass es sich einfach nicht leugnen ließ. Deshalb bezeichneten ihre Nachbarn die Katharer-Gemeinden des Languedoc als *»gut«* und *»rein«*.

Die skeptische Obrigkeit bezeichnete die Katharer als *Albigenser* und ihren Glauben als *albigensische* Häresie. Das Wort Albigenser bedeutet einfach »Die Leute von Albi« – Albi ist eine Stadt im Languedoc. Das Albigensertum war eben das, was die Menschen in Albi und im Languedoc glaubten. Es war die Art und Weise, wie sie lebten. Im Languedoc bezeichneten sich die Katharer gerne als »Kirche des Amor«. Das war ein absichtliches Wortspiel. *Amor* bedeutet *Liebe.* Rückwärts buchstabiert ergibt *Amor* aber auch *Roma*, den lateinischen Namen für Rom. Indem sie diesen Namen wählten, stellten die Katharer ihre Lebensweise entweder als authentischen Teil oder als Gegenteil der Kirche Roms dar. Das blieb vom Heiligen Stuhl nicht unbemerkt. Um 1200 war das gesamte Languedoc von der Kultur des Amor und der Ermächtigung erfasst. Obwohl damals alle Europäer römisch-katholisch getauft waren, betrachtete die Kurie diese selbsternannte »Kirche der Liebe« als Bedrohung – völlig unvereinbar mit dem religiösen Monopol der römischen Kirche im mittelalterlichen Europa. Da die Katharer jedoch nicht an die Hölle als Gefahr für das Seelenheil glaubten, hatten die päpstlichen Behörden wenig Druckmittel in der Hand.

Der Grund, warum Rom über das Katharer-Phänomen in Frankreich besonders beunruhigt war, lag darin, dass die Kirche im selben Zeitraum in ganz Europa eine massive Entfremdung vom Katholizismus erlebte. Ein seismischer Wandel vollzog sich in einer ganzen Generation junger Menschen, die sich *massenhaft* von der feudalistischen religiösen und gesellschaftlichen Ordnung Europas abwandten. Desillusioniert durch das sinnlose Abschlachten ihrer Altersgenossen in den Kreuzzügen wurde eine

Generation dadurch verändert, dass sie nun in klarem Licht sah, wo ihr Platz auf dem Schachbrett der Mächtigen war. Aus dem Mainstream herausgerissen, verzichteten junge Adlige auf ihr Erbe, und junge Kaufleute gaben ihr Geschäft auf und zogen eine asketische Lebensweise in einer Gemeinschaft der Subsistenz und Einfachheit vor, um ihrer Freiheit willen.

Die institutionelle Kirche bezeichnete diese neue Bevölkerungsgruppe als »Mendikanten«, Bettelmönche. Die Menschen in ihrer unmittelbaren Umgebung waren verständnisvoller und nannten sie »glückliche Leute«, was auf eine Mischung aus Belustigung und Respekt schließen lässt, denn die *glücklichen Leute* waren auch für ihre Furchtlosigkeit bekannt. Diesen Geist der Furchtlosigkeit demonstrierten sie gerne, indem sie sich auf ein Leben in Armut einließen, ein Leben ohne Geld, Landrechte oder Besitz, und indem sie Leprakranke umarmten. Menschen, die an Lepra litten, wurden damals aus den Städten und Dörfern verbannt. In jenen Zeiten, lange vor der modernen Medizin, galt Lepra als die gefährlichste ansteckende Krankheit in Europa. Und diese Bettelmönche scheuten sich nicht, leprakranke Menschen zu umarmen.

Giovanni Bernardone, der Sohn einer italienisch-französischen Kaufmannsfamilie, gehört zu den berühmtesten Anführern dieser Volksrevolution der Bettelmönche – zusammen mit einer italienischen Adligen namens Chiara Offreduccio. Sie sind als Franz und Klara von Assisi in die Geschichte eingegangen.

Von Rom aus beobachtete Papst Innozenz III. diese Massenflucht aus den Normen des mittelalterlichen Lebens mit großer Sorge. Die Kurie sah darin eine Bedrohung für die allgemeine Gesellschaftsordnung und insbesondere für die Stellung Roms innerhalb dieser Ordnung. Nach einigen Gesprächen mit den engen Weggefährten Franz von Assisis gelang es der Kurie, einen Weg zu finden, der Bewegung ein Stück weit entgegenzukommen. Die Kurie akzeptierte im Wesentlichen die einfache Hierarchie, die innerhalb der Gemeinschaften der Franziskaner und Klarissen eingeführt worden war. Das geschah durch die formelle Anerkennung der Anführer dieser Bewegung und derjenigen, die sich um sie scharten, als klosterähnliche Orden. Die Mitglieder des Ordens erhielten die kirchliche Bezeichnung »Büßer«. In der Sprache der damaligen Zeit bedeutete dies: »Das sind Menschen mit Problemen, denen wir besondere Toleranz und Gnade entgegenbringen, weil sie sich auf dem Weg zum Seelenheil befinden und für ihre Sünden ›Buße‹ tun.« Es war eine kluge Art und Weise, die Bettelnetzwerke anzuerkennen und ihre radikale Lebensweise zu begründen. So erhielten sie Bestätigung durch die Amtskirche, ohne ihnen irgendeine Autorität im kirchlichen Machtgefüge einzuräumen. Also eine saubere Lösung.

Das Phänomen des Katharertums im Languedoc erwies sich demgegenüber jedoch als härtere Nuss.

Der erste Versuch, die Katharer wieder zur katholischen Orthodoxie zu bekehren, wurde von einer Gruppe von Zisterziensermönchen unternommen. Der Prunk und Reichtum der klösterlichen Gesandten standen jedoch in krassem Gegensatz zum bescheidenen Lebensstil der französischen Katharer und ihrer Anführer. So wurde den Bewohnern des Languedoc schnell klar, dass die Zisterzienser genau das anboten, was sie nicht wollten.

Den zweiten Versuch, die Katharer zu bekehren, unternahmen der spanische Bischof Diego de Acebo und sein junger Stellvertreter, ein Augustinermönch namens Domingo de Guzmán – der Heilige Dominikus. Die beiden trafen sich mit einem kleinen Kontingent der gescheiterten Zisterzienser, die sich 1206 in Montpellier eine Pause von ihren Bemühungen gönnten. Dominikus erkannte das Problem schnell. Nach einem offenen Gespräch mit den zisterziensischen Gesandten unterbreiteten Diego und Dominikus dem Papst einen Vorschlag, wie die Rekonversion des Languedoc auf klügere Weise vorangetrieben werden konnte. Ihre Empfehlung lautete, dass die Abgesandten des Heiligen Stuhls bei den Menschen im Languedoc die gleiche Glaubwürdigkeit wie die Anführer der Katharer gewinnen würden, wenn sie sich ebenso wie diese verhielten. *Sie mussten also leben wie die Katharer und lernen, die deutlich spürbare spirituelle Kraft der Katharer nachzuahmen.*

»Der wichtige Unterschied«, versicherten Diego und Dominikus dem Papst, »ist, dass wir Eurer Heiligkeit unsere völlige Hingabe und unsere ungeteilte Loyalität versichern.«

Papst Innozenz III. war über den Vorschlag von Diego und Dominikus hocherfreut und nahm ihr Angebot an. Nach dem Tod von Bischof Diego ließ sich Dominikus in der Stadt Toulouse nieder, wo die Schar seiner jungen Anhänger schnell den Respekt ihrer französischen Nachbarn gewann.

Die jungen Geistlichen lehnten sich in ihrem Auftreten eng an ihre katharischen Nachbarn an und gingen ihrer Missionsarbeit für die römische Kirche mit viel Eifer und Liebe nach. Doch schließlich entschieden die Menschen im Languedoc, dass sie das, was die Dominikaner zu bieten hatten, einfach nicht brauchten. Sie lebten bereits ein kraftvolles und idyllisches Leben. Sie waren glücklich, so wie sie waren.

Papst Innozenz III., dessen Geduld nun am Ende war, schickte eine dritte Delegation in die Region. Diesmal handelte es sich um ein Heer. Als Teil seiner Rekrutierungskampagne erteilte er den Befehlshabern dieses Heeres die uneingeschränkte Erlaubnis, den Soldaten den Besitz aller französischen Ländereien zuzuweisen, die sie den Katharerfamilien wegnahmen, und zusätzlich wurde ihnen ein vollkommener Ablass versprochen. Ein vollkommener Ablass ist im Grunde eine freie Eintrittskarte ins Himmelreich. Diese Eintrittskarten in den Himmel und den Besitz der französischen Ländereien konnte der Papst nach eigenem Ermessen vergeben. Das Versprechen auf Landbesitz und späteren Einlass in den Himmel erhielt jeder, der bereit war, einen Gehorsamseid gegenüber dem Papst und dem König von Frankreich zu schwören und dann für nur vierzig Tage im Kreuzzug gegen die Katharer zu dienen. Was bedeutet es, wenn auf eine Herausforderung durch andere religiöse Ideen reagiert wird, als handele es sich dabei um eine militärische Bedrohung? Was sagt das aus? Die Antwort liegt in diesem Fall in den Bedingungen des päpstlichen Abkommens mit der Miliz.

Der Treueschwur gegenüber dem Papst und dem König von Frankreich macht sofort deutlich, worum es in diesem Krieg aus der Sicht des Papstes ging. Er wollte Macht und Kontrolle für die kirchlichen und königlichen Eliten sichern. In den Augen des Papstes stand genau das im Languedoc auf dem Spiel.

Dieses unglaubliche Angebot – Reichtum in diesem Leben und im Anschluss die Verheißung des Himmelreichs, und das gegen nur vierzig Tage Militärdienst – war höchst attraktiv, und so wuchs die Miliz des Papstes rasch und verfügte bald über eine enorme Schlagkraft. Bei dem berüchtigtsten Überfall ermordete ein zehntausend Mann starkes katholisches Heer an einem einzigen Tag zwanzigtausend Männer, Frauen und Kinder – die gesamte Bevölkerung der Stadt Béziers. Befehligt wurde dieses Massaker von Arnaud Amaury (katalanisch: Amalric), dem Abt des berühmten Klosters Cîteaux, dem Sitz des Zisterzienserordens.

Ähnliche Massaker wurden auch noch lange nach dem Tod von Innozenz III. verübt. Tatsächlich wurden bis 1326 immer wieder Katharer vor Gericht gestellt und hingerichtet – mehr als hundert Jahre und neunzehn Päpste nach dem Beginn der großen Verfolgung. Historiker schätzen, dass bis zum Ende des großen Kreuzzugs gegen die Katharer zwischen einer halben und einer Million Einwohner des Languedoc ermordet wurden. Damals betrug die Weltbevölkerung nur fünf Prozent der heutigen Zahl, also nicht mehr als 390 Millionen Menschen. Angesichts der Tatsache, dass die Bevölkerung ganzer Städte und Dörfer niedergemetzelt wurde, wobei man die Opfer tot oder lebendig zu riesigen menschlichen Scheiterhaufen aufschichtete, ist es vollkommen angemessen, dies als den ersten Völkermord in der Geschichte des Westens zu bezeichnen.

Um Ihnen ein Gefühl für die Größenordnung zu geben: Im Zweiten Weltkrieg war die Kriegsmaschinerie der Nazis direkt verantwortlich für die Verringerung der Weltbevölkerung um etwa 0,06 Prozent. Es wird geschätzt, dass der katholische Kreuzzug gegen die Katharer die Weltbevölkerung um 0,26 Prozent reduzierte. Wir haben es also eindeutig mit einem Völkermord gigantischen Ausmaßes zu tun. Und warum geschah das? Ganz einfach um die Macht und Herrschaft der religiösen und königlichen Eliten aufrechtzuerhalten.

Es ist bezeichnend, dass die spirituellen Praktiken der Katharer nicht als Gedankenverbrechen, sondern als gesellschaftliche Bedrohung angesehen wurden – eine Bedrohung der Regierbarkeit einer ganzen Region, die eine militärische Antwort erforderte. Wie diese tragische Episode zeigt, hatten die politisch Mächtigen das, was die Katharer aus ihren esoterischen Quellen ableiteten, als etwas sehr Machtvolles erkannt, das sich auf reale menschliche Erfahrungen stützte. Es war jene Macht, welche die Gnostiker aus der Gedankenwelt Platons hergeleitet hatten. Platon wiederum hatte diese Kraft durch Erfahrungen mit interdimensionalen Kontakten in der Eleusinischen Gemeinschaft in Athen gefunden. Er leitete sie auch von dem Wissen ab, das Sokrates an seine Schüler weitergab. Dieses Wissen hatte den Weg über das alte Griechenland und das alte Ägypten genommen und ging auf eine frühere atlantische Zivilisation zurück.

Diese große Kette esoterischen Wissens war nach Platons Berechnungen schon etwa neuntausend Jahre alt – und doch reichte die Kraft der langen Reihe von Zeugen nach wie vor aus, in den

Ländern des Languedoc um 1200 nach Christus eine gesunde und blühende menschliche Gesellschaft zu erschaffen. Der Völkermord an den Katharern war kein abstrakter Streit über Doktrinen und Philosophien. Ohne perfekt zu sein und ohne unbedingt alles richtig zu machen, war es den Katharern im Rahmen einer mittelalterlichen Welt gelungen, in ihrem Winkel Frankreichs eine bessere Welt aufzubauen. Es war ein Lehrstück für eine andere Art zu leben. Der Erfolg ihres sozialen Experiments war die eigentliche *»Gefahr«*, denn es weckte bei ihren mittelalterlichen Nachbarn das Bewusstsein für die Macht dieser alten Quellen und bot den Menschen ein funktionierendes Wissen über ihre wahre Natur und Macht als menschliche Wesen. Der Skandal ist, dass die königlichen und religiösen Mächte dieser Zeit ein ganz anderes Ziel vor Augen hatten. Dieses Ziel motivierte sie so sehr, dass sie bereit waren, einhundert Jahre in seine Verwirklichung zu investieren, selbst wenn es einen Völkermord erforderte.

Es war ein tragisches Ende für dieses erstaunliche soziale Experiment. Doch zu seinem historischen Erbe gehört ein kurioser Nachtrag. Das Treuegelöbnis der Dominikaner gegenüber der päpstlichen Autorität hatte zur Folge, dass sich der Dominikanerorden nach dem Tod seines Gründers einer dramatischen Veränderung ausgesetzt sah, die ihn von seiner ursprünglichen Ausrichtung auf Studium und Lehre wegführte. Papst Gregor IX. erinnerte sich an das dominikanische Treuegelöbnis, forderte es ein und setzte den Dominikanerorden als Hauptinstrument des Heiligen Stuhls für die Inquisition ein – die orthodoxe Tötungsmaschinerie der Kirche. Doch die DNA, die Dominikus am Anfang seiner religiösen Bewegung gesät hatte, überlebte auf ganz unglaubliche Weise diese schreckliche Zeit.

Durch die Annäherung an die Katharer und die Nachahmung ihrer Aufstiegspraktiken hatten Dominikus und seine ersten Gefolgsleute ihrer Bewegung etwas auf den Weg mitgegeben, das auch durch diese hässliche Zeit der Brutalität nicht ausgelöscht werden konnte: den Wunsch, von anderen zu lernen, ihren Nächsten zuzuhören, riesige Bibliotheken anzulegen und allem Guten nachzustreben, was sie bei ihren Studien entdeckten. Aus diesem Grund brachte der Dominikanerorden vier Jahrhunderte später einen Mann vom Kaliber eines Giordano Bruno hervor, der dem Europa der Nachrenaissance ein von außerirdischen Nachbarn bevölkertes Universum vorstellte und der Allgemeinheit wirksame Methoden zur Steigerung der menschlichen Erkenntnis an die Hand gab. Weitere hundert Jahre später brachte der Dominikanerorden Francisco Ximénez hervor – den Mann, der im achtzehnten Jahrhundert die Erzählungen der Maya einem europäischen Publikum nahebrachte, Überlieferungen, in denen von außerirdischen Besuchern im Altertum und Vorfahren mit höheren kognitiven Fähigkeiten berichtet wird.

Wenn ich also den roten Faden des esoterischen Wissens überprüfe, der von der vorsintflutlichen atlantischen Zivilisation über die altägyptische Priesterkultur, über Sokrates und Platon, die Hermetik, das gnostische Christentum, das Christentum der Katharer, Dominikus Guzmán, die mesoamerikanischen Priester der gefiederten Schlange, Johannes Trithemius, Michael Psellos und Giordano Bruno bis zu Francisco Ximénez reicht, wobei stets anderweltliche Kontakte eine Rolle spielten, sehe ich einen unglaublichen Wandteppich aus Helligkeit und tiefer Dunkelheit. Die Dunkelheit wurde bereits beschrieben. Aber die Helligkeit sehe ich ebenfalls sehr deutlich. Es hat sich nämlich erwiesen, dass transformative Informationen Jahrtausende überdauern können. Durch einen Rhythmus von Schutz und Wiederveröffentlichung drängt die uralte Weisheit selbst nach Jahrhunderten schwerster Verfolgung und Unterdrückung wie durch ein Wunder immer wieder an die Oberfläche. Diejenigen, die versuchen, dieses Wissen auszulöschen, scheitern letztlich immer. Irgendwie überlebt es.

11

Schweigen und Uminterpretieren

Canberra – 2022

»Als Katharer kann ich mir dich irgendwie nicht vorstellen, Paul! Diese ganze Fasterei und Enthaltsamkeit? War das nicht ein bisschen übertrieben?«

Ich muss zugeben, dass ich bestimmt nicht alles unterschreiben würde, was die Katharer lehrten und praktizierten. Wie bei jeder anderen Gruppe auch ist es durchaus möglich, dass die Katharer einige Dinge richtig und andere falsch gemacht haben. Aber Brad meint, dass ich sie wegen ihrer Abweichung von der Orthodoxie zu nachsichtig behandle. »Ich glaube, du hast einfach ein Faible für Ketzer, Paul! In deinem ersten Buch hast du von Marcion und Origenes geschwärmt – beides Häretiker! Dann war es Giordano Bruno. Noch ein Ketzer! Jetzt die Katharer!«

Natürlich nehme ich sie sofort in Schutz. »Brad, das liegt daran, dass alle, die du gerade genannt hast, ihre Wurzeln bei Platon haben – genauso wie die Verfasser der Evangelien und des Neuen Testaments. Ob Orthodoxe oder Ketzer, in allen steckt Platon. Lies das Johannesevangelium, dir begegnet darin Platons Heldenreise. Lies Paulus, und die Hälfte seiner berühmtesten Zitate sind

Abwandlungen von Platon-Zitaten. Sie alle haben ihre Wurzeln bei Platon. Ich vermute, dass all die Leute, von denen du denkst, ich würde ihr Abweichlertum auf die leichte Schulter nehmen, die ›Ketzer‹ also, einfach diejenigen waren, die etwas besser als die anderen darüber nachdachten, welche Konsequenzen Platons Werk für uns alle hat.«

Ich kann sehen, dass Brad davon wenig beeindruckt ist. »Ist ja alles schön und gut, und korrigiere mich, wenn ich falsch liege, aber haben die Katharer nicht sowohl die Menschlichkeit als auch die Göttlichkeit Jesu in Frage gestellt? Es bleibt nicht viel von Jesus übrig, wenn man ihm sowohl die Menschlichkeit als auch die Göttlichkeit aberkennt. Das führt doch zu nichts, oder?«

Das ist ein guter Punkt. Die Geschichtlichkeit Jesu und seine Göttlichkeit sind unverkennbar das Herzstück der christlichen Orthodoxie, und ich brauche erst noch ein halbes Glas Hefeweizen, bis ich eine angemessene Antwort finde.

»Ich will mal so anfangen, Brad: Wir beide wissen, dass die Geschichte immer von den Siegern geschrieben wird, nicht wahr? Das ist mein erster Grund, den sogenannten Ketzern ein zweites Mal zuzuhören. Wenn das, was wir über die Katharer wissen, von ihren Feinden stammt, dann müssen wir in Betracht ziehen, dass die Subtilität ihrer Ansichten falsch dargestellt worden sein könnte. Es ist so einfach, die Ansichten seiner Gegner verzerrt wiederzugeben und sie auf diese Weise zur Zielscheibe von Spott und Anfeindungen zu machen. Und dass die Kirche kein Interesse daran hatte, die Feinheiten der Lehre der Katharer zu ergründen, ist offensichtlich. Wenn du ein Beispiel dafür suchst, wie die Sieger die Geschichte schreiben, findest du dafür kaum ein anschaulicheres Beispiel als die Katharer.

Denk daran, dass die päpstlichen Truppen im Languedoc zwischen zweihunderttausend und einer Million Menschen abgeschlachtet haben. Und das war nicht die Entscheidung eines einzigen Schwarzen Schafs. Es waren neunzehn aufeinander folgende Päpste, die über einen Zeitraum von einhundert Jahren den Völkermord durchsetzten! Doch in vielen Werken über Kirchengeschichte wird dieser ganze Holocaust kaum erwähnt.

Als ich in einem meiner großen, dicken Geschichtsbücher nach den Katharern suchte, stand da nur: ›Die Sekte hat die Inquisition nicht überlebt.‹ Das war die Formulierung. Sie hat nicht überlebt!! Das hört sich an, als ob die Katharer einfach keine Lust mehr hatten und nicht mehr zu den Versammlungen kamen. Es gab einen *regelrechten Völkermord*, um sie zum Schweigen zu bringen, aber in meinem dicken Geschichtsbuch wird der von den Päpsten befohlene Krieg nicht einmal erwähnt! In einem anderen Geschichtsbuch in meinem Regal heißt es: ›Am Ende des vierzehnten Jahrhunderts waren die Katharer verschwunden.‹ Verschwunden!!! Eine Million Menschen sind verschwunden, und es wird nicht erwähnt, wie das geschah?

Brad, das sind keine *Micky-Maus*-Geschichten, von denen ich hier rede! Das sind die Geschichtsbücher, aus denen Pastoren und Priester im Rahmen ihrer Ausbildung die Geschichte ihrer Kirche lernen. Sie kommen aus dem Seminar und denken, genau wie ich, dass sie auf der Seite von Wahrheit und Gerechtigkeit stehen, weil ihre Geschichtsbücher vergessen haben zu erwähnen, dass die Institution, die sie ordiniert, in den vergangenen Jahrhunderten eine Tötungsmaschinerie war; dass sie Menschen ermordet hat, um die Verbreitung des Wissens zu verhindern, über das diese Menschen verfügten!«

In diesem Moment merke ich, dass mein Glas auf dem Tisch steht und ich Brad anstarre, als wäre er persönlich für die neunzehn erwähnten Päpste und die Geschichtsbücher verantwortlich, in denen wichtige Passagen ausgelassen oder umgeschrieben wurden. Brad atmet tief ein, und ich kann sehen, wie seine Gedanken sich überschlagen, als er über einen Kurs in sichereres, ruhigeres Fahrwasser nachdenkt. Schließlich fällt ihm einer ein: »Paul … Möchtest du noch ein Bier?«

Kluge Worte. Brad ist nicht auf den Mund gefallen.

Aber er hat etwas in mir getriggert. Ich denke weiter über die Katharer nach. Noch ein Grund, warum ich eine Schwäche für die Katharer habe, ist, dass ich mich anderen sehr nahe fühle, die sehr ähnliche Dinge wie die Katharer glaubten und praktizierten, die aber durch reine Zufälle der Geschichte, statt als Ketzer gebrandmarkt und ermordet zu werden, heiliggesprochen und als Säulen der Kirche und als Reformer gefeiert wurden. Und der wichtigste Zufall der Geschichte, der ihnen ein Schicksal wie das der Katharer ersparte, war der Ort, an dem sie lebten.

Als ich dreiundzwanzig war, erfuhr ich zum Beispiel von einem russischen Eremiten, der vom achtzehnten bis ins neunzehnte Jahrhundert lebte. Sein Name ist Seraphim von Sarow. Durch die Beschäftigung mit ihm entdeckte ich eine ganz neue Welt – die Welt des östlichen Christentums.

Ich erfuhr von ihm, als ich im Westen Londons bei der Gemeinschaft St. Alban und St. Sergius an Exerzitien teilnahm. Diese Gemeinschaft möchte Freundschaft und Verständnis zwischen den orthodoxen Kirchen und dem Anglikanismus fördern. Beim Stöbern in ihrer Bibliothek stieß ich auf ein Buch, das mich augenblicklich in den Bann eines Menschen aus einer anderen Zeit und eines anderen Landes zog.

Das Erste, was mich an Seraphim faszinierte, war die Bandbreite der Phänomene, die sein Wirken als Geistlicher auszeichneten: Fernwahrnehmung, Präkognition, telepathische Kommunikation, Krankenheilung und Selbstheilung. Ich erkannte, dass diese Phänomene denjenigen sehr ähnelten, die ich im Zusammenhang mit der charismatischen Erneuerung in den westlichen Kirchen beobachtet hatte. *Erneuerung* ist ein Sammelbegriff für kraftvolle spirituelle oder positive paranormale Phänomene im Leben der christlichen Kirchen. Es gab jedoch auch andere Phänomene und Muster, mit denen ich weniger vertraut war.

Seraphim führte ein sehr einfaches Leben – gekennzeichnet durch eine karge Ernährung und häufiges Fasten, genau wie bei den Anführern der Katharer. Bei Seraphim führten diese häufigen Fastenzeiten zu Kontakterfahrungen, genau wie bei Mose, Daniel und Jesus. Seraphim interpretierte seine Nahbegegnungen durch die Brille seiner religiösen Weltanschauung und beschrieb seine Besucher je nachdem als Engel, Dämonen oder Heilige. Ich kann diese Art der Interpretation nachvollziehen. Meine eigenen Nahbegegnungen fanden statt, als ich zwanzig Jahre alt war, eine Zeit, in der ich tief in die für mich noch neue Arbeit als christlicher Seelsorger eintauchte. Damals hatte ich absolut kein Raster für anomale Begegnungen mit außerirdischen Wesen. Genau wie Seraphim verarbeitete ich also meine eigenen Begegnungserfahrungen entweder als heilig, engelhaft oder dämonisch, denn um was sonst konnte es sich dabei handeln?

Wie die Führer der Katharer praktizierte Seraphim einen Lebensstil der sexuellen Enthaltsamkeit und lebte als zölibatärer Mönch allein in einem dichten Wald einige hundert Kilometer östlich von Moskau. Wie die Katharer glaubte auch Seraphim, dass wir durch verschiedene Disziplinen und Rituale in der Lage sind, uns in ein höheres Wesen zu verwandeln, das mit einer höheren Intelligenz in Verbindung steht und das Phänomen des reinen Lichts des Bewusstseins erfährt, das den Menschen letztlich in ein »göttliches Wesen« verwandelt. (Die Kirche nennt so etwas »Theosis«.) Darin spiegelt sich perfekt die Erwartung der Katharer an die Kommunikation mit der höheren Intelligenz und die Verwandlung des Praktizierenden in ein *»Lichtwesen«* wider. Die Parallelen zum Katharertum sind verblüffend. Seraphims Beitrag innerhalb der russischen Orthodoxie des neunzehnten Jahrhunderts bestand darin, zu zeigen, dass diese Sprache des Lichts und der Verwandlung viel mehr als eine Metapher war. Sie war etwas Reales. Seraphim übernahm diese spirituellen Praktiken von einem türkischen Priester aus dem dreizehnten Jahrhundert namens Gregorios Palamas. Palamas' Denken wurzelte tief in der Erde unseres alten Freundes Platon. Diese zweieinhalbtausendjährige Kette von Logik und Praxis wurde *Hesychasmus* genannt. In der russisch-orthodoxen Kirche gilt Seraphim als das ultimative Beispiel dafür, wie Hesychasmus praktisch funktioniert.

Seraphim hieß ursprünglich Prochor. Sein Abt gab ihm den Namen Seraphim, was, nach der Übersetzung des Abtes, »der Leuchtende« bedeutet. Es war eine vorausschauende Wahl, denn in den folgenden Jahren berichteten Augenzeugen bei mindestens sechs verschiedenen Gelegenheiten, dass sie Seraphims physischen Körper stundenlang leuchten sahen, während sich Seraphim in einem veränderten Bewusstseinszustand befand. Auf die Frage eines Anhängers, wie es ihm gelungen sei, seine häufigen Kunststücke der Fernwahrnehmung, der Präkognition und des Heilens zu vollbringen, antwortete Seraphim, dass er einen Lebensstil pflege, der sich durch eine streng eingeschränkte Ernährung, striktes Schweigen, ständiges Lesen der Evangelien und des Neuen Testaments sowie die Förderung innerer Stille durch die Praxis des kontrollierten, bewussten Atmens auszeichne. Dies habe auch ich während meiner jahrzehntelangen Tätigkeit als Geistlicher praktiziert – nicht so intensiv wie Seraphim, aber ausreichend, um die Kraft zu entdecken, die solche Praktiken für uns immer noch haben. Die Praktizierenden des Hesychasmus waren für ihren »friedlichen Geist« bekannt. Tatsächlich bedeutet das Wort *Hesychast* »der Friedliche«.

Man erzählte sich Geschichten von Hesychasten, die durch diese innere Stille so verändert wurden, dass wilde Tiere sich von ihrer Anwesenheit nicht länger gestört fühlten. So wie Franz von Assisi dafür bekannt war, dass sich wilde Vögel auf ihm und um ihn herum niederließen, so berichteten Zeitgenossen Seraphims, dass ihm in seiner Waldeinsamkeit ein wilder Bär Gesellschaft leistete. Diese Geschichten waren die greifbarste Art und Weise, sich an den veränderten energetischen Zustand des hesychastischen Meisters zu erinnern.

Ich komme nicht umhin, die veränderten Seinszustände zu bemerken, die Zeitzeugen bei den Praktizierenden der von mir erwähnten religiösen Bewegungen beobachteten. Die Art und Weise, wie sie bezeichnet wurden, zeigt uns, dass die Veränderung nicht nur innerlich und subjektiv war.

Es ging eine objektive Veränderung mit den Menschen vor, die für andere deutlich wahrnehmbar war. Die Bettelmönche waren die »glücklichen Leute«. Die Katharer waren die »guten Menschen« oder »Reinen«. Die Hesychasten waren das »friedliche Volk«. Jede dieser Traditionen machte von etwas Gebrauch, das den Zustand der Menschen in einer Weise veränderte, die für andere spürbar und attraktiv war.

Eine hervorragende Darstellung der Lehren des Hesychasmus findet sich in dem zweiteiligen Buch *Aufrichtige Erzählungen eines russischen Pilgers.* In diesem anonym verfassten Werk wird die Seelenreise eines bescheidenen Suchenden geschildert, der durch das Russland des neunzehnten Jahrhunderts reist. Das Ergebnis seines Aufstiegs durch die Hesychasten-Disziplinen waren ein friedlicher Geist und daraus resultierende paranormale Phänomene – insbesondere ein interdimensionaler Kontakt mit einem verstorbenen Mentor und ein Moment der Fernwahrnehmung.

Mein neuer Freund Seraphim von Sarow wurde im neunzehnten Jahrhundert wegen solcher Phänomene dermaßen berühmt, dass Tausende Russen von weither anreisten, um im nahe gelegenen Kloster Sarowka zu übernachten und Seraphims Rat einzuholen, seine Dienste als Heiler in Anspruch zu nehmen oder den

Hesychastenmeister einfach nur in Aktion zu erleben. Seraphims Weg zu diesem Lebensmodell erfolgte ausdrücklich im Rahmen der orthodoxen Kirche. Dennoch höre ich in seinen spirituellen Aufstiegspraktiken und in den Lichtphänomenen, die ihn begleiteten, ein deutliches Echo der katharischen Erfahrung.

Um es klar zu sagen: Es gibt viele Unterschiede zwischen der Tradition der Katharer und der Tradition des Hesychasmus in der orthodoxen Kirche. Doch beide Traditionen hatten ihre Wurzeln fest in Platon und trugen ähnliche Früchte. Im Osten wurden die Meister heiliggesprochen. Im Westen wurden sie ermordet. Aber beide Richtungen waren geistige Nachkommen Platons.

Nachdem wir noch etwas mehr Hefeweizen getrunken haben, macht Brad eine geistreiche Anmerkung zu meinem langen Vortrag über den historischen Umgang mit Platon und mit den von ihm inspirierten Ketzern und Heiligen.

»Das, worüber du also wirklich sprichst«, beginnt er, »ist diese platonische Sicht der Dinge – die der Ausgangspunkt für die ersten christlichen Lehrer war. Richtig?

Und Platons Vision sah in etwa so aus:

- Wir sind bereits vor unserer Empfängnis und Geburt auf dem Planeten Erde bewusste Wesen.
- Wir sind bewusste Wesen, die derzeit eine Episode in dieser materiellen Dimension als Teil einer viel längeren Reise genießen. Es gibt ein Vorher und ein Nachher, ohne dass wir eine Hölle oder ein Fegefeuer zu befürchten haben.
- Wir leben in einem Kosmos voller Nachbarn, die alle mit uns verwandt sind und von denen einige bei der Entstehung unserer Vorfahren in grauer Vorzeit aktiv eingegriffen haben.
- Jeder von uns wird von einem unsichtbaren Team geistiger Helfer begleitet. Dabei kann es sich um unsere eigenen Vorfahren handeln, aber auch um Wesen aus anderen Dimen-

sionen – und unser kosmisches Selbst und kosmisches Wissen sind Aspekte dieser ›Wolke‹ geistiger Unterstützung.

- Wir können uns weiterentwickeln und uns selbst heilen, indem wir uns daran erinnern, wer wir wirklich sind, und indem wir lernen, mit der Kraft und den Prinzipien des Kosmos zu arbeiten – und das ist es, was, wie du sagst, Jesus wirklich meinte, wenn er vom ›Himmelreich‹ sprach.«

Er hat es begriffen. Ich glaube, Brad hat es wirklich begriffen!

»Und du sagst, dass diese Sichtweise, dieses Wissen, im Laufe der Geschichte alle möglichen Gruppen inspiriert hat – einschließlich der Hesychasten und der Katharer – und dass die Mächtigen in Kirche und Staat (vor allem im Westen, wo Kirche und Staat Bettgenossen waren) immer versucht haben, mit Massakern, Exkommunikationen und Bücherverbrennungen zu unterbinden, dass dieses geistige Wissen für die Massen, für das ›gemeine Volk‹, zugänglich gemacht wird.«

»Und durch Spott und Hohn«, füge ich hinzu. »In Ghana oder Indien gab es keine Massaker an Schamanen und geistigen Lehrern. Dort hat das Britische Empire den Menschen einfach beigebracht, verächtlich auf diese anderen, älteren Traditionen herabzusehen. Ich glaube, mit diesem Vorurteil sind wir beide aufgewachsen.«

»Okay«, sagt Brad, und er klingt überzeugt. Tatsächlich nickt er eine ganze Weile still vor sich hin, mit einem leicht beeindruckten Gesichtsausdruck. Dann beugt er sich vor und macht eine weitere seiner geistreichen Bemerkungen.

»Du fängst schon wieder an, über *Planet der Affen* zu reden, stimmt's?«

Das löst die Spannung und wir lachen beide. »Ja, warum nicht? Ich finde, das ist einfach eine tolle Analogie. Ich weiß nicht, wie Pierre Boulle, der ja 1963 den ursprünglichen Roman schrieb, auf die Idee gekommen ist, ob er sich mit Esoterik beschäftigt hat oder ob er im Traum einen Download hatte, aber jedenfalls landete er mit dieser Geschichte einen echten Volltreffer. *Planet der Affen*, das sagt alles: Auf keinen Fall sollen die Menschen erfahren, dass sie früher einmal klüger waren. Man versucht alles, um sie in dem Glauben lassen, dass sie schon immer dumm waren. Man verbirgt vor den Menschen, dass ihre Vorfahren einst Meister mit höheren Fähigkeiten waren. Stattdessen lässt man sie in dem Glauben, dass ihr jetziges Dasein als Sklaven alles ist, was sie je waren und je sein können.«

Brad klopft mir freundschaftlich auf die Schulter, als wir aufstehen und gehen. »Paul, ich glaube, jetzt verstehe ich dich besser. Ich habe dich falsch eingeschätzt. Du bist gar kein Ketzer. *Du bist ein Verschwörungstheoretiker!*«

Ich würde gerne länger bleiben, denn ich glaube, Brad und ich sind nur noch ein Hefeweizen von einer Einigung entfernt, und ich schätze seine Freundschaft sehr. Aber morgen muss ich früh aufstehen. Ich werde ein Gespräch mit einem erstaunlichen Mann führen – Lionel Friedberg, einem Fernsehproduzenten und Regisseur aus Südafrika. Im nächsten Kapitel werden wir uns in seinen treuen alten VW Käfer quetschen und in den südafrikanischen Busch fahren. Er nimmt uns mit auf staubige Pisten, weit weg von den Metropolen, bis an die Grenze zu Sambia, wo wir einer Frau zu Füßen sitzen werden, die eine jahrtausendealte Tradition weiterführt. Es ist ein Erbe voller Geheimnisse und Zeremonien, voller Einsichten und Einweihungen. Die Fähigkeiten, die sie von ihren Vorfahren geerbt hat, werden es ihr ermöglichen, in Lionels Leben einzugreifen und es für die nächsten Jahrzehnte tiefgreifend zu verändern.

In einer kleinen Grashütte nahe der Grenze zur Demokratischen Republik Kongo werden wir in die Welt des afrikanischen Schamanismus eintauchen.

12

Diagnose: ET-Kontakt

Sambia

»Meine Damen und Herren, liebe Fluggäste, ich bringe uns jetzt auf sicheren Boden zurück.«

Die Reaktion der Passagiere erfolgt sofort. Sie setzen sich steif und aufrecht hin und fangen an, Gebete zu murmeln, während das uralte Propellerflugzeug, eine DC-soundso, in einen steilen Sinkflug übergeht. Wortlos tauschen meine Familie und ich Blicke aus. Wie will der Pilot das schaffen?

Wir befanden uns schon seit einiger Zeit in einer Warteschleife, kreisten in stockdunkler Nacht über einem Flugplatz ohne Strom und Licht. Wegen eines Stromausfalls gibt es auf diesem Flugplatz momentan keine Landebahnbefeuerung, kein Radar und keinen Funk. Wir flogen und fliegen immer noch blind. Und unser Flug von London nach Sambia war nicht weniger ereignisreich, denn wir legten die ganze Strecke mit nur drei der vier Düsen des Flugzeugs zurück. Das vierte Triebwerk war bereits bei unserem ersten Startversuch am Vortag explodiert.

Das Flugzeug, in dem wir jetzt sitzen, ist das älteste, mit dem ich je geflogen bin. Da es keine Tür zwischen den Passagieren und dem Cockpit gibt, können wir im vorderen Teil der Kabine jedes Wort zwischen den beiden Piloten hören.

»Captain, wir können nichts sehen. Wir müssen abdrehen.«

»Unmöglich. Die Tanks sind fast leer.«

Dieser Dialog und die unmittelbar darauf folgende Erklärung des Kapitäns, dass er uns auf sicheren Boden bringen will, löste die ängstlichen Gebete unserer Mitreisenden aus. Von den Mitgliedern der Familie Wallis erkennt wohl niemand die Gefährlichkeit der Situation so richtig. Unser Gefühl ist eher von Neugier geprägt. Ich flüstere meinem Bruder Mark zu: »Wie genau will der Pilot denn im Blindflug landen? Wenn er das vor fünfzehn Minuten für unmöglich hielt, wieso soll es jetzt funktionieren?« Mein Bruder hebt eine Augenbraue, um zu zeigen, dass er genauso verwirrt ist wie ich. Tatsächlich rätseln wir immer noch über diese Frage, als unser Flugzeug auf dem Boden aufsetzt, sehr hart, aber, um ehrlich zu sein, auch nicht viel härter als die eine oder andere unangenehme Landung, die ich an Bord der größten Verkehrsflugzeuge erlebt habe. Bis zu diesem Moment hatte ich keine Ahnung, dass ein Flugzeug mit einem Kreischen zum Stehen kommen kann. Dieses hier kann es.

Nachdem wir auf Schrittgeschwindigkeit abgebremst haben, schaue ich aus den Fenstern in die dunkle Nacht. Das Bodenpersonal des Flughafens muss jedes Fahrzeug beschafft haben, das sie in die Finger bekommen konnten – jeden Lastwagen, Lieferwagen, Land Rover und jedes Motorrad. Ich sehe, dass sie alle nebeneinander aufgereiht wurden, mit eingeschalteten Scheinwerfern, um ein kurzes Stück der Startbahn zu beleuchten. Jedes Fahrzeug auf dem Flughafen scheint dort versammelt zu sein. Die einzigen Fahrzeuge, die unsere Landebahn nicht säumen, sind die Rettungsfahrzeuge, die in sicherer Entfernung stationiert sind, umgeben von jedem einzelnen Menschen auf dem Flughafen. Alle sind sie aus dem

Terminalgebäude geströmt, um uns abstürzen zu sehen. Aber wir sind nicht abgestürzt.

Um diese glückliche Tatsache zu feiern, jubelt und applaudiert die Menge, während ein Versorgungsfahrzeug unser gelandetes Flugzeug stolz zum Flughafenterminal leitet.

Als wir das schmutzige Rollfeld betreten, ertönt noch mehr Jubel. Einige Männer umringen unseren Flugkapitän, den Helden des Tages, heben ihn auf die Schultern und tragen ihn zum Terminalgebäude. Wie zur Krönung des Augenblicks kehrt der Strom auf dem Flughafen zurück, und alle Lichter gehen wieder an. Es folgt weiterer Jubel. Irgendeine großzügige Seele hat freundlicherweise eine Kiste Wein geöffnet, die als Luftfracht irgendwohin unterwegs war, so dass wir nun unsere wohlbehaltene Ankunft auch angemessen feiern können.

Obwohl das sicher der filmreifste Moment dieser Reise ist, bleibt es nicht der einzige denkwürdige Vorfall während unseres Besuchs im wunderschönen Sambia. Drei Tage später und weit draußen im Buschland stürmt ein riesiges Breitmaulnashorn mit gesenktem Kopf auf unseren Kleinbus zu. Im Inneren des Busses rutschen wir alle an die vom Nashorn weiter entfernte Seitenwand, während unser Fahrer das vermutlich schnellste Wenden in drei Zügen der Automobilgeschichte vollführt und uns so vor unserer wütenden Freundin am Wasserloch in Sicherheit bringt. Ich glaube, wir sind der Nashorndame und ihrem Kleinen etwas zu nahe gekommen.

Heute haben wir uns noch weiter in das Innere des sambischen Busches vorgewagt. Wir sind nun in einem blauen VW Käfer unterwegs und navigieren auf immer weniger als solche erkennbaren Straßen immer tiefer in die afrikanische Wildnis hinein. Wir sitzen im Auto des Fernseh- und Filmproduzenten Lionel Friedberg. Er möchte uns mit einer älteren Frau bekannt macht, die in einer bescheidenen strohgedeckten Hütte außerhalb der Stadt Ndola lebt. In diesem Teil der Welt sind die N'angas und die Sangomas die weisen Frauen. Die Frau, die wir besuchen werden, ist eine N'anga. Sie wird als Prophetin und Heilerin verehrt.

»Als ich das erste Mal eine N'anga traf, spürte ich, dass das kein Aberglaube ist, sondern etwas sehr Reales.« Lionels Energie und Begeisterung sind ansteckend. »Ich ging zu ihr, weil ich wissen wollte, was ich mit meinem Leben und meiner Karriere anfangen sollte. Ich arbeitete beim Fernsehen, und mein Leben stand an einem Scheideweg. Als wir an die Tür ihrer Hütte klopften, hatte ich keine Ahnung, was uns erwartete. Eine kleine, alte, faltige und gebückte Frau öffnete uns. Sie gehörte zum Volk der Bemba. Sie sprach kein Wort Englisch, aber sie winkte uns in ihr Haus und lud uns ein, uns auf den Boden zu setzen. Ich setzte mich also mit meinem Übersetzer David hin und wartete ab, was geschehen würde.

Auf dem Boden lag eine Grasmatte, und auf der Matte lag ein kleiner Lederbeutel. Als ich den Beutel sah, verstand ich, dass diese Frau eine N'anga sein musste oder das, was wir in Südafrika eine Sangoma nennen würden. N'angas sind ganz besondere Menschen. Sie diagnostizieren Krankheiten. Sie können vermisste Personen finden. Sie können die Zukunft voraussagen. Sie können Medikamente verschreiben. Diese N'anga forderte mich auf, in den Lederbeutel zu pusten und meinen Namen zu sagen. Dann streute sie eine Prise Schnupftabak in den Beutel und schüttete den Inhalt auf die Grasmatte. Aus dem Beutel fiel ein Haufen von kleinen Knochen, Steinen und Schmuckstücken. Als die N'anga in diesen kleinen Haufen hineinschaute, wich sie zurück, als ob sie von einem Licht geblendet würde.

›Was sind das für helle Lichter?‹, rief sie.

Ich sah meinen Übersetzer an, und er sah mich an. In diesem Moment wusste ich, dass die kleine alte Dame keinen Scherz machte. Sie hatte gerade die Lichter in dem Fernsehstudio gesehen, in dem ich arbeitete, und sich gefragt, was ich wohl beruflich machte. Also fing ich an, ihr zuzuhören! In der nächsten Stunde gab sie mir einen endlosen Strom von Informationen über mein Leben – die außergewöhnlichsten Dinge.

Im Laufe der nächsten sechzig Jahre wurde jedes einzelne der von ihr vorhergesagten Ereignisse in meinem Leben wahr. Sie sah meine Zukunft. Und sie war es, die mir die Krankheit voraussagte, die ich Jahrzehnte später entwickeln sollte.«

Dabei handelte es sich um ein schweres Nierenleiden, an dem Lionel erkrankte, als er in Los Angeles lebte. Der kalifornische Chirurg, der es bei Lionel diagnostizierte, war zufällig auch ein Eingeweihter des afrikanischen Schamanismus. Und so fand sich Lionel erneut auf dem Boden einer strohgedeckten Hütte in einem afrikanischen Dorf wieder. Diesmal war es eine große Hütte voller Menschen, hoch oben in den üppig grünen Bergen von Swasiland, an der Grenze zu Mosambik.

»Es war mitten in der Nacht«, erzählt Lionel. »Ich war von Frauen umgeben, die alle trommelten und mit hohen Trillerstimmen johlten. Die beiden jungen Männer, die dem N'anga assistierten, sagten mir, ich solle mich bis auf die Unterwäsche ausziehen und auf den Boden vor das Feuer setzen. Also schlug ich alle Zweifel in den Wind und sagte: ›Was immer von mir verlangt wird, ich werde es tun.‹ Und so zog ich mich aus und setzte mich in die Mitte der Hütte, wobei jeder Knochen in meinem Körper von den Trommeln und dem Gesang der Frauen erschüttert wurde. Plötzlich tauchte am anderen Ende der Hütte der N'anga auf, gekleidet in sein Stammesgewand, mit Perlen, einem Rock und Rasseln um seine Knöchel. Als er erschien, breitete er die Arme aus und schrie mich an. Dann kam er auf Händen und Knien auf mich zu, ging mit gekrümmtem Rücken und bellte wie eine Hyäne, seine Augen waren blutunterlaufen. Ich hatte schreckliche Angst.

Schließlich fing er an, an mir zu schnüffeln, von den Zehenspitzen bis hinauf zum Oberkörper. In der Nähe meiner linken Niere überkam ihn Brechreiz. Ein Gehilfe rannte mit einem Eimer herbei, in den der N'anga ein grässliches schleimiges, gelbliches Zeug erbrach. Dann roch er an mir, bis hinauf zu meinem Kopf. Als er an meinen Ohren schnüffelte, war das wirklich beängstigend. Als Nächstes schnüffelte er die ganze rechte Seite meines Körpers ab. Als er nun in der Nähe meiner rechten Niere anlangte, kotzte er wieder in den Eimer. Am Ende der ganzen Prozedur, gegen zehn Uhr, stand er auf, verschränkte die Arme, schaute mit seinen großen, blutunterlaufenen Augen auf mich herab und sprach ein Gebet oder eine Zauberformel.

Ich wusste, dass etwas Tiefgreifendes mit mir geschehen war. Ich fühlte mich, als wäre etwas aus meinem Wesen entfernt worden. Ich weiß nicht, was es war, aber ich weiß, dass dieser Mann mich von etwas befreite. Mein Nierenspezialist in Los Angeles ist einer der führenden Experten auf diesem Gebiet, und als er mir seine Diagnose mitteilte, sagte er: ›Innerhalb von zehn Jahren werden Sie entweder an der Dialyse hängen oder tot sein.‹ Nun, seit dieser schamanischen Zeremonie in Swasiland sind schon sage und schreibe dreißig Jahre vergangen, und ich weiß, dass sie eine wichtige Rolle bei meiner Heilung gespielt hat – zusammen mit den allopathischen Medikamenten, die mir von der westlichen Medizin verordnet wurden.«

Lionel ist dafür gewiss ein eindrucksvoller Beweis. Er hängt nicht an der Dialyse, und er ist auch nicht tot, dreißig Jahre nach der Zehnjahresprognose seines Nierenarztes. Tatsächlich ist Lionel voller Leben und es macht Freude, mit ihm über sein beeindruckendes neues Buch *Forever in My Veins* (»Für immer in meinen Adern«) zu sprechen. Darin beschreibt er seine faszinierende Reise in den afrikanischen Schamanismus und die Initiationskultur. Seine Heilung oder, so viel lässt sich zumindest sagen, sein langes Leben bei guter Gesundheit weisen mich auf ein wichtiges Element in der Geschichte hin, das er nun formuliert, während ich die Theorie hinter den von ihm beschriebenen schamanischen Methoden etwas genauer ergründe.

»Der N'anga in Swasiland sagte mir, ich sollte mir einen Stock besorgen und ihn immer bei mir tragen, um mich an meinen Großvater väterlicherseits zu erinnern – einen Mann, den ich nie getroffen hatte. Er, mein Großvater (inzwischen längst verstorben), würde über meine Heilung wachen. Das Paradigma des afrikanischen Schamanismus besagt, dass alles mit der Hilfe der Ahnen geschieht. Die erste N'anga, die ich traf, die kleine alte Dame in Sambia, verwendete als Werkzeug für die Kommunikation mit den Ahnengeistern einen Lederbeutel. Die Art und Weise, wie diese Gegenstände fallen, wenn man sie wirft, wird – so glaubte sie – von den Ahnengeistern beeinflusst – nicht von ihren, sondern von den Geistern, die die Person begleiten, die um Hilfe bittet. Meine Ahnengeister kommunizierten also mit den Ahnengeistern der N'anga über meinen Zustand, und durch die Gegenstände auf der Matte konnte sich die N'anga auf diese Kommunikation einstimmen. Das war ihre Methode.«

Das hörte ich nicht zum ersten Mal. Im New Yorker Studio von Rob Yox beschrieb mir mein Navajo-Freund Troy seine Heilmethode, die dem, was wir gerade aus Sambia und Swasiland erfahren haben, auffallend ähnelt. Das Szenario ist im Wesentlichen gleich: Ein Patient kommt zu einer Heilungszeremonie, umgeben von einem unsichtbaren Unterstützungsteam aus Ahnengeistern und anderen Wesenheiten.

Troy bringt seinen Ahnen große Wertschätzung entgegen. »Seit ich dreizehn bin, habe ich viele intensive Lebenserfahrungen gemacht. Ich betrachte das Leben jetzt ganz anders. So wie meine Vorfahren vor mir habe ich gelernt, sieben Generationen vorauszudenken. Ich habe gelernt, an diejenigen zu denken, die nach uns kommen werden. Und wenn unsere Zeit um ist, werden wir über unsere Nachkommen wachen, um die Früchte von dem zu sehen, was wir gesät haben. Diese Realität lernte ich durch eigene Erfahrung kennen. Es geht darum, dass wir unsere Verbindung zu den Geistern und den vielen Dimensionen unseres Selbst verstehen.«

Wenn Troy von den vielen Dimensionen des Selbst spricht, höre ich ein weiteres unerwartetes Echo des katharischen Glaubens aus dem Frankreich des dreizehnten Jahrhunderts. Auch die Katharer erwarteten, dass ihnen Erkenntnisse aus ihrem höherdimensionalen Selbst zufließen würden.

»Die Art, wie wir Navajo leben, ist eine Antwort darauf, wie unsere Ahnen vor uns gelebt haben. Wir ziehen unsere Familien in diesem Gefühl der Verbundenheit mit unseren Vorfahren groß. Als ich mit dreizehn Jahren eingeweiht wurde, begann der Prozess, in dem mir beigebracht wurde, mir der Wesen auf der anderen Seite nicht nur bewusst zu sein, sondern tatsächlich mit ihnen zu interagieren – nicht nur Geschichten über die Rollen dieser anderen Wesenheiten zu hören, sondern sie tatsächlich in Aktion zu erleben, wahrzunehmen, wie sie auf alltägliche Dinge einwirken.«

Das ist eine gute Gelegenheit, Troy zu bitten, seine Herangehensweise näher zu erklären.

»Wenn eine Person krank zu mir kommt, ist sie aus dem Gleichgewicht geraten. Meine Aufgabe ist es, den Grund dafür herauszufinden und dann die geeigneten Zeremonien durchzuführen, die dieses Gleichgewicht wiederherstellen. Dabei gebraucht man alle seine Sinne – wozu selbstverständlich auch gehört, mit den Geistern zu kommunizieren. Wir nutzen dafür Hilfsmittel, die wir Jish nennen: eine Pflanze, ein Element, einen Gegenstand …«

Im Geiste stelle ich mir den Beutel der N'anga mit Knochen, Steinen und Schmuckstücken in der Grashütte in Sambia vor, in der mein Freund Lionel sitzt und gespannt wartet, welche Botschaft die kleine alte Frau für ihn hat.

»Ich kann zum Beispiel für einen Patienten ein Feuer aufschichten und anzünden. Dann gibt es in unserer heiligen Sprache eine bestimmte Danksagung, die gesprochen werden muss, und ein bestimmtes Lied, das gesungen werden muss ...«

Ich denke an die runde Hütte in Swasiland, an die trommelnden, singenden und heulenden Frauen, während Lionel auf dem Boden vor dem Feuer sitzt. Noch eine interessante Parallele.

»Mit den Worten und dem Lied zeigen wir dem Geist, der durch das Feuer mit uns sprechen wird, unsere Wertschätzung. Dann setze ich mich hin und beobachte genau, wie das Feuer brennt – oder wie sich das jeweilige Hilfsmittel verhält, das ich für die Zeremonie ausgewählt habe.

Der Zweck ist, herauszufinden, warum diese Person aus dem Gleichgewicht geraten ist und wie wir das beheben können. Manchmal teilen die Geister, die den Patienten umgeben, mir durch das jeweils verwendete *Jish* mit, was mit der Person nicht stimmt oder was mit ihr passiert ist, und zeigen mir, wie wir das wieder in Ordnung bringen können.«

Es erfolgt also ein Zusammenspiel zwischen den Geistern, die den Patienten begleiten, dem *Jish*, und dem spirituellen Team des Heilers. Vergleicht man Troys Schilderung mit den Ritualen der N'anga aus Sambia und Swasiland, so ist leicht zu erkennen, dass das grundlegende Paradigma in allen drei Kulturen gleich ist. In diesem gemeinsamen Paradigma wird Heilung durch Kontakte mit der Anderswelt herbeigeführt. Wie konnten diese alten Kulturen, Tausende Kilometer voneinander entfernt, so ähnliche auf geistigen Kontakten beruhende Heilmethoden hervorbringen? In der modernen Anthropologie gibt es keinen Beweis für eine Verbindung zwischen den schamanischen Kulturen von Swasiland, Sambia und Arizona. Entweder haben diese Kulturen ihre Methoden unabhängig voneinander erlernt, oder sie hatten gemeinsame Vorfahren, ein in unserer Geschichte als Spezies weit zurückliegendes Erbe.

Heilung durch Kontakte mit der Geistigen Welt spricht mich noch aus einem anderen Grund an. Die Vorstellung, dass jeder von uns von einer unsichtbaren Wolke seiner Vorfahren umgeben ist, die uns helfen und beistehen, findet sich auch in den Wurzeln des christlichen Glaubens. Wenn Troy mir sagt: »Unser Leben ist eine Antwort darauf, wie unsere Ahnen vor uns gelebt haben …«, muss ich innerlich lächeln, denn ohne sich dessen bewusst zu sein, zitiert er damit fast wörtlich den Hebräerbrief aus dem Neuen Testament. Der Hebräerbrief widmet nämlich ein ganzes Kapitel der Zusammenfassung von Geschichten über geistige Vorfahren, Menschen aus allen Zeiten, die auf vielfältige Weise große Ausdauer oder großen Glauben bewiesen. Der Verfasser versetzt den Leser dann in die Gegenwart und sagt: »Weil wir eine solche Wolke von Zeugen um uns haben, lasst uns … laufen mit Geduld in dem Kampf, der uns bestimmt ist.«

Man beachte, dass der Autor nicht sagt, unsere geistigen Vorfahren seien uns »vorausgegangen«. Er sagt, dass wir sie »um uns haben«, als hätte die Zeit keine Bedeutung für diejenigen, deren materielles Dasein bereits hinter ihnen liegt.

Laut dem Autor des Hebräerbriefes sind diese Ahnengeister irgendwie jederzeit präsent und sehr an unserem persönlichen Wohlergehen und Erfolg interessiert.

Um dieses Bild ein wenig zu vervollständigen, gibt uns der Verfasser des 1. Johannesbriefes eine Vorstellung davon, was dieses »irgendwie präsent« möglicherweise bedeuten könnte. Aus seinem Brief geht hervor, dass er durchaus davon ausging, dass die frühen Christen mit anderen Wesenheiten kommunizierten und von ihnen Informationen empfingen. Er nennt diese Wesenheiten »Geister«, geht aber nie näher darauf ein, was, wer oder woher diese Geister sind. Es könnte sich um Ahnengeister handeln. Oder es könnten Energiewesen sein, die im Äther um uns herum existieren. Sie könnten physische Wesen von einem anderen Planeten sein. Es könnten physische Wesen sein, die in der Lage sind, sich in die Materie hinein- und wieder aus ihr herauszubewegen oder telepathisch zu kommunizieren. Sie könnten die Stimmen unseres höheren Selbst sein, die allwissende Lichtquelle unseres individuellen Bewusstseins – wie die Katharer glaubten. Vielleicht sind sie auch interdimensionale Wesen. Der Autor sagt nie, wofür er sie hält, denn das ist offenbar nicht das Wichtigste. Er legt großen Wert darauf, dass seine Zuhörer ihre Eigenständigkeit bewahren und nicht alles, was ihnen von diesen anderen Wesenheiten erzählt wird, für bare Münze nehmen. Entsprechend mahnt er sie auch, nicht alles zu glauben, was ihnen von *»Geistern«* mitgeteilt wird, sondern über das Wahrgenommene und Gehörte nachzudenken und sich seine eigene Meinung zu bilden.

Trotz dieses einen Vorbehalts geht der Autor unmissverständlich davon aus, dass seine damaligen Zuhörer und heutigen Leser durch Kontakte mit der Geistigen Welt nützliche Informationen erhalten. Auch wenn der Gedanke der modernen christlichen Sichtweise fremd sein mag, bestätigen sowohl der Hebräerbrief wie der 1. Johannesbrief die schamanische Sichtweise, dass jeder von uns von einer Wolke aus Zeugen umgeben ist, einem unsichtbaren Unterstützerteam, das uns auf unserer Lebensreise mit Informationen versorgt und Heilung spendet. Ich wusste nichts davon, als ich in den 1980er Jahren meinen Dienst als christlicher Geistlicher begann. Erst allmählich, Stück für Stück, gelangte ich durch Erfahrung zu dieser Erkenntnis.

London, England – 1985

Als sie zu ihrem Termin kam, humpelte Bea. Sie war auf einen Stock als Gehhilfe angewiesen. Irwin, der leitende Pastor unserer Gemeinde, hörte aufmerksam zu, als Bea erklärte, was sie sich erhoffte. Sie schilderte, dass sie seit etwa zehn Jahren unter sich immer mehr verschlimmernden Rückenschmerzen litt, die ihre Beweglichkeit zunehmend einschränkten.

Im Laufe unseres Gesprächs stellte Irwin eine scheinbar beiläufige Frage. »Können Sie uns ein bisschen von Ihrem Vater erzählen?« Bea konnte nicht verbergen, dass sie ihren Vater hasste. Als sie die vielen Fehler ihres Vaters aufzählte, konnte ich sehen, wie ihr Körper sich anspannte. Plötzlich wirkte sie noch unbeweglicher als zuvor. Es handelte sich nicht um eine Missbrauchsgeschichte im eigentlichen Sinne, aber es war nicht schwer zu verstehen, warum die zahlreichen Probleme mit ihrem Vater dazu geführt hatten, dass Bea sich verletzt fühlte und einen starken Groll gegen ihn hegte.

Irwin fragte sie dann, ob sie sich von allen Auswirkungen der Wut und Verbitterung über ihren Vater befreien wolle. Sie antwortete, dass sie das wollte. Nach einem kurzen Gebet forderte Irwin Bea auf, einfach ihre Absicht zu formulieren, erstens ihrem Vater zu vergeben und zweitens keine Energie mehr in ihren Ärger über ihn zu investieren. Das tat sie, und die Erleichterung, die Bea beim Aussprechen dieser Worte empfand, war spürbar. Ihr Atem wurde langsamer und sie begann sich zu entspannen.

Nach einigen ruhigen Momenten, in denen sie sich wieder sammeln konnte, bückte sich Bea und hob ihren Stock auf. Als sie aufstand, um zu gehen, erinnerte ich mich plötzlich. »Moment. Wir haben noch nicht für Ihren Rücken gebetet.«

Beas Reaktion ist mir unvergesslich. »Oh, mein Gott!!! Meine Rückenschmerzen sind völlig verschwunden!«

Nachdem Bea sich bedankt und auf den Rückweg zur U-Bahn gemacht hatte, fragte ich Irwin, was ihn dazu veranlasst hatte, sie auf ihren Vater anzusprechen. »Ich weiß es nicht«, antwortete er. »Sie schien mir so völlig aus dem Gleichgewicht, als sie hereinkam. Also stellte ich mir im Geist die Frage: Wie können wir das seelische Gleichgewicht dieser Dame wiederherstellen? Und sofort kam mir von irgendwoher der Gedanke: Frag sie nach ihrem Vater.«

Von irgendwoher. Von irgendwoher kam ein Gedanke. Woher sollte das sein? In dem religiösen Weltbild, dem ich damals folgte, galt ein solcher Gedanke als »Wort der Erkenntnis« oder »Wort der Weisheit«. Damals verstand ich das als Seelsorge-Hilfsmittel, das der Allmächtige nur an Christen verteilt, die auf Zack sind, damit sie allen anderen umso besser seine Barmherzigkeit vermitteln können.

Inzwischen habe ich die Welt bereist und einige N'angas und Sangomas, Navajo-Hüter und andere Heiler getroffen, und ich weiß, dass diese »zufälligen Gedanken« wirklich ziemlich weit verbreitet sind. Sie sind nicht ausschließlich einer bestimmten spirituellen Tradition vorbehalten und treten unabhängig von der Religionszugehörigkeit auf. Wenn ich zu meinem Navajo-Freund Troy oder zu der N'anga-Freundin aus Ndola gehe, werden sie mir sagen, dass Irwin, als er seine mentale Frage projizierte, die Antwort von einem der Geister in Beas persönlicher Zeugenwolke empfangen haben muss. Ich habe kein Problem mit dieser schamanischen Erklärung.

Damit soll die Vorstellung von GOTT nicht unbedingt geschmälert werden, sondern es geht einfach darum, zu klären, was das Instrument dieser Heilung war. Diese Sichtweise ist uralt. Ob es sich um die N'angas und Sangomas im südlichen Afrika, die Hüter und Medizinleute der amerikanischen Ureinwohner oder die frühen Gründer des Christentums handelt, unsere Vorfahren gingen davon aus, dass wir alle in Kontakt mit anderen Wesenheiten stehen und dass zumindest einige dieser Kontakte zu unserem Nutzen sind. Das moderne dogmatische Christentum und das moderne wissenschaftliche Denken scheinen auf den ersten Blick weit von dieser ziemlich hoffnungsvollen und bejahenden Weltsicht entfernt zu sein. Doch vielleicht ist der Unterschied gar nicht so groß, wie wir denken. Wenn ich höre, dass …

- erfahrene Mediziner von einer »intuitiven Eingebung« sprechen, die sie zu einer genau zutreffenden Diagnose geführt hat …
- Kriminalbeamte von einer »Ahnung« sprechen, die zur Aufklärung eines Verbrechens geführt hat …
- eine Lehrerin aus heiterem Himmel plötzlich einen »Geistesblitz« hatte, der sie in die Lage versetzte, mit einem Schüler Kontakt aufzunehmen, der zuvor unerreichbar war …
- Menschen, die neue Wege entdecken und beschreiten, berichten, dass sie sich von einem Buch »angesprochen« fühlten, als wäre es ganz persönlich für sie geschrieben worden …

… frage ich mich, ob wir heute nicht einfach ein anderes Vokabular verwenden, um unsere eigenen Geschichten über interdimensionale Hilfe aus der Großen Wolke der Ahnen und anderen Geistwesen zu erzählen.

Da uns die schamanische Kultur in Bezug auf diese Kontaktvorstellungen fehlt, erkennen wir diese, wenn wir im Fluss des westlichen Mainstream-Denkens Kontaktphänomene erleben, manchmal gar nicht als solche. Und wenn wir erkennen, dass gerade ein flüchtiger Moment des Kontakts stattgefunden hat, kann es sein, dass wir uns durch die Begegnung desorientiert fühlen. Dann wissen wir nicht, was wir damit anfangen und welchen Weg wir einschlagen sollen.

Auch heute noch bietet uns das Sitzen zu Füßen schamanischer Hüter der Initiation eine gute Einführung in die Wolke der Geistwesen, in der wir unser Leben verbringen, ob wir uns dessen bewusst sind oder nicht. Solche Ältesten können uns in einem Gebiet erden, das sonst ziemlich verwirrend sein könnte. Um Ihnen das zu veranschaulichen, möchte ich Sie zu einem meiner Freunde mitnehmen.

Sein Weg vom Kontakt über das Trauma hin zur Heilung ist eines der inspirierendsten Beispiele für Initiation, die ich kenne.

13

Die tiefere Wahrheit

Belem, Amazonien – 1989

Wir sitzen zu zwölft im Kreis auf Holzstühlen in der Mitte einer zweihundert Jahre alten Halle.

Der Duft von tropischer Feuchtigkeit und poliertem Holz erfüllt die Luft. Von allen anwesenden Fremden bin ich wohl der seltsamste, denn ich bin der Einzige hier, der kein gebürtiger Brasilianer ist, so dass meine Sprachkenntnisse an diesem Nachmittag auf eine harte Probe gestellt werden.

Vor etwas mehr als zwei Monaten kam ich in Brasilien an und schaffte es kaum, die einzigen paar Worte, die ich auf Brasileiro kannte, richtig auszusprechen: »Hallo. Ja. Nein. Auf Wiedersehen. Dankeschön.« In der letzten Woche musste ich einige Fortschritte gemacht haben, denn zu meinem großen Erstaunen lachten die Studenten über alle meine Witze, als das Seminar in Salvador mich aufforderte, einen Stegreifvortrag über »Das theologische Klima in Großbritannien« zu halten! Heute muss ich mich allerdings sehr anstrengen, während ich mich konzentriert nach vorne beuge, um so viel wie möglich von dem zu verstehen, was diese faszinierenden Fremden sagen.

Mein Monat in Belem hat mein bequemes, selbstgefälliges Weltbild bereits arg auf den Kopf gestellt. Bis jetzt hatte ich geglaubt, die Kirche wäre die große Vermittlerin von Wahrheit und Befreiung in der Welt. Doch während ich verschiedene christliche Gemeinschaften und Sozialprogramme besuche, die sich für Landrechte für die Armen, für die Rettung und Schulbildung von Straßenkindern und für die Kinderbetreuung von berufstätigen Müttern einsetzen, höre ich immer wieder einen seltsamen Refrain. Einer nach dem anderen sagen mir die jeweiligen Leiter: »Die Kirche versucht durchzusetzen, dass wir unsere Arbeit einstellen müssen.« Offensichtlich hat *»die Kirche«*, womit sie die römisch-katholische Erzdiözese unter dem Pontifikat von Johannes Paul II. meinen, kein gutes Verhältnis zu diesen von einer Basisbewegung initiierten Hilfsprogrammen. Es ist eine Frage der Kontrolle.

Mein Reiseführer Augusto erklärt mir, dass es bei diesem Zurückdrängen lokaler Initiativen um etwas Tieferes geht, nicht bloß um die Vereinheitlichung von Verwaltungsverfahren:

»Nimm als Beispiel das Fest, zu dem wir am Montagabend gegangen sind. Es soll angeblich ein römisch-katholisches Fest sein, um der Gottesmutter für die Ernte zu danken. Das ist es aber nicht wirklich. In Wahrheit handelt es sich um eine sehr, sehr alte Zeremonie. Bevor es auf dem Hügel eine Kirche gab, befand sich dort eine andere Versammlungsstätte. Einige der Symbole, die die Menschen gestern Abend in die Kirche trugen, waren Symbole aus den alten Zeremonien, die eine andere weibliche Wesenheit ehren, die unsere fernen Vorfahren lehrte, wie man Getreide anbaut. Diese Wesenheit ist nicht Maria, die Mutter Jesu. Sie ist jemand, der geheimnisvoller und viel älter ist. Die Reinigungszeremonie auf den Stufen und die Maisfiguren, die einige der Leute in der Hand hielten, erinnern an die ursprüngliche Geschichte. Heute Abend werden wir zu einem weiteren Maisfest gehen. Es wird eine Zeremonie und dann eine Messe geben, aber lass dich nicht täuschen, die Zeremonie vor der Messe hat nichts mit dem römischen Katholizismus zu tun.

Solche Dinge versucht Papst Johannes Paul zu verhindern. In manchen Häusern wirst du zum Beispiel Gegenstände sehen, die wie katholische Devotionalien aussehen. Aber wenn du das glaubst, irrst du dich. Hinter verschlossenen Türen verwenden die Leute sie oft, um der alten Geschichten zu gedenken und nicht-christliche Zeremonien durchzuführen. Erinnerst du dich zum Beispiel an die kleinen Statuen in Ritas Haus, wo wir übernachtet haben?«

Ja, daran erinnerte ich mich: Auf der Anrichte im Wohnzimmer unserer Gastgeberin befand sich eine kleine Sammlung religiöser Gegenstände, darunter zwei kleine Porzellanfiguren.

»Du meinst die kleine Madonna und den Heiligen Georg?«

»Genau. Aber welchen Sankt Georg meinst du? Den englischen? Den walisischen? Könnte es der türkische gewesen sein?«

Ich habe keine Ahnung, worauf Augusto hinaus will. Ich kenne nur die Geschichte vom Drachentöter.

»Oh, der Drachentöter? Wie Daniel in der Bibel? Derjenige, der das babylonische Monster und den Drachen getötet hat? Und was ist das für ein Drache, den dieser Georg erschlägt? Noch ein babylonischer Drache? Ein libyscher Drache? Der chinesische Drache? Oder ist diese Statue vielleicht gar nicht wirklich der Heilige Georg? Vielleicht sieht sie ihm nur ähnlich? Diese Statue könnte einen Engel, einen Gott oder ein anderes Wesen mit blasser Haut darstellen. Kannst du mir folgen?«

Nein, ich kann ihm nicht folgen.

»Paul, wenn du eine Figur siehst, die katholisch aussieht, stellst du dir vor, dass sie dazu da ist, eine katholische Geschichte zu feiern, oder? Wenn wir Rita das nächste Mal besuchen, können wir sie fragen: ›Was ist die Geschichte, für die diese schöne kleine

Statue steht?‹ Wenn wir genau zuhören, was Rita uns erzählt, erfahren wir vielleicht von einer ganz anderen Geschichte. Diese Geschichten, die man in den Häusern der Menschen hört, das Reinigen der Stufen, die nicht-christlichen Figuren, all die alten Geschichten und Zeremonien – das ist es, was der Papst unterbinden will. Er will die Kirche von den einheimischen Zeremonien der Menschen säubern und die alten Geschichten loswerden. Einige dieser Geschichten gab es in Brasilien schon lange vor der Ankunft der Portugiesen. Andere Geschichten und Zeremonien kamen hinzu, als die Portugiesen Tausende von Afrikanern als Sklaven hierher brachten. So haben wir in diesem großen Eintopf etwas aus Brasilien, etwas aus Portugal und etwas aus Westafrika. Jetzt kommt der Papst mit seinem päpstlichen Löffel daher, um alle indigenen und alle afrikanischen Zutaten aus dem Topf zu nehmen. Nur die Zutaten der Kolonisatoren, die portugiesisch-katholischen Zutaten, dürfen bleiben. Verstehst du? Das ist es, was Seine Heiligkeit will. Aber natürlich wollen viele der Einheimischen das nicht, weil er von ihnen verlangt, dass sie ihr Erbe wegwerfen, es wie Müll behandeln sollen. Das wollen sie nicht! Sie wollen sich nicht von etwas trennen, das sie mit ihren Großeltern, Urgroßeltern und Vorfahren verbindet. Es ist Teil ihres Wesens. Es ist etwas, das sie bewahren wollen.«

Das war wirklich eine Menge Input, und mein damals noch junger Kopf hat Mühe, es zu begreifen. Ich erinnere mich, dass ich in der Schule etwas über die Mission von Papst Gregor in Britannien im Jahr 500 nach Christus gelernt habe. Seine berühmte Missionspolitik bestand darin, die lokalen heidnischen Druiden durch einen neuen Kader römischer Priester zu ersetzen. Der nächste Schritt bestand darin, an den bisherigen druidischen Kultorten christliche Kultstätten zu errichten und die Narrative und Zeremonien der einheimischen Bevölkerung durch die Geschichten und Riten der christlichen Kirche zu ersetzen.

Nun, im Jahr 1989, erlebe ich in Brasilien einen modernen Versuch, eine solche Politik durchzusetzen. In dieser Zeit und an diesem Ort, in den Städten meiner neuen brasilianischen Freunde, sieht diese kirchliche Politik der Aneignung von spirituellen Orten und der »religiösen Reinigung« irgendwie viel aggressiver aus, als ich sie mir vorgestellt hatte.

Heute Abend sind wir in einer anderen Gemeinde angekommen und finden in einer Kleinstadt einen bunt mit freundlichen Menschen bevölkerten Marktplatz vor. Sie feiern fröhlich eine weibliche Gestalt, die ihrem Volk das Geschenk des Mais gebracht haben soll. Ist sie die Mutter Gottes? Ist sie eine Heilige? Eine Göttin? Ein Engel? Ich verstehe nicht so richtig, was man mir über sie erklärt, aber vielleicht liegt das auch an meinen schlechten Brasileiro-Kenntnissen.

Bei dem Fest gibt es süße Desserts und Getränke, Brot, Kekse, Bier und Spirituosen, die die Menschen hier der Kultivierung der Maispflanze verdanken. Wer auch immer diese Gestalt oder dieses Wesen ist, das wir feiern, der mit ihr verbundene Mythos erinnert mich an eine Geschichte aus dem Nordosten Mittelamerikas, die Maya-Geschichte von Hun Hunahpu.

Er gleicht auch der Zulu-Geschichte von Mbab Mwane Waresa im südlichen Afrika und ebenso den Erzählungen über Oannes in Babylonien und Samhat im alten Sumer. In jeder dieser Erzählungen heißt es, dass die Kunst des Ackerbaus ein Geschenk ist, das den Menschen in ferner Vergangenheit von hochentwickelten nichtmenschlichen Besuchern gebracht wurde.

Wieder einmal höre ich den christlichen Begriff »Madonna« – die traditionelle, ehrfürchtige Bezeichnung für Maria, die Mutter Jesu. Nur hat mich diesmal Augustos Führung darauf vorbereitet, unter der Oberfläche zu lesen und die Details einer älteren Geschichte zu erkennen. Handelt es sich wirklich um die ursprüngliche Unterweisung unserer urzeitlichen Vorfahren, an die heute Abend in diesem brasilianischen Bundesstaat, in Pernambuco, erinnert wird?

Einige Kulturen nennen den Herkunftsort dieser alten Lehrmeister. Mein Cherokee-Freund Blair und einige meiner indigenen australischen Freunde sagen, dass unsere Lehrmeister von einem Planeten in den Plejaden kamen.

Die Dogon im westafrikanischen Mali sagen, ihre Wissensbringer seien von einem Planeten gekommen, der den Stern Sirius C umkreist. Die babylonische Erzählung von Oannes und Apkallu nennt keinen bestimmten Planeten, aber sie macht deutlich, dass diese alten Lehrer der Menschheit selbst keine Menschen waren, wie wir sie kennen. Ihr Aussehen wird nämlich als halb menschlich, halb aquatisch beschrieben.

Maria, der Mutter Jesu, ähnelten sie ganz gewiss nicht!

Damals, während meines Aufenthalts in Brasilien, hatte ich diese Puzzleteile noch nicht zusammengesetzt. Die Erkenntnis, dass es sich höchstwahrscheinlich um Paläokontakte handelte, reifte erst später in mir. Wenigstens erkannte ich, trotz meiner jugendlichen Unerfahrenheit, dass es der Kirche nach fünf Jahrhunderten in Brasilien immer noch nicht gelungen war, die indigenen Erzählungen und Zeremonien völlig auszulöschen, so sehr sie sich auch bemühte. Was mich als eifrigen jungen christlichen Evangelisten am meisten überraschte, war, dass ich mit den lokalen indigenen Traditionen sympathisierte und großes Unbehagen empfand angesichts des aggressiven Eifers, mit dem der neue Papst und seine Administration sie »abräumen« wollten.

Die Fremden, die heute mit mir in der zweihundert Jahre alten Halle in Amazonien sitzen, nennen sich »Katalysatoren«. Ihre Aufgabe ist es, das Wohlergehen und die Vermehrung von christlichen Basisgruppen im Amazonasgebiet zu fördern. Sie reisen durch das dicht bewaldete Land zu diesen oft abgelegenen »Basisgemeinden« und bleiben dann ein oder zwei Monate bei ihnen, bevor sie zur nächsten Gruppe weiterziehen. Ich kann sehen, dass diese Grenzgänger aus hartem Holz geschnitzt sind. Sie reisen mit leichtem Gepäck und sind so anpassungsfähig und zäh, dass sie es mit den härtesten Söldnern aufnehmen könnten. Sie sehen sich selbst als Pädagogen, als geistige Kinder des großen brasilianischen Pädagogen Paulo Freire, der die Alphabetisierung als den großen Schlüssel zur Befreiung von Menschen propagiert, die sonst von der globalen Gemeinschaft ausgeschlossen sind.

»Ich habe immer meinen aufblasbaren Globus dabei«, sagt Schwester Joselia. »Ich zeige meinen Gastgebern, wo auf dem Kontinent sie sich befinden und wo Südamerika auf dem Globus liegt. Für viele Mitglieder meiner Basisgemeinden ist das eine Offenbarung. Sie lernen zum ersten Mal überhaupt, dass sie auf einem Globus leben. Viele von ihnen wissen, dass US-Waffen die Nachbarregionen zerstören, und sind erstaunt, wenn sie sehen, wie weit entfernt die USA sind.

Wenn sie lesen lernen, lesen sie die Bibel. So erfahren sie gemeinsam, wie die hebräischen Sklaven die Befreiung von ihren ägyptischen Herren erlangten. Sie lesen gemeinsam, dass es ›in Christus weder Jude noch Heide, Mann oder Frau, Sklave oder Freier gibt‹. Diese Geschichten berühren sie tief. Sie lesen von Abraham, dem Nomaden, der selbstbewusst Verträge und Vereinbarungen mit anderen Nomadenvölkern schließt. Dann beobachten sie, wie nervös und ängstlich er ist, wenn er mit festen Siedlungen und Städten zu tun hat. Sie erkennen sofort, worum es in diesen Geschichten geht, denn sie sind ebenso intelligent und scharfsinnig wie die Menschen anderswo, mit denen ich gearbeitet habe.

Einige Mitglieder der Basisgemeinden, die ich betreue, betrachten die Welt vielleicht noch nicht als Globus, aber sie verstehen die wirtschaftlichen und politischen Realitäten der Städte in ihrer Heimat, die Beziehung ihrer Heimatorte zur Region, in der sie liegen, die Beziehung der Region zum Staat Brasilien und die Beziehung Brasiliens zu den USA und zur Welt – ja, sie verstehen diese Beziehungen wahrscheinlich besser als Sie und ich. Und mit dieser Art von reifem Verständnis entwickeln sie ihre eigenen Ideen, wie sie den Geist des Evangeliums verkörpern und die Bedürfnisse ihrer Welt erfüllen können. Mein Beitrag als Katalysatorin besteht darin, einen Funken für dieses Feuer zu liefern. Dieser Funke sind die beiden Geschenke, die ich bringe: die Alphabetisierung und das Evangelium.«

Das ist alles neu für mich, und ich bin immer noch dabei, diese Welt der Bildung und der Stärkung der Basis zu verarbeiten, als ich wieder einmal diesen traurigen, seltsamen Refrain höre: »Natürlich versucht die Diözese, uns zu stoppen.« Jetzt muss ich mich also fragen, wer meine neuen Freunde sind. Wer *sind* die Katalysatoren in diesem Raum, die sich so sehr für ihren katholischen Glauben einsetzen und dennoch so unabhängig von ihren institutionellen Autoritäten denken und handeln? Was ist die Quelle ihrer Kraft? Wie erhalten sie sich selbst aufrecht? Welches Netzwerk unterstützt sie? Einer nach dem anderen gibt seine Antwort.

»Ich bin Schwester Joselia. Ich bin Klarissin.«

»Ich bin Bruder Antonio. Ich bin Franziskaner.«

»Mein Name ist Masillon. Ich bin Dominikaner.«

Zu meinem Erstaunen sind diese revolutionären »Katalysatoren« allesamt Mönche und Nonnen. Für mich ist das eine totale Offenbarung. Die Menschen in diesem Raum haben nichts mit den klösterlichen Schöngeistern zu tun, die ich mir immer vorgestellt habe. Jetzt haben sie meine volle Aufmerksamkeit, und je mehr ich zuhöre, desto mehr höre ich ihren Respekt für die Ureinwohner Amazoniens und deren Weisheit. Ich beginne zu verstehen, warum ich in meinen verschiedenen Gastfamilien eine leise Spannung zwischen dem Hunger nach Bildung und den Möglichkeiten der westlich geprägten Großstädte einerseits und der Unterströmung des tiefen kulturellen Wissens der Eltern, Tanten und Onkel im Landesinneren andererseits verspürt habe.

Die Klosterschwestern und -brüder, die heute mit mir sprechen, glauben an den Wert der christlichen Tradition, die sie vertreten, und sind als Erzieher stolze Kinder Paulo Freires. Sie sind spürbar überzeugt, dass sie etwas zu bieten haben, und als eifriger junger Evangelist kann ich diesen Antrieb nachvollziehen. Neu für mich ist jedoch ihre große Bereitschaft, bei aller Begeisterung für ihre eigene Missionsarbeit, von den indigenen Traditionen und Zeremonien zu lernen, die die Menschen in Südamerika seit Jahrhunderten oder sogar Jahrtausenden praktizieren und an ihre Kinder weitergeben. Mit dem gleichen Geist der Liebe und des Respekts saß der Dominikaner Francisco Ximénez im frühen achtzehnten Jahrhundert mit den Menschen seiner Gemeinde im Bergland von Guatemala zusammen.

Franciscos Glaube an das Evangelium war stark genug, um ihn aus seinem bequemen Leben in Spanien herauszuholen und in das bergige Landesinnere Guatemalas zu führen. Gleichzeitig lag es in Franciscos dominikanischer DNA, seinen neuen Gemeindemitgliedern menschlich näher zu kommen, ihnen mit Respekt zuzuhören und von ihnen zu lernen.

Er war ernsthaft daran interessiert gewesen, ihre lokale Weltsicht und ihre Überlieferungen kennenzulernen.

Seit den spanischen Eroberungszügen im sechzehnten Jahrhundert galten die lokalen traditionellen Priester als nahezu ausgestorben, da man davon ausging, dass fast alle damals von den Invasoren brutal ermordet worden waren. In Wahrheit hatte ein kleiner Rest im Untergrund überlebt, zusammen mit den letzten Überresten ihrer großen Bibliotheken mit vorspanischer, vorkatholischer Literatur. Francisco schloss echte Freundschaften und gewann das Vertrauen der Einheimischen, so dass eine Gruppe, die im Untergrund Teile des Wissens der alten guatemaltekischen

Priesterschaft bewahrt hatte, bereit war, ihm eine erhalten gebliebene Kopie eines alten Quiché-Textes anzuvertrauen. In diesem Text war die wahre Geschichte von der Entstehung und dem Potenzial der Menschheit festgehalten.

Dank Franciscos engagierter Übersetzungsarbeit wissen wir, dass im Weltbild der Maya eindeutig Paläokontakte existierten. Das bedeutet, dass jeder, dessen Gedankenwelt von den Schöpfungserzählungen der Vorfahren geprägt war, einen Bezugsrahmen hatte, um Kontaktphänomene in der Gegenwart interpretieren zu können. Als die spanischen und portugiesischen Kolonisatoren ankamen und die lokalen Überlieferungen so gut wie möglich übertünchten, entfernten sie diese indigenen Bezugssysteme für Nahbegegnungen und Kontaktphänomene fast vollständig aus dem öffentlichen Denken.

Überlegen Sie mal einen Moment: Nehmen wir an, ein Mensch wuchs mit dieser »bereinigten«, reduzierten Weltsicht im römisch-katholischen Guatemala auf – was wäre mit ihm passiert, wenn er eine der folgenden Erfahrungen gemacht hätte?

- Eine Nahbegegnung der ersten Art (eine UFO-Sichtung).
- Eine Nahbegegnung der zweiten Art (eine Sichtung mit physischer Einwirkung des UFOs auf die Umgebung).
- Eine Nahbegegnung der dritten Art (Sichtung von Wesen aus einem UFO).
- Eine Nahbegegnung der vierten Art (eine Entführung oder Bewusstseinseinwirkung).
- Eine Nahbegegnung der fünften Art (direkte Kommunikation mit einem oder mehreren Wesen einer UFO-Besatzung).

Zur Erinnerung: Die Gruppen-Nahbegegnung an der Ariel-Schule in Ruwa, Simbabwe, war eine Begegnung der ersten, zweiten, dritten, vierten *und* fünften Art.

Der importierte römische Katholizismus würde dem Betroffenen überhaupt keinen Rahmen bieten, um das Erlebte zu verstehen. Der Kontaktierte würde darum kämpfen, zu begreifen, was er eigentlich gesehen hat, und es vielleicht als Begegnung mit einem Engel oder einem Dämon oder sogar als eine Manifestation der Gottesmutter deuten. Wenn das Phänomen eindeutig außerhalb der Kategorien des Katholizismus liegt, würde er vermutlich davor zurückscheuen, mit anderen darüber zu sprechen. Doch im Gegensatz dazu würde die Art von Informationen, die durch die Zeremonien der guatemaltekischen *Priesterschaft der Gefiederten Schlange* übermittelt und im Popol Vuh niedergeschrieben wurden, diesem Experiencer klare Anknüpfungspunkte bieten, um das Gesehene und Erlebte zu verstehen und zu verarbeiten. Menschen aus seiner eigenen indigenen kulturellen Tradition würden zu ihm sagen: »Was du erlebt hast, haben auch schon unsere Vorfahren seit dem Beginn der Geschichte unseres Volkes erlebt.« Statt sich isoliert zu fühlen, würde er oder sie ein tiefes Gefühl der Zugehörigkeit zur eigenen Volksgruppe erleben.

Die christliche Orthodoxie dagegen lässt Menschen mit ihren Nahbegegnungs-Erlebnissen allein und zieht gar ihre Sinneswahrnehmungen und ihren Geisteszustand in Zweifel. Gerade das Fehlen der ursprünglichen, indigenen Informationsebene ist es, unter der viele Experiencer heute leiden. Die Geschichte meines Freundes Juan ist ein typisches Beispiel dafür.

Paraguay – 2019

Juan Perez wurde in Argentinien geboren. Im Alter von zwölf Jahren erlebte er eine wirklich nahe Begegnung der fünften Art. In einer vom Mainstream-Katholizismus geprägten Kultur konnte

Juan nicht mit anderen über die Art und die Auswirkungen dieses mysteriösen Kontaktes auf der Farm seines Großvaters sprechen. Außerdem löste die Begegnung bei ihm wiederkehrende Phänomene von Präkognition und Fernwahrnehmung aus. Als kleiner Junge hatte Juan keine Möglichkeit, all das zu verarbeiten, und war nicht in der Lage, den Spott und die Häme von Gleichaltrigen und Erwachsenen zu ertragen, wenn er versuchte, mit ihnen über seine Erlebnisse zu sprechen. Jahrzehntelang lebte er fast wie ein Einsiedler und bewirtschaftete eine ruhige, weit draußen gelegene Hazienda in Pergamimo. Für Juan war diese Einsamkeit Schutz und Seelenqual zugleich.

Juans Vorfahren stammten ursprünglich aus einem Gebiet, das rund tausendsechshundert Kilometer nordöstlich seiner argentinischen Heimat liegt, in Paraguay. Und dort fand er schließlich Hilfe. Die schamanischen Stammesältesten des Guarani-Volkes gaben ihm Orientierung.

Nach zwei Jahren der Zusammenarbeit mit Juan überredete ihn der argentinische Filmemacher Alan Stivelman zu einer Reise weit weg von der Sicherheit seiner Hazienda, jenseits der Komfortzone seines Heimatlandes, in das Land seiner Vorfahren in Paraguay. In dem wunderschönen Film *Witness of Another World* (»Zeuge einer anderen Welt«) beleuchtet Stivelman die Weisheit der Guarani-Ältesten, deren Erzählungen über die Ursprünge ihres Volkes von ET-Kontakten und Nahbegegnungen handeln. In der Tat ist ihr gesamtes Verständnis der Realität voll von kosmischen ET-Nachbarn und außerweltlicher Weisheit.

Die Erfahrung, die Juan als junger Mann in Argentinien so sehr isoliert hatte, verband ihn nun mit seinen Guarani-Ahnen und dem heutigen Stamm der Guarani. Wäre Juan unter den Guarani aufgewachsen und als junger Mann in deren traditionelle, indigene Schöpfungsgeschichte eingeweiht worden, dann hätte ihn die seltsame Begegnung, die er im Alter von zwölf Jahren auf der

Farm seines Großvaters erlebte, nicht derartig traumatisiert. Er hätte einen Rahmen gehabt, in dem er das Erlebte hätte verstehen können, und eine informierte und liebevolle Gemeinschaft, in der er es hätte verarbeiten können.

Was Juan als zwölfjähriger Junge dringend gebraucht hätte, erhielt er schließlich als Erwachsener, als er den Ältesten der Guarani zu Füßen saß, ihren Worten lauschte und jede ihrer Willkommens- und Initiationszeremonien tief verinnerlichte.

Juan steht stellvertretend für so viele von uns, die in einer Welt leben, die vom wissenschaftlichen Mainstream und den Orthodoxien der Mainstream-Religion geprägt ist. Im einundzwanzigsten Jahrhundert sind wir durch unsere politischen und kulturellen Identitäten atomisiert und leben abgeschnitten von den tiefen Wurzeln unserer Vorfahren. Nur sehr wenige von uns kommen in den Genuss, von Ältesten (und der »Geisterwolke« der Ahnen) lernen zu können, die uns an der Hand nehmen und in die Geheimnisse des Lebens auf der Erde einweihen. Nur sehr wenige von uns haben das Privileg, dass die Hüter unserer indigenen Weisheit Zeremonien für uns durchführen, uns Geheimnisse ins Ohr flüstern, unsere Fantasie mit alten Geschichten füllen und uns mit der ewigen Weisheit vertraut machen. Ohne diese uralten generationenübergreifenden Initiationen sind die meisten von uns meiner Meinung nach nicht ausreichend für jene Momente im Leben gewappnet, die uns unvermeidlich von Zeit zu Zeit aus der Welt des Vertrauten herausreißen.

Von Paraguay aus reisen wir nun dreieinhalbtausend Kilometer nach Nordwesten, fliegen über zerklüftete Gebirgslandschaften und treffen dann nach einer zweistündigen Busfahrt ins wunderschöne Hochland Guatemalas in der Stadt Chichicastenango ein. Chichicastenango ist eine Marktstadt. Die Stadt hat den Ruf, den größten Markt Mittelamerikas zu beherbergen. Die Gebäude leuchten ebenso farbenfroh wie die luxuriösen lokalen Textilien, die einen ständigen Strom von Touristen aus aller Welt anziehen. In dieser Stadt verbrachte unser dominikanischer Freund Francisco Ximénez sieben Jahre seines Lebens mit der Übersetzung des Popol Vuh. Chichicastenango ist ein schöner, freundlicher Ort, und es ist leicht zu verstehen, warum Francisco eine so herzliche Verbindung zu den Menschen hier aufbaute.

Als er seine Arbeit schließlich der spanischsprachigen Welt präsentierte, wusste er, dass das, was er entdeckt hatte, mehr war als eine Geschichte über einen Paläokontakt.

Obwohl Francisco darauf bedacht war, das Buch als eine Geschichte zu präsentieren, steckt das Popol Vuh voller Informationen. Es verweist auf einen planetarischen Kataklysmus, der vor langer Zeit geschah. Es beschreibt die Ankunft drachenähnlicher Wesen, die offenbar eine Mischung aus Mensch, Vogel und Reptil waren. Ihre Fluggeräte, die, der Beschreibung nach, aus Metall und hellen Juwelen bestanden, leuchteten wie Blitze und erzeugten mächtige Windstöße, wenn sie sich bewegten. Diese Fluggeräte erschienen am Himmel, und oft tauchten sie aus dem Wasser auf, wo es offenbar versteckte Basen in der Tiefe gab. Das von ihnen ausgestrahlte Licht war so stark, dass sie am Himmel weithin sichtbar waren und einen feurigen Schweif hinter sich herzogen, heller als der Mond. Eine bemerkenswerte Beschreibung, die für uns im einundzwanzigsten Jahrhundert viel mehr Sinn ergibt als für die spanischen Bischöfe, die diese Berichte als »Aberglauben und Lügen des Teufels« abtaten und nicht mehr damit anzufangen wussten, als sie ins Feuer werfen zu lassen.

Auf den ersten Blick scheinen die technologischen Aspekte dieser Maya-Beschreibungen im Widerspruch zu den biblischen *Genesis*-Erzählungen zu stehen. Doch wie ich in meinen Büchern *Flucht aus Eden* und *Die Narben von Eden* darlege, ist jedes dieser Elemente in der Bibel eindeutig vorhanden, wenn man die Schlüsselwörter in den hebräischen Texten exakt nach ihren

Wurzelbedeutungen übersetzt. Ich plädiere unter anderem für die folgenden wichtigen Ersetzungen:

- *Elohim* bedeutet nicht *»Gott«*. Es bedeutet »die Mächtigen« (sie sind die biblische Version der ET-Himmelswesen in den mesopotamischen Quellen).
- *YHWH* (Yahweh) ist kein hebräisches Wort für den allmächtigen Gott. Es ist ein Lehnwort – die phonetische Wiedergabe des Namens eines bestimmten *Elohim.* Wie auch immer die Bedeutung in der Folgezeit erweitert worden sein mag, in der hebräischen Geschichte handelte es sich dabei ursprünglich um einen Namen, dessen inhaltlicher Sinn unbekannt ist. Möglicherweise haben wir es sogar mit einem perkussiven Ch-ch-Laut zu tun, der mit einem drachenähnlichen Wesen assoziiert wurde.
- *Ruach* ist nicht der Geist Gottes. Es ist ein sumerisches Lehnwort und steht für ein Schiff, das in der Luft schwebt, beobachtet und Windwirbel erzeugen kann, die stark genug sind, um überschwemmtes Land zu reinigen und zu trocknen.
- *Kbud* ist keine selige Vision von himmlischer Herrlichkeit. Es ist ein schweres Luft- oder Raumfahrzeug, das vom Boden abhebt und fliegt.
- *Echie* bedeutet bei Hesekiel »Lebensform«. Der Text offenbart, dass es sich bei dem Piloten des *Kbud* um eine menschenähnliche Lebensform handelt, die der Autor, Hesekiel, nie zuvor gesehen hat.
- *Tub* bedeutet nicht Gottes *»Güte«*. Das Wort bezieht sich vielmehr auf den von einem bestimmten *Elohim* benutzten Flugapparat.

Wenn man also diese Worte in den Fokus nimmt, spiegeln die biblischen Schöpfungsberichte verschiedene Elemente des Maya-

Textes genau wider. Im Popol Vuh werden die feuerspeienden Metall-Flugschiffe der kosmischen Besucher geschildert, mit denen diese Wesen Überschwemmungen beseitigen und das verwüstete Land trocknen. Die aus dem All kommenden gefiederten Reptilien beraten sich dann und beginnen eine langsame und komplizierte Abfolge von gentechnischen Experimenten, die ausdrücklich dem Zweck dienen, die perfekte Arbeitskraft zu schaffen, die an den Planeten angepasst ist und die Anweisungen der Besucher umsetzen kann. Diese Arbeitskräfte sind wir!

Auch hier würde ich behaupten, dass sich in der Bibel die gleichen Schilderungen der Ankunft der ETs, des Schöpfungsprozesses und der Diskussionen zwischen den kolonisierenden Gentechnikern finden:

- Die Eröffnungsszene mit dem schwebenden Raumschiff, dem dunklen Himmel und den Überschwemmungen erinnert an die Bibel, an die sumerischen Erzählungen, an die nigerianische Geschichte von Osanobua und an eine indigene philippinische Erzählung.
- Die besuchenden Wesenheiten *Herz des Himmels* und *Herz der Erde* erinnern an den *Himmelskommandanten Enlil* und den *Erdkommandanten Enki* aus den sumerischen Geschichten.
- Die Phänomene am Himmel, die im Popol Vuh als *Neugeborener Donnerkeil*, *Plötzlicher Donnerkeil* und *Starker Wind* bezeichnet werden, erinnern an *Tub*, *Kbud* und *Ruach* aus den hebräischen Schriften, Worte, die ursprünglich eine mächtige, eindrucksvolle Technologie beschworen.
- Die erste Reihe von Experimenten, die darauf abzielen, nützliche Arbeitskräfte für die gefiederten intelligenten Reptilien zu produzieren, führt zur Schaffung einer Reihe von Wildtieren. Die Kreaturen erweisen sich jedoch in ihrer Intelligenz und Lernfähigkeit als zu eingeschränkt, so dass sie sich nicht als

tüchtige Arbeitskräfte eignen. Dieses Experiment findet seinen Widerhall im hebräischen Text, als Adam, keineswegs ein Mensch, die von den *Elohim* erschaffenen Tiere begutachtet. Auch hier heißt es: »Es wurde kein geeigneter Helfer gefunden.« *(Genesis 2,20)*

- Beim zweiten Experiment wird ein Schlamm erzeugt und daraus eine neue Spezies geschaffen. Diesen neu entstandenen Wesen fehlt es jedoch an ausreichender Intelligenz und sie sind unfruchtbar. Sumerische und biblische Erzählungen wiederholen das Schlamm-Motiv und vermitteln, dass die Menschen ursprünglich unfruchtbare männliche Wesen waren – das, was wir als Klone bezeichnen würden.
- Die dritte Phase der Gentechnik ist eine Phase der Züchtung und Hybridisierung. Ihr Ergebnis sind fruchtbare, intelligente Kreaturen, die gehen und sprechen können, aber kein Interesse daran haben, sich Vorgesetzten zu unterwerfen und ihnen zu dienen. Die Nebenprodukte dieser erfolglosen Experimente, so heißt es, sind affenähnliche Wesen, die im Wald leben. Ob es sich nun um die *Moehau* in Neuseeland, die *Yowie* in Australien, die *Almasty* in der Mongolei, die *Yeren* in China oder die *Bigfoot* oder *Sasquatch* in Nordamerika handelt, jede Kultur scheint eine Geschichte von haarigen, affenähnlichen Wesen zu haben, die im Wald leben.
- Dieses Kapitel der Experimente findet seinen Abschluss, als die Gentechniker beschließen, ihre wandelnden, sprechenden Schöpfungen durch eine völkermordende Flut zu vernichten, bei der gleichzeitig ein Raub von Tieren erfolgt. Seltsamerweise findet sich das doppelte Motiv von Flut und Tierraub auch in den mesopotamischen Berichten. In der Bibel entfesseln die *Elohim* eine Flut und erlauben unmittelbar danach den Raub von Tieren durch Menschen und bestrafen den Raub von Menschen durch Tiere. Das sind eine Menge Übereinstimmungen.

- Eine weitere merkwürdige Parallele besteht in dem Grund, der für die Vernichtung dieser protomenschlichen Bevölkerung angegeben wird. Dem Popol Vuh zufolge wurden die Menschen, nachdem man ihnen beigebracht hatte, wie man Getreide anbaut und Bier herstellt, anscheinend »zu lärmend«. Deshalb mussten sie ausgerottet werden. Enlil nennt in der sumerischen Erzählung genau den gleichen Grund. Auch er wollte die hybridisierten Menschen durch eine Flut vernichten, weil sie ihm »zu lärmend« waren.

Weitere Informationen zu diesem Thema finden Sie in *Die Narben von Eden*. Hier möchte ich jetzt darauf abstellen, dass die spanischen und portugiesischen Kolonisatoren, als sie damit begannen, die Geschichte Mittel- und Südamerikas auszulöschen, nicht nur die Erinnerungen unserer Vorfahren an den Paläokontakt begruben, sondern auch eine Bibliothek mit Informationen über planetarische Katastrophen, uralte Technologien, menschenähnliche Wesen, die in den Wäldern leben, und ein Erbe prähistorischer Gentechnik. Diese Informationen sind so umfangreich, tief und weitreichend wie die Geheimnisse Platons. Doch den Eroberern fiel nichts Besseres ein, als die riesigen Bibliotheken der Maya-Literatur niederzubrennen.

Obwohl die Erklärungen des Popol Vuh, wie unsere endgültige Form als *Homo sapiens* entstand, wenig schmeichelhaft sind, gibt es einen merkwürdigen Zwischenschritt in der Geschichte unserer Entwicklung, der die gesamte Frage des menschlichen Potenzials beeinflusst. Den Informationen der Maya zufolge besaßen unsere Vorfahren zu einem bestimmten Zeitpunkt in der Vergangenheit deutlich höhere kognitive Fähigkeiten als wir heute. Offenbar fiel es unseren gefiederten Reptilienkolonisatoren schwer, mit den Menschen klarzukommen, die sie versehentlich ein wenig zu intelligent und tüchtig erschaffen hatten. Ich glaube, sie unterschätzten die kognitiven Fähigkeiten, die in unserer tierischen DNA stecken. In Kombination mit ihrer eigenen DNA war es eindeutig eine stärkere Mischung, als sie erwartet hatten. Es musste also ein Weg gefunden werden, die hochintelligenten Menschen dümmer zu machen. Ein knapper Satz im Popol Vuh spricht von einem schädlichen Dampf, der über die menschliche Bevölkerung versprüht wird, um ihre neurologischen Fähigkeiten zu schädigen, insbesondere durch die Einschränkung ihrer Sehkraft.

Lassen Sie uns einen Moment innehalten und über einige der Auswirkungen dieser Tatsache nachdenken. Inwiefern könnte unser Sehvermögen höher entwickelt sein als das, was wir heute erleben? Wie genau ist unser Wahrnehmungsfeld begrenzt?

- Unser heutiges Sehvermögen ist durch die Entfernung begrenzt. Wir können nur bis zu einem bestimmten Punkt genau sehen. Wir können nicht über den Horizont hinaus sehen. Und wir können auch nicht in den Weltraum sehen.
- Unser Sehvermögen ist durch die Zeit begrenzt. Wir können nur die Gegenwart sehen. Wir können weder die Vergangenheit noch die Zukunft sehen.
- Unser Sehvermögen ist durch Oberflächen begrenzt. Wir können nicht hinter, durch oder in die Dinge hinein sehen.
- Unser Sehvermögen ist auf die uns vertrauten drei Dimensionen beschränkt. Wir können die Aspekte der anderen Dimensionen nicht sehen, von denen uns die heutige Wissenschaft versichert, dass sie existieren müssen.

Was das Popol Vuh andeutet, ist, dass unsere angeborene Sehkraft ohne Einflüsse in der Umwelt wie den schädlichen Dampf ganz natürlich über den Horizont hinausgehen würde (Fernwahrnehmung), über die Gegenwart hinaus (Weissagung und Präkognition), über diese Dimension hinaus (interdimensionale Sicht) und durch Oberflächen hindurch (Röntgenblick). All diese Aspekte gesteigerten Sehvermögens hätten tiefgreifende Auswirkungen auf unser Verständnis der Funktionsweise der Dinge und auf die Selbstheilung. Die Geschichte deutet an, dass solche Kräfte für uns natürlich sind und ungehindert wirken können, wenn uns keine äußeren Faktoren beeinträchtigen.

Das bedeutet, dass dieses größere kognitive Potenzial noch immer in jedem von uns angelegt ist. Fragen Sie einen beliebigen Familienkreis oder eine Gruppe von Freunden, ob jemand schon einmal einen leichten Anflug oder ein Aufblitzen von Fernwahrnehmung, Präkognition, Telepathie oder Selbstheilung erlebt hat, und ich bin überzeugt, dass es in jeder solchen Gruppe mindestens eine Person gibt, die von einem derartigen Erlebnis berichten kann. Vielleicht sind diese »Durchblicke« und kleinen Blitze der Beweis für unser latentes Potenzial, das nur darauf wartet, aktiviert zu werden? Könnte dies das mächtigste Geheimnis sein, das zusammen mit den Maya-Geschichten über einstige Paläokontakte begraben wurde?

Wenn ein gesunder menschlicher Körper und ein gesundes Gehirn, das nicht durch äußere Gifte verunreinigt ist, das Potenzial hat, höhere Erkenntnisfähigkeiten wiederzuerlangen, dann ist es nicht überraschend, dass die mittel- und südamerikanischen Hüter dieser Erzählung schamanische Zeremonien entwickelt haben, die darauf abzielen, jene Erkenntnisfähigkeiten zu reaktivieren, die ihre Vorfahren sogar für ihre fortschrittlichen außerirdischen Kolonisatoren schwer beherrschbar machten. Ich denke, dann ist es leicht zu verstehen, warum die päpstlichen und königlichen Regenten, unter deren Befehl die europäischen Kolonisatoren standen, die indigenen Zeremonien verboten und die Hüter dieses Wissens verfolgen ließen!

Was ich aus den Traditionen von Freunden wie Troy, Steven und Evan, Jason, Platon, Lionel und vielen anderen lerne, ist, dass indigene Zeremonien wirklich die Macht haben, diese

Art von höheren kognitiven Fähigkeiten freizusetzen. Das ist der Grund, warum die europäischen Kolonialmächte in Afrika, Nordamerika und Australien im Laufe der Jahrhunderte so große Anstrengungen unternommen haben, um die alten Erzählungen ins Lächerliche zu ziehen, die indigenen Völker zu entwurzeln und umzusiedeln, ihre heiligen Stätten zu zerstören und ihre schamanischen Zeremonien und Einweihungen zu verbieten. Was ich anfangs für eine zufällige Anhäufung historischer Verfolgungen und kultureller Eroberungen rund um den Globus hielt, begreife ich nun als erheblich weniger zufällig. Es ist ein großes und kohärentes Bild.

Rufen Sie sich einfach folgende Vorgänge ins Gedächtnis:

- Sokrates – seine Diffamierung und Hinrichtung.
- Die Lehren des altägyptischen Priestertums und die Ausrottung der Hieroglyphen-Schrift.
- Die griechischen Kirchenväter (die christlichen Kinder Platons) – wie sie mit dem Kirchenbann belegt und ihre Werke umgeschrieben oder vernichtet wurden.
- Die gnostischen Evangelien – ihre Unterdrückung und das Vergraben in den Höhlen von Nag Hammadi.
- Die Erzählungen der sumerischen, babylonischen, akkadischen und assyrischen Kultur und der Verlust der Keilschrift.
- Die Zerstörung der Schrift und der Sprachen der Ureinwohner auf der ganzen Welt.
- Der Völkermord an den Katharern im Languedoc.
- Die Ausrottung der indigenen Schriftgelehrten und Priester in Mittel- und Südamerika.
- Die Zensur von Galilei, Kopernikus und Trithemius, die Hinrichtung Giordano Brunos und die Erstellung des *Index Librorum Prohibitorum*, des »Verzeichnis der verbotenen Bücher« der katholischen Kirche.

- Die unzähligen Opfer der europäischen und nordamerikanischen Hexenverbrennungen.
- Das Leid, das die europäischen Kolonialmächte und später die Staaten USA, Kanada und Australien den indigenen Völkern Amerikas, Australiens und Afrikas zufügten.
- Das schamlose Weglassen der vielen Daten, die im Laufe von mehr als siebzig Jahren gesammelt wurden, im *Preliminary Assessment Paper* der UAP Task Force des Pentagons von 2022.

Derartiges Unrecht geschieht weder zufällig noch willkürlich. Es ist der stetige Pulsschlag einer anhaltenden Bemühung, die offiziellen Medienkanäle heilig zu sprechen und die Neugier und Handlungsfähigkeit der normalen Menschen zu entmachten. Diese Angriffe sind Ausdruck des Strebens der Herrschenden nach einer Bevölkerung, die leicht zu beherrschen und in Bezug auf ihre Informationen und ihr Wohlergehen vollständig von den politischen und religiösen Mächten abhängig ist.

Im völligen Widerspruch zu dieser ziemlich Orwellschen Vision bietet jede einzelne der von den Mächtigen unterdrückten und verfolgten Personen oder Gruppierungen, die in der obigen Liste aufgeführt sind, der Menschheit bessere Möglichkeiten. Denn es geht auch anders. Durch alle Zeiten hindurch hat eine Große Wolke geistiger Zeugen der Menschheit Narrative angeboten, die Folgendes miteinander verbinden:

- Interdimensionale und extraterrestrische Kontakte zur Unterstützung des menschlichen Lebens.
- Informationen zur Förderung der individuellen menschlichen Gesundheit und der ökologischen Nachhaltigkeit unserer Gesellschaft.
- Hilfsmittel und Methoden zur Erschließung des menschlichen Potenzials und höherer kognitiver Fähigkeiten.

Diese Stränge waren in den unterdrückten Zeremonien und mythischen Erzählungen der indigenen Völker immer schon präsent. Darum geht es bei den staatlichen Kindesentführungen und den gestohlenen Generationen. Das ist der Grund, warum unsere indigenen Schriften und Sprachen unterdrückt wurden, warum man uns unsere Namen wegnahm und uns die Haare abschnitt. Deshalb wurden unsere weisen Frauen dämonisiert und hingerichtet. Das ist auch der Grund, warum wir darauf programmiert wurden, über die Hausmittel und »Ammenmärchen« unserer Großeltern zu lachen und auf den *»Aberglauben«* unserer Vorfahren mit einem Reflex der Überlegenheit und des Spottes zu reagieren. Deshalb hat man uns beigebracht, vor Medien und Channelern zurückzuschrecken, während unsere Polizei und unsere Präsidenten sie weiterhin hinter verschlossenen Türen konsultieren.

Denn wir einfachen Menschen müssen um jeden Preis vergessen, wer wir wirklich sind: mächtige kosmische Wesen mit Zugang zu höheren Informationen und hochentwickelten kognitiven Fähigkeiten, die latent vorhanden sind und nur darauf warten, aktiviert zu werden. Die Geheimnisse unserer eigenen Menschlichkeit, die von aufeinander folgenden Generationen imperialer Herrschaft wieder und wieder vor uns verborgen wurden, haben nicht nur mit unserer Vergangenheit zu tun. Sie haben damit zu tun, wer und was wir heute sind und sein können. Es geht um unsere natürlichen, angeborenen Kräfte, Ihre und meine.

Diese veränderte Perspektive hat mich die Botschaft Jesu wieder mit neuen Augen sehen lassen. Ich bin fasziniert von der Lehre, die in seinem Namen geschrieben wurde, und schätze sie umso mehr – aber wiederum im Licht von Übersetzungen, die sich an den Wurzelbedeutungen der Worte orientieren. Das Matthäusevangelium fasst zum Beispiel die Predigt zusammen, mit der Jesus gleich zu Beginn seines öffentlichen Wirkens im alten Palästina unterwegs war. Wenn wir sie in ihrer Grundbedeutung wiedergeben, können wir Jahrhunderte der Interpretationen, Verzerrungen, Streichungen und Ersetzungen hinter uns lassen, um die Kraft und Tragweite der ursprünglichen Botschaft zu offenbaren. Die bekannte Übersetzung klingt wie eine Warnung: »Tut Buße, denn das Himmelreich ist nahe herbeigekommen.« Wenn wir jedoch die Wurzelbedeutungen anschauen und darüber meditieren, was aus ihnen folgt, finden wir etwas, das viel positiver und einladender ist.

Metanoiete (traditionell als »Buße tun« übersetzt) bedeutet *jenseits* (*meta*) *des Denkens/des Geistes* (*noiete*)

Wir werden aufgefordert, über den Verstand, über das Denken, über unsere derzeitigen Denkmuster hinauszugehen, neue Möglichkeiten in Betracht zu ziehen, unsere geistigen Ketten abzuwerfen, mit mehr als nur unserem Verstand zu denken. Das Wort hat ein reiches Reservoir an Bedeutungen.

Basileia, im Englischen als »Königreich« übersetzt, erinnert an eine feudale Ordnung, in der Sie und ich die Rolle von Untertanen spielen, die nur dazu da sind, Anweisungen zu befolgen und den Gesetzen des Königs zu gehorchen. Wenn wir *Basilea* jedoch nur mit »Reich« übersetzen, hat es, obwohl die Bedeutung technisch dieselbe ist, einen ganz anderen Tenor. Ein Reich ist oft ein Ort der Wunder. Es ist ein Ort, an dem verschiedene Phänomene die Szene beherrschen können. Ein Reich ist eine Umgebung, in der verschiedene Wesenheiten, Prinzipien und Kräfte am Werk sein können. Ein Reich ist eine ganze Welt, die es zu erforschen gilt.

Ouranon – der Himmel, das Weltall, der Kosmos.

Engiken – ist nähergekommen, steht uns offen, kann berührt werden, ist bereit, umarmt zu werden.

Setzt man diese Worte in ihrer Originalbedeutung zusammen, erhält man keine Mahnung und Warnung, sondern eine wunderbare Einladung, die besagt: »**Geht über den Verstand hinaus, denn die Macht, die Prinzipien und die lebendigen Wesen des Kosmos sind für euch zugänglich und warten darauf, dass ihr euch für sie öffnet und sie annehmt.**«

In der zweiten Hälfte dieser Botschaft klingt ein Spruch an, den das kanonische Lukasevangelium und das gnostische Thomasevangelium gemeinsam haben. Dort heißt es: *»Das Reich Gottes ist in euch.«* Wenn wir auch hier die Wurzelbedeutungen dieser Worte betrachten, ergibt sich ein vielschichtigeres Bild:

»**Der ganze Kosmos existiert in euch. Die Wesen des Kosmos sind mitten unter euch. Die Kraft und die Prinzipien des Kosmos wirken in euch. Sie manifestieren sich durch euch – und können von euch genutzt werden.**«

Ich kann mir keine stärkere Einladung zur Erforschung der Welt und des Kosmos vorstellen als diese. Die Einladung, tiefer zu graben und neue Möglichkeiten zu entdecken, leuchtet in dem Moment auf, in dem wir das verbindende Element dieser anderen alten Erzählungen über den Ursprung der Menschheit erkennen, die von den imperialen Mächten so lange und so stark unterdrückt wurden.

14

Grenzen überschreiten

Pernambuco, Brasilien – 2022

»Als ich fünf Jahre alt war, wurde mein Elternhaus in Pesqueira von einem Blitz getroffen und explodierte. Ich erinnere mich an ein intensives Licht, das mich umgab und von dem ich einige Minuten lang geblendet war. Meine Familie fand mich. Sie konnte nicht glauben, dass ich in Sicherheit und unverletzt war, zwischen den Trümmern zu einem Ball zusammengerollt. Seit dieser Zeit bis heute habe ich oft Momente der Präkognition erlebt, in denen ich Dinge, die geschehen werden, im Detail wusste, ehe sie eintraten. Natürlich möchte ich nicht, dass die Leute mich für verrückt halten, also behalte ich diese Erlebnisse für mich.

Außerdem habe ich, seltener, Momente erlebt, in denen es sich so anfühlte, als würde ich plötzlich für einen Moment aus meinem Körper in den Himmel gezogen.

Wenn ich zurückkehre, ist es, als wären mir in kürzester Zeit eine Menge Informationen und Einsichten übermittelt worden, die neu für mich sind. Einmal, als ich zurückkam, verbrachte ich Stunden damit, alles aufzuschreiben, woran ich mich nach dem Download erinnern konnte. Als ich mir morgens meine

Notizen ansah, waren sie voll mit Quantenphysik, Astronomie und Anthropologie – Dinge, mit denen ich mich nie zuvor beschäftigt hatte! Obwohl das schon seit fast vier Jahrzehnten passiert, habe ich bisher nur meiner Frau davon erzählt. Ich wagte nicht, es irgendjemand anderem zu erzählen.«

Tarons Schweigen über seine lebensverändernde Erfahrung spiegelt die Worte vieler Menschen wider, die sich wegen eines Coachings an mich wenden. Es ist nicht unbedingt so, dass sie wegen des Geschehenen gestört oder in irgendeiner Weise überfordert sind. Oft ist es ganz im Gegenteil so, dass sie in ihren Berufen extrem leistungsfähig sind. Der Grund, warum sie sich an mich wenden, ist einfach der, dass sie die persönliche Gewissheit suchen, nicht allein zu sein, und die Bestätigung, dass das, was sie erlebt haben, einen Sinn und einen Kontext hat, der ihnen hilft, die Erfahrung zu verarbeiten. Und den gibt es! Taron ist wirklich nicht der Einzige.

Als Taron beginnt, mir seine Erfahrung mitzuteilen, lässt seine Geschichte mich an einen anderen Menschen denken, der vorübergehend geblendet und durch einen intensiven Lichtblitz verwandelt wurde. Ich meine den Apostel Paulus aus dem Neuen Testament, der davon sprach, auf der Straße nach Damaskus geblendet worden zu sein. Dreißig Jahre später schrieb er in einem Brief von einer Zeit, in der er *»bis in den dritten Himmel entrückt«* wurde, wo ihm Dinge offenbart wurden, die er »nicht aussprechen« durfte.

Taron fährt fort: »Mein ganzes Leben lang hatte ich den deutlichen Eindruck, dass es mich sozusagen doppelt gibt – ein Ich hier auf der Erde, das materielle Ich, das hier sein Leben lebt, und dann ein anderes Ich, das im Himmel ist und das materielle Ich von oben sieht – und es nicht nur beobachtet, sondern anleitet, ihm hilft, Informationen liefert und Lösungen für Probleme findet.«

Zu Tarons Erstaunen kann ich ihm versichern, dass seine vier Jahrzehnte währende Erfahrung ein perfektes Beispiel für Platons Schlüsselprinzipien bezüglich der verborgenen Realität unserer materiellen Erfahrung ist.

Damit er weiß, dass er sich in guter Gesellschaft befindet, tue ich mein Bestes, um ihm aufzuzeigen, was Platon über Tarons vom Blitz getroffenes Leben zu sagen hatte.

- Platon glaubte, dass das materielle Universum die Emanation einer ersten Ursache ist, die er sich als ein einziges ursprüngliches Bewusstseinsfeld vorstellte.
- Das materielle Universum ist entstanden, damit das Bewusstsein sich selbst erfahren und ausdrücken kann.
- Sie und ich sind Teil dieses großen Ganzen, das eine kontinuierliche Entfaltung des Bewusstseins im materiellen Universum ist. Von jedem Stern, der neu erstrahlt und den Samen für alles andere trägt, bis hin zu jedem Baby, das geboren wird, dehnt sich das Bewusstsein weiter in den Raum aus.
- Ihr Bewusstsein ist ein Teil des Quellbewusstseins, und Ihre Intelligenz ist ein Element innerhalb der Intelligenz der Quelle.
- Bevor Sie ein individuelles Bewusstsein und dann ein materielles Wesen wurden, wussten Sie als ein Aspekt des Quellbewusstseins alles. Wenn Sie oder ich also in diesem Leben etwas lernen oder Entdeckungen machen, dann holen wir uns in Wahrheit Informationen zurück, die wir besaßen, bevor wir in dieses materielle Leben eintraten.
- Manchmal kann das Lernen oder Entdecken durch veränderte Bewusstseinszustände beschleunigt werden, die uns den Zugang zu Informationen aus anderen Dimensionen und von anderen Wesenheiten ermöglichen.

Kurz gesagt, es gibt einen antiken und hoch entwickelten Rahmen, der alles bestätigt, was Taron mir beschrieben hat. Sie können mehr über diese Konzepte in Platons Werken *Phaidon*, *Timaios* und *Kritias* nachlesen.

Als Taron seinem Arzt kurz von diesem Paradigma der »zwei Ichs« erzählte, fragte der Arzt leider höflich, ob Taron ein Medikament möchte, statt ihm die Werke Platons zu verschreiben. Hätte er davon gewusst, hätte Tarons Arzt ihn auch auf die Lehren der Katharer hinweisen können, denn Tarons Beschreibung der »zwei Ichs« ist ein perfektes Anschauungsbeispiel für die Erfahrungen der Katharer vor fast tausend Jahren. Angesichts eines so reichen historischen Hintergrundes für Tarons persönliche Erfahrung sind wir als Kultur sehr beschränkt, wenn wir einem Menschen, der etwas so Tiefgreifendes erlebt hat, nichts anderes anbieten können als eine Pille, die seine »lästigen« Erfahrungen zum Verschwinden bringen soll!

Hätte Tarons Arzt mein Buch *Flucht aus Eden* gelesen, wäre ihm vielleicht auch ein faszinierendes Phänomen bekannt gewesen, das von bedeutenden Neurowissenschaftlern in der ganzen Welt untersucht wird: das erworbene Savant-Syndrom. Dabei handelt es sich um ein außergewöhnliches Phänomen, bei dem höhere kognitive Fähigkeiten zufällig durch eine Hirnverletzung oder eine Veränderung im zentralen Nervensystem aktiviert werden. Professor Darold Treffert von der Marion University untersuchte weltweit mehr als siebzig Fälle. Bei manchen der untersuchten Fälle beherrschte jemand zum Beispiel auf einmal eine Fremdsprache, in der er vorher keinerlei Kenntnisse hatte. In anderen Fällen zeigten sich neu erwachte musikalische oder künstlerische Fähigkeiten oder eine phänomenale Verbesserung des Gedächtnisses. Menschen verfügen plötzlich über zuvor nicht vorhandene Physikkenntnisse, kryptografische oder mathematische Fähigkeiten. Und wenn bei ihnen solche phänomenalen Fähigkeiten auftreten, neigen sie dazu, dies für sich zu behalten. Sie wollen nicht, dass an ihnen herumexperimentiert wird, dass man sie erforscht oder mit Medikamenten behandelt. Sie wollen im Allgemeinen in Ruhe gelassen werden.

Seit ich in *Flucht aus Eden* über das Syndrom geschrieben habe, melden sich bei mir immer wieder Menschen aus aller Welt, die mir von ihren eigenen Erfahrungen mit dem Savant-Syndrom berichten. Sie erzählen mir davon, weil sie sich, wie mein Freund Taron, durch diese Erfahrungen isoliert fühlen und verarbeiten müssen, was sie – oft über Jahrzehnte – erlebt haben.

Deshalb bin ich Neurowissenschaftlern wie Dr. Treffert, Dr. Drago, Dr. Mark Lythgoe vom University College London und Dr. Bruce Miller von der University of California dankbar, dass sie die Öffentlichkeit mutig über das Syndrom aufklären. Weniger bekannt ist der Zusammenhang zwischen erworbenen Savant-Fähigkeiten und ET-Nahbegegnungen.

Melbourne, Australien – 2022

»Ich konnte nicht glauben, was ich da sah. Ich kannte Cate seit zwanzig Jahren und hatte keine Ahnung, dass sie solche Fähigkeiten hat.«

Ich telefoniere mit Chris, einem australischen Priester, der als Seelsorger wirklich Bemerkenswertes für die Musiker und Künstler der alternativen Kunstszene von Melbourne leistet. Eine ungewöhnliche Begegnung vor fünfzehn Jahren mit Cate ließ ihn nicht mehr los und stellt ihn vor ein Rätsel. Cate war ein Gemeindemitglied und eine sehr begabte Malerin.

»Ihre Bilder waren wunderschön«, berichtet Chris. »Sie erzählte mir von ihren Gemälden, und ich war immer erstaunt, wenn sie mir die exquisiten mathematischen Strukturen und

Symbole in ihren Kompositionen zeigte, die ein Laie beim bloßen Betrachten niemals erkennen würde. Die Kompositionen waren sehr ansprechend und natürlich, aber die Struktur dahinter war absolut außergewöhnlich. Ich war immer fasziniert von der hohen Intelligenz, die in Cates Kunst zum Ausdruck kam, denn sie hatte, wie ich, nur eine ziemlich durchschnittliche Schulbildung genossen.

Eines Tages half ich Cate beim Umzug. Wir packten eine stattliche Menge von Skizzenbüchern in Kartons, um sie in einen Transporter zu laden, den ich für diesen Tag gemietet hatte. Aus Versehen ließ ich einen Stapel von Cates Skizzenbüchern fallen. Dabei wurden zufällig ein paar Seiten aufgeschlagen, und ich konnte gar nicht glauben, was ich da sah. Die Skizzenbücher waren angefüllt mit hoch anspruchsvollen mathematischen Arbeiten – Seite für Seite hatte Cate komplizierte Berechnungen und unglaublich schwierige Gleichungen notiert. Ich war so erstaunt über das, was ich sah, dass ich mich auf den Boden setzte und begann, in einigen der Bücher zu blättern. Also, ich bin ganz bestimmt kein talentierter Mathematiker, aber ich konnte das Muster erkennen. Jedes Notizbuch begann mit einer Fülle von Daten, und dann wurden die Informationen Schritt für Schritt auf einige wenige, einfache und elegante Formeln heruntergebrochen. Wann hatte Cate gelernt, wie man so etwas macht?

Als Cate den Raum betrat und mich auf dem Boden sitzen sah, umgeben von einem Meer aus hochkomplexer Mathematik, war ihre Reaktion ziemlich seltsam. Es war, als ob sie sich schämte, entdeckt worden zu sein. Ich sagte: ›Cate, ich hatte ja keine Ahnung! Du hast dein Licht wirklich unter den Scheffel gestellt! Magst du mir etwas darüber erzählen?‹«

Chris berichtet, wie sich Cates Gesichtsausdruck änderte. Sie setzte sich neben ihm auf den Boden und erzählte ihm stockend von einer vierzig Jahre zurückliegenden Erinnerung, wie jemand, der ein beschämendes Geheimnis preisgibt. Als Cate fünfzehn Jahre alt war, hatte sie eine UFO-Begegnung der fünften Art. Ihre Begegnung mit einem fremden Wesen ähnelt dem, was das Mädchen aus der Ariel-Schule in Ruwa, Simbabwe, erlebte. Obwohl sie nicht zu sehr ins Detail gehen wollte, konnte Cate mit Sicherheit sagen, dass ihr Geist seit diesem Tag erfüllt war von den Geheimnissen der theoretischen Physik und anspruchsvollster Mathematik. Noch heute entdeckt sie in der Matrix der natürlichen Welt überall elegante mathematische Beziehungen. Das ist die schöne Erkenntnis, die Cate nun schon seit Jahrzehnten in all ihren Kunstwerken zum Ausdruck bringt.

Auf der Weltreise, an der wir auf diesen Seiten teilgenommen haben, haben wir aus vielen Kulturen Versionen dieser Geschichten über Downloads, Unterricht durch höhere Wesen oder Botschaften aus anderen Dimensionen gehört. Im antiken Griechenland hörten wir es von Platon. Aus Ägypten erfuhren wir es aus dem *Corpus Hermeticum*. In Frankreich erzählten die Katharer ihre Geschichte. In Nordamerika haben die Menschen der First Nations und die Hüter der anderen indigenen amerikanischen Kulturen ihre Stimmen mit denen der Guarani-Ältesten in Paraguay, dem Buch Henoch in Äthiopien, den Aborigines in Australien, den Dogon-Ältesten in Westafrika und den Wissenshütern am Amazonas in Brasilien vereint. Alle diese alten kulturellen Quellen führen die großen Entwicklungssprünge unserer Vorfahren auf den Unterricht zurück, den sie in ferner Vergangenheit von wohlwollenden, hilfsbereiten außerirdischen Besuchern empfingen.

Im einundzwanzigsten Jahrhundert schreiben afrikanische N'angas und Sangomas ebenso wie die Hüter des Navajo-Wissens ihre Fähigkeiten in den Bereichen Heilung, Fernwahrnehmung und Hellhörigkeit dem Kontakt mit interdimensionalen

Wesenheiten der einen oder anderen Art zu. Gleiches gilt für die englischen Praktiker des sechzehnten Jahrhunderts wie John Dee und Edward Kelly. Wenn ich heute jugendlichen und erwachsenen Experiencern zuhöre, die sich an ET-Kontakte in ihrer Kindheit erinnern, folgen auch bei diesen zeitgenössischen Kontakterfahrungen Wissensvermittlung, »geheime Waldschulen« und Downloads dem gleichen kosmischen Lehrplan, der folgende Elemente aufweist:

- Die nichtlineare Natur von Zeit und Raum in unserem wie ein Leiterspiel aufgebauten Kosmos
- Methoden der Heilung und Selbstheilung
- Fernwahrnehmung, Astralreisen und außerkörperliche Phänomene
- Präkognition oder Zukunftsschau
- Fortgeschrittene Mathematik, Physik und Quantenphänomene
- Fernkommunikation und transdimensionale Kommunikation
- Erinnerungen an andere Leben
- Erfahrungen, untersucht oder beobachtet zu werden
- Berichte über Entführungen und Mensch-ET-Hybridisierung
- Erklärungen zu den menschlichen Ursprüngen und unseren ET-Wurzeln
- Warnungen und Informationen im Hinblick auf ein ökologisches Leben im Einklang mit unserem Planeten

Auch wenn dieser geheime Lehrplan von unseren Besuchern gefördert wurde und wird, spielen diese Themen in unserem Mainstream-Bildungssystem kaum eine Rolle. Unser kulturelles Vorurteil besagt, dass solche Wissens- und Erfahrungsbereiche zwar kurios oder interessant sein mögen, aber nichts damit zu tun haben, wie die reale Welt funktioniert. Uns wird stattdessen geraten, dass wir uns lieber der Realität stellen, mit der technologischen Entwicklung Schritt halten und uns *»industrietauglich« machen sollen.* Nichtsdestotrotz leben die Elemente dieses geheimen Lehrplans weltweit in den indigenen Kulturen und in alten Texten weiter. In den Schriften von Platon, Bruno und Trithemius sind diese Geheimnisse schwarz auf weiß festgehalten. Bei den indigenen Völkern werden sie durch Initiationszeremonien weitergegeben.

Und wie ich in *Flucht aus Eden* und *Die Narben von Eden* dargelegt habe, sind die gleichen Informationen auch in den Texten der Bibel verborgen. Das offenbart sich uns, wenn wir die Texte anders lesen, indem wir den Wurzelbedeutungen der Schlüsselwörter Aufmerksamkeit schenken. Wenn wir uns wieder für diese lebenspendenden Quellen des Wissens öffnen, mit Bereitschaft zur Neuausrichtung und Lust auf Transformation, dann sehe ich eine spannende Reise vor uns.

San Diego, Kalifornien – 2022

»Wenn du jetzt zurückblickst, was bedeutet diese damalige Nahbegegnung für dein heutiges Leben, Paul? Was hat sich durch deine Begegnung mit diesen Wesen verändert?«

Allmählich komme ich mit der Erinnerung an das klar, was, wie ich heute glaube, eine Nahbegegnung der vierten Art war. 1985 war für mich ein wichtiges Jahr, in dem ich vier oder fünf anomale Begegnungen hatte.

Die ersten acht Monate jenes Jahres bildeten den ruhigen Auftakt zu meinem dreiunddreißig Jahre währenden Lebensabschnitt im Kirchendienst. Ich erinnere mich noch lebhaft an die Begeisterung, die Hoffnungen und Ambitionen in den Monaten vor meinem Umzug ins aufregende Londoner Metropolenviertel Kings Cross, wo ich meine erste Stelle in einer Kirchengemeinde antrat. Während der acht Monate davor beschäftigte ich mich intensiv mit der Bibeltheologie und meinen ersten schriftstellerischen Versuchen. Es waren Tage der Muße, geprägt von langen, nächtlichen Spaziergängen in der Landschaft von Avon, entlang des Treidelpfades des Kennet-and-Avon-Kanals und über den leeren Golfplatz, der das schokoladenfarbene Dorf flankiert, wo ich vor den Toren der Stadt Bath wohnte. Hier lebte ich allein in meiner Wohnung, glücklich und zufrieden, bis zu jener Nacht, als meine anomalen Besucher auftauchten und mich schweigend beobachteten.

»Was denkst du – wie hat dich das beeinflusst?«

Beeinflusst? Als mich Barbara Lamb das fragt, bin ich verdutzt. Eine solche Wortwahl ist mir in diesem Zusammenhang noch nie in den Sinn gekommen.

Ich muss also innehalten und nachdenken.

Anfangs wusste ich wirklich nicht, was ich davon halten sollte. Ich konnte einfach nicht verstehen, was ich gesehen hatte. Ich versuchte, die Erfahrung in die Matrix meiner anglikanischen Theologie zu zwingen. Die nächtlichen Besucher in meinem Zimmer waren weder menschlich noch engelhaft, weder tierisch, pflanzlich noch mineralisch gewesen. Ich schloss also aus, dass es sich um dämonische Erscheinungen gehandelt hatte. Aber damit ließ mir meine anglikanische Weltanschauung einfach keine weiteren Möglichkeiten offen. Je länger ich mein Bibelstudium fortsetzte und je mehr ich im Rahmen meiner Tätigkeit als Geistlicher mit einer Reihe von spirituellen Phänomenen konfrontiert wurde, desto mehr wurde mir klar, dass meine anomale Erfahrung im Jahr 1985 in keine der Kategorien passte, die in theologischen Kreisen oder generell gesellschaftlich akzeptiert wurden.

»Die Erfahrung wiederholte sich nicht«, antwortete ich Barbara, »so dass ich in gewisser Weise nicht gezwungen war, zu viel darüber nachzudenken. Ich wurde nicht entführt, nicht medizinisch untersucht oder dergleichen. Die Besucher in dieser Nacht betrachteten mich einfach nur. Das ist auch der Grund, warum ich so wenigen Menschen davon erzählt habe. Mir ist nichts wirklich Dramatisches passiert. Es gibt in der Geschichte keine Pointe. Und doch blieb das intensive Gefühl haften, etwas für mich völlig Unbegreifliches erlebt zu haben.

Welche Wirkung das hatte? Ich glaube, tief in meinem Inneren war mir klar, dass diese Erfahrung sich nicht mit unserer gängigen Weltsicht in Einklang bringen ließ. Ich wusste, dass etwas – einige Wesen – mich besucht und angeschaut hatte. An das Aussehen der nächtlichen Besucher erinnere ich mich nicht genau – ich kann nicht viel mehr sagen, als dass sie etwa so groß waren wie ein Sechstklässler.

Von diesem Zeitpunkt an wusste ich, dass es Phänomene gibt, die im Rahmen unseres offiziellen Weltbildes unerklärlich sind. Aufgrund dieser Erfahrung war ich bereit, Anomalien als das anzuerkennen und zu benennen, was sie waren, wenn andere Menschen von ihnen berichteten, und nicht so zu tun, als ließen sie sich einfach wegdiskutieren.

Wenn anomale Geschichten in der Bibel nicht in das saubere und ordentliche Universum passten, das von der Mainstream-Orthodoxie verkündet wird, war ich bereit, das zur Kenntnis zu nehmen und offen zur Sprache zu bringen.

Ich glaube, von diesem Moment an wusste ich, dass um uns herum mehr, viel mehr, vor sich geht, als wir bisher anerkannt oder auch nur ansatzweise verstanden haben. Während meinen dreiunddreißig Jahren im Kirchendienst bedeutete dies, dass ich stets aufmerksam für die verborgenen Geschichten meiner Mitmenschen war. Ich habe immer die ungesehenen und unausgesprochenen Dinge wahrgenommen, das, was gerne ausgeblendet und verschwiegen wurde – die Tabus.

Das ist wahrscheinlich der Grund, warum ich so lange als »Kirchen-Doktor«, also Gemeindeberater, gearbeitet habe. Ohne diese Art von Impuls hätte ich diese Arbeit wohl nicht machen können. Was ich damals im Alter von zwanzig Jahren erlebte – alle diese fünf anomalen Begegnungen in jenem Jahr 1985 –, bewirkte bei mir, dass ich mir seither einer Sache besonders klar und deutlich bewusst bin: Es geschieht ständig viel mehr als das, worüber offiziell gesprochen wird. Auf diese Weise betrachte ich die Welt auch weiterhin.«

Im Pub *The Pig and Whistle* – Canberra 2022

»Paul, wenn das, was du sagst, richtig ist und es diese Paläokontakte wirklich gab, und wenn wir alle Teil einer größeren kosmischen Familie sind, wenn all das unterdrückt wurde und unsere wahren Kräfte als menschliche Wesen absichtlich vor uns verborgen werden ... Was für einen Unterschied macht das dann für dich und mich hier und jetzt?«

Brad und ich haben unser Gespräch bei ein paar Gläsern Hefeweizen wiederaufgenommen, und unbewusst wiederholt er die Frage, die Barbara Lamb mir auf einem anderen Kontinent, eine halbe Welt entfernt, gestellt hatte. Es ist eine gute Frage. Was macht dieses Thema des Paläokontakts so wichtig? Für mich hat die Antwort mit all den anderen Informationen zu tun, die zusammen mit diesem Thema vergraben wurden, sei es in Wüstenhöhlen, sei es in privaten, päpstlichen oder königlichen Archiven oder in der untersten Schublade eines Aktenschranks mit der Aufschrift TOP SECRET.

Diese verborgene Informationsebene hat mit unserer angeborenen Intelligenz zu tun und damit, wie wir sie am besten nutzen. Es geht um höhere Ebenen des Bewusstseins und wie man Zugang zu ihnen erlangt. Es ist jene uralte Weisheit, die unsere wahre Macht als Lichtwesen offenbart, als individuelles Bewusstsein mit direktem Zugang zur Urquelle allen Bewusstseins. Fernwahrnehmung, Selbstheilung, Telepathie, Präkognition sind in Wahrheit einfach Elemente eines höheren Bewusstseins. Ein weiterer Aspekt dieses höheren Bewusstseins ist die Ökologie, das heißt die lebenswichtige Fähigkeit, intelligent in Harmonie mit unserem schönen blaugrünen Planeten zu leben – eine Fähigkeit, die im einundzwanzigsten Jahrhundert so dringend benötigt wird.

Das heute weltweit vorherrschende Narrativ über die Natur des Menschen besagt, dass unsere Bewusstseins- und Intelligenzstufe als Spezies im Grunde feststeht. Die gängige Vorstellung von Evolution geht davon aus, dass wir uns als *Homo sapiens* zwar möglicherweise weiterentwickeln, aber nur sehr langsam. Nach dieser Auffassung könnten vielleicht einige wenige Glückliche als Vorhut einer neuen Variante unserer Spezies gelegentlich einen Blick auf in Zukunft mögliche Fähigkeiten werfen. Aber im Grunde ist diese sehr langsame Evolution unser Los – und das, was man sieht, bekommt man.

In ähnlicher Weise wird in den Narrativen des religiösen Mainstreams behauptet, dass der Grad der Bewusstheit und Intelligenz der Menschheit im Wesentlichen unabänderlich sei, da er durch die göttliche Vorsehung festgelegt wurde. Nach dieser Doktrin ist es geradezu eine Sünde, nach einer höheren Art von Intelligenz zu streben, sich auf veränderte Bewusstseinszustände einzulassen oder Zugang zu Informationsdimensionen zu suchen, die über das hinausgehen, was uns »erlaubt« wurde.

Darüber hinaus wird behauptet, wir würden isoliert und allein in einem Universum ohne kosmische Nachbarn oder eine größere ET-Familie existieren, die uns hilft – denn angeblich sind ja alle anderen Planeten im Kosmos unbewohnt.

Im Gegensatz dazu weist uns die große Geschichte der Paläokontakte auf eine höhere Intelligenz- und Bewusstseinsebene hin, die in unserer DNA verborgen ist. Wenn das wahr ist, dann sollte folgerichtig das Erschließen und Anwenden dieser höheren Fähigkeiten der aufregendste und wichtigste Aspekt unseres materiellen Lebens sein.

Das Wissen um die Paläokontakte sagt uns, dass wir nicht auf uns allein gestellt sind. Wir sind Teil eines bevölkerten Universums voller ETs und transdimensionaler Zivilisationen, manche hell und manche dunkel, manche unfreundlich und manche wohlwollend. Innerhalb dieser Großen Wolke von Zeugen hat jeder von uns auf diesem Planeten ein Team zur Verfügung, das bereit ist, uns zu unterstützen und zu helfen. Ich schließe mich dem neutestamentlichen Verfasser des 1. Johannesbriefes an, der seine Leser ermutigt, persönliche Kontakterfahrungen und kosmische Hilfe zu erwarten. Diese besondere Rundreise um den Planeten Erde hat mich mehr denn je von der Wichtigkeit dieser Vision der Liebe und Hilfe überzeugt. Das ist die uralte, ewige Weisheit.

»Brad, du kennst mich«, entgegne ich meinem alten Freund. »In meinem Leben habe ich persönlich genug Einblicke in Fernwahrnehmung, telepathische Kontakte, beschleunigtes Lernen und Hellsehen erlebt, um zu wissen, dass unsere kognitiven Fähigkeiten als menschliche Wesen enorm sind und tatsächlich sogar noch gesteigert werden können. Die meisten Menschen, die ich frage, berichten mir ganz offen über eigene, ähnliche Erfahrungen mit diesen ›anderen‹ Phänomenen. Und was das Erlernen intelligenterer Formen des Zusammenlebens auf diesem Planeten angeht – das bleibt für uns eine ständige Herausforderung, stimmt's?

Um deine Frage zu beantworten: Ich denke, im Kern geht es bei dieser Reise durch das materielle Leben darum, dass du und ich uns daran erinnern, wer und was wir in Wahrheit sind. Und dieses Leben, so wie ich es sehe, gibt uns eine wirklich unglaubliche Gelegenheit, zu erforschen und entdecken, was möglich ist. Oder wie siehst du das?«

In diesem letzten Punkt sind Brad und ich völlig einer Meinung. Als wir uns nach einem angenehmen Abend im *The Pig and Whistle* auf den Heimweg machen, bin ich in nachdenklicher Stimmung. Ich finde es zutiefst ermutigend, dass man sich von ganz unterschiedlichen Ausgangspunkten aus auf dieses faszinierende Gebiet begeben kann.

Für mich war der Ausgangspunkt die Theologie: Ich setzte mich hin und ging Anomalien in der Bibel auf den Grund. Das Eintauchen in die Wurzelbedeutungen bestimmter Bibelworte führte mich zu *Flucht aus Eden*, dann zu *Die Narben von Eden* und schließlich zu diesem Augenblick. Für Heather war die Anomalie ihre rätselhafte, ein Jahr dauernde Beziehung mit J. J. Für Steven und Evan war es, dass sie aus erster Hand erlebten, wie ein wichtiger Teil der Geschichte der australischen Ureinwohner vom Staat unterdrückt wurde, und dass sie in New South Wales einen Aborigine-Ältesten ein Portal durchschreiten sahen. Für Jason war es eine Teezeremonie und für Lionel ein Download von N'anga-Vorhersagen. Für Sean, Private First Class, war es eine Nahbegegnung und die Vision eines Babys. Für Troy war es eine Navajo-Initiation und für Taron ein Blitzeinschlag. Und was meinen guten Freund Brad betrifft … nun, wir werden einfach abwarten müssen!

Und was ist mit Ihnen, liebe Leserin, lieber Leser? Ich frage mich, ob bestimmte Anomalien in letzter Zeit Ihre Aufmerksamkeit erregt haben? Ist Ihnen ein weißes Kaninchen über den Weg gelaufen und hat Sie heute hierher gebracht? Wenn ja, dann ist die Frage, die sich Ihnen jetzt stellt, ob Sie sich bereit fühlen, das Portal in eine andere Welt zu durchschreiten? Sind

Sie bereit, eine ganz neue Dimension von Kontakt und Kommunikation zu erkunden?

Wenn Sie, wie ich, nicht zu denjenigen gehören, die das Privileg hatten, Nahbegegnungen der fünften Art oder »Unterrichtsstunden« mit »ET-Freunden« zu erleben, und dennoch neugierig sind; wenn Sie davon fasziniert sind, welche veränderten Sichtweisen sich aus einem solchen Kontakt ergeben könnten; wenn Sie die Auswirkungen des Paläokontakts auf unsere Vergangenheit, Gegenwart oder Zukunft als Spezies ergründen wollen, dann habe ich einen wirklich ermutigenden Vorschlag für Sie. Gehen Sie dorthin, wo dieser geheime Lehrplan seit Urzeiten überlebt hat. Suchen Sie den Ort auf, an dem alle tiefen Geheimnisse der Menschheit gehütet werden. Hören Sie sich die Geschichten und mündlichen Überlieferungen der indigenen Völker der Welt an und tun Sie alles, was Sie können, um von ihnen zu lernen. Nehmen Sie sich, wann immer sich die Gelegenheit bietet, die Zeit, zu Füßen der Hüter unserer indigenen Kulturen zu sitzen, lauschen Sie ihren Geschichten und lassen Sie sich mit ganzem Herzen auf ihre Zeremonien ein.

Wenn Sie zufällig die Abstammung Ihrer eigenen Familie kennen, dann suchen Sie nach Ihren eigenen Ahnengeschichten. Aber bevor Sie das tun, sollten Sie bedenken, dass diese Traditionen von unserer dominanten Kultur oft als *Volkstümelei*, *Ammenmärchen*, *Unwissenheit* und *Aberglaube* verunglimpft werden. Dagegen müssen Sie sich also im Voraus bewusst wappnen, um sich nicht abschrecken zu lassen. Dieser kostbare Wissensschatz ist nur einer von vielen Gründen, warum wir unseren Schwestern und Brüdern beistehen müssen, die das Erbe der Ureinwohner bewahren: indianischen Wächtern und Hütern wie Troy, Kulturschützern wie Steven und Evan, den N'angas und Sangomas im südlichen Afrika, den Guarani-Ältesten im ländlichen Paraguay und den Schwestern und Brüdern von den First Nations wie Ken

Thomas. Die Erinnerungen, die sie bewahren, mögen von den Mächtigen missachtet werden, ihre heiligen Stätten als wertlos abqualifiziert werden, um sie an Bergbaukonzerne oder Bauunternehmer zur Ausbeutung freizugeben. Aber für normale Menschen wie Sie und mich, für Menschen, die nach einer tieferen, bewussteren Erfahrung des Lebens auf der Erde hungern, ist die Gemeinschaft und Freundschaft mit den indigenen Völkern ein reiches Geschenk, das uns viel bedeuten sollte.

Wenn Sie also nun dieses Buch zu Ende gelesen haben, wie wäre es, sich einmal in die verbotenen Bücher der Weisen zu versenken? Tauchen Sie ein in die Welt von Giordano Bruno, Giambattista della Porta, Platon und Hermes. Und warum nicht auch häretischen Traditionen wie den Gnostikern, Marcioniten und Katharern oder den Schriften der Hesychasten Aufmerksamkeit schenken? Ich garantiere Ihnen, dass dieser widerhallende Akkord alter Weisheit Sie inspirieren und dazu anregen wird, weit über die Grenzen des Mainstreams hinaus zu gehen!

Das ist die Reise, auf der ich mich heute befinde – und ich bereue es nicht, ganz im Gegenteil. Allerdings muss ich, offen gesagt, eine Warnung aussprechen. Das Ja zur roten Pille der Initiation ist mit einem gewissen Preis verbunden.

Es wird Freunde geben, die bereit sind, die schlimmsten Vermutungen über Ihre Entdeckungen anzustellen, und die sich vielleicht wegen Ihrer Neugier über Sie lustig machen werden – jedenfalls war das meine Erfahrung. Aber lassen Sie mich Ihnen persönlich versichern, dass Sie auf Ihrem Weg auch viele neue Freunde finden werden, Menschen, die sich freuen, Sie auf Ihrer Entdeckungsreise begleiten zu können.

Für mich lässt sich dieses faszinierende Abenteuer am besten in dem bereits zitierten Jesuswort zusammenfassen, das sowohl im gnostischen Thomasevangelium wie im kanonischen Lukasevangelium enthalten ist. Mit ihm möchte ich diese Etappe unserer gemeinsamen Reise ausklingen lassen – an einem geistigen und kulturellen Wendepunkt, jenem mystischen Ort, wo Orthodoxie und Häresie einander begegnen. Jesus sagt: *Das Himmelreich ist in dir*, oder wie ich es ausdrücken würde: *Das ganze Reich des Kosmos ist in dir.* Diese Worte sind eine Einladung an uns, weiter zu reisen, über das Bekannte hinauszugehen.

Die Konsequenzen könnten tiefgründiger nicht sein:

Schaue tief in dich hinein, und du wirst das Universum finden. Schaue tief in das Universum, und du wirst dich selbst finden.

Danksagung

Ohne die unglaubliche Unterstützung und Ermutigung durch meine wunderbare Familie, Ruth, Evie, Ben, Caleb, Hugo und Skye, und durch meinen Mitstreiter bei The 5th Kind TV, Anthony Barrett, würden Sie dieses Buch nicht in Händen halten. Ich stehe auch in der Schuld meiner Forscherkollegen Erich von Däniken, Ramon Zürcher, George Noory, Mauro Biglino, Sebastian di Giovanni, Matthew LaCroix, Jason Bland, Nick Pope, Doug Hajicek, Alan Stivelman, David »Hero« Aberle von www.unearthingthesupernatural.com, Joshua Moore, Bohdan Dolban, Barbara Lamb, Mary Edwards, Steven und Evan Strong, Ben Cleaver, T. R. B. Andine, Omar Faizi, Neil Gaur, David Lovegrove, Jay Campbell, Jaimie und Aspasia Leonarder und meinem Freund und Kameraden Rob Yox, dem Moderator von *Full Spectrum Universe*. Er hat mir in seiner kostbaren Freizeit bei einigen der Hintergrundrecherchen geholfen hat, die von zentraler Bedeutung für *Die Echos von Eden* waren.

Um die Anonymität derer zu schützen, die mir ihre Geschichten anvertrauten, habe ich ihre persönlichen Berichte, wenn nötig, ein wenig bearbeitet und Orte und Namen geändert.

Ich bin den vielen sehr dankbar, die meine Bücher und digitalen Inhalte anschauen, lesen, liken und teilen und so dazu beitragen, The 5th Kind TV und den Paul Wallis Channel einem noch größeren Publikum zugänglich zu machen.

Stimmen zum Buch

»Paul ist einer meiner besten Kollegen, eine intelligente und kluge Persönlichkeit und ein wirklich brillanter Buchautor. Seine Art, die Dinge zu sehen, seine Argumente, seine Anregungen und auch seine vielen Beweise sind erhellend. Er bringt uns ein neues Verständnis der Welt und der Religion. Und Paul hat eine Art zu sprechen, die jeder verstehen kann. Ich habe den allergrößten Respekt vor ihm.« ***Erich von Däniken***

»Paul Wallis nimmt uns mit auf eine Reise, die wir nie vergessen werden. Die unglaublichen Möglichkeiten unserer Existenz … *Erinnerungen an die Zukunft* für die heutige Generation!«

George Noory

»Pauls Scharfsinn und Bescheidenheit werden nur noch von seinem tiefen Wissen über die esoterische Natur der menschlichen Geschichte und die Ursprünge der Menschheit übertroffen. Ich kann die Lektüre seiner Bücher nur dringend empfehlen, um eine ganzheitliche Perspektive zu gewinnen, die über das höhere Bewusstsein auf elegante Weise Spiritualität und Religion miteinander verbindet.« ***Jay Campbell***

»Paul erweist uns allen einen mutigen Dienst, indem er die Bibel aus dem Blickwinkel anderer Traditionen und Religionen betrachtet. So eröffnet er uns eine neue Sicht auf die Schöpfung und auf die außerirdischen Eingriffe bei der Erschaffung des Menschen.« *Sean Stein*

»Eine ausgezeichnete Lektüre. Paul gibt denjenigen Stimmen eine Stimme, die in der Vergangenheit zum Schweigen gebracht und herabgewürdigt wurden.« *Joshua Banks*

»Platon, Sokrates und andere haben die Wahrheit aufgezeichnet. Und wir kennen niemanden, der dies den Menschen so gut vermitteln und die ganze Geschichte so nachvollziehbar erklären kann wie Paul. Er bringt so viel wunderbares Wissen mit.«

Steven & Evan Strong

»Nur sehr wenige Gelehrte, die so tief in der Kirche verwurzelt sind, haben jemals den Mut aufgebracht, den einmal eingeschlagenen Weg zu hinterfragen. Wir empfehlen Pauls außergewöhnliche Forschungsarbeit allen, die einen aufgeklärteren und einsichtsvolleren Lebensweg einschlagen möchten.«

Jaimie & Aspasia Leonarder

»Paul Wallis verleiht dem Bewusstsein zahlreicher Kulturen auf äußerst sympathische Weise Ausdruck. Wirklich faszinierend. Ich habe enorm viel von ihm gelernt.« *Barbara Lamb*

»Hier finden Sie jede Menge wertvolle Erkenntnisse! Ich kann das Buch nur jedem uneingeschränkt empfehlen.«

Benjamin Grundy

Paul Anthony Wallis

ist ein internationaler Bestsellerautor, der in seinen Büchern die Weltmythologien und die Erzählungen unserer Vorfahren auf ihre Erkenntnisse über den menschlichen Ursprung, das menschliche Potenzial und unseren Platz im Kosmos hin untersucht. Er veröffentlichte auch Bücher über christliche Mystik und Spiritualität und war als Kirchenarzt und theologischer Ausbilder tätig. Als Erzdiakon in der anglikanischen Kirche bildete er Pfarrer in der hermeneutischen Auslegung von Texten für Predigten aus. Er ist ein beliebter Redner auf Gipfeltreffen und Konferenzen in aller Welt.

Paul wuchs in England auf, studierte in Großbritannien, Italien und Brasilien und lebte zehn Jahre lang in Kanada, bevor er nach Australien zog, wo er jetzt mit seiner jungen Familie wohnt. Sein 2020 erschienenes Buch *Flucht aus Eden* wurde von dem amerikanischen Radiomoderator George Noory als *Erinnerungen an die Zukunft* unserer Generation gefeiert, was Paul auf die internationale Bühne brachte und ihn zum führenden Experten auf dem Gebiet des Paläokontakts machte. Exklusiv für die deutsche Ausgabe verfasste Erich von Däniken ein Vorwort. Es folgten das ebenfalls von Däniken empfohlene Buch *Die Narben von Eden* sowie *Die Echos von Eden*. Er plant, diese Reihe fortzusetzen. Pauls Interviews und Dokumentarfilme auf dem Paul Wallis Channel und The 5th Kind TV werden von Millionen Menschen weltweit gesehen.

www.paulanthonywallis.com
www.youtube.com/c/The5thKind
www.youtube.com/paulwallis
www.5thkind.tv

Helfen Sie mit,
das Paradigma
zu ändern.

Paul Wallis
FLUCHT AUS EDEN
Lehrt die Bibel, dass die Menschen von Außerirdischen erschaffen wurden?
224 Seiten, gebunden, oranges Leseband
€ [D] 22,99 / € [D] 23,70 • ISBN 978-3-95447-587-2

Wie lautete die ursprüngliche Geschichte, auf die sich die Bibel in der Genesis bezieht? Leicht verständlich und erhellend versammelt der Autor, ehemals Erzdiakon der anglikanischen Kirche, unzählige neue Informationen und deckt verblüffende Fälschungen unserer Geschichtsschreibung auf. Wer hat uns erschaffen? Warum sind wir hier? Und was hat das alles mit Außerirdischen zu tun?

Der neue britische Däniken, eingeleitet durch ein Vorwort des Schweizer Dänikens.

Whitley Strieber
EINE NEUE WELT
Kontakt mit den Besuchern
256 Seiten, gebunden, oranges Leseband
€ [D] 22,99 / € [A] 23,70 • ISBN 978-3-95447-302-1

Können wir die Neue Welt ertragen? Erst war da *Die Besucher*, der größte Bestseller über Alien-Kontakte, der jemals erschien. Jetzt, 33 Jahre später, kehrt der Autor mit neuen Erkenntnissen zurück – und sie haben die Macht, die Welt zu verändern. Die Besucher wollen sich uns anschließen. Sie brauchen uns. Aber noch wichtiger: Wir brauchen sie – ihre Weisheit und ihr Wissen, wie wir unsere Zukunft sichern können!

Endlich haben wir die einmalige Chance, den guten Weg gemeinsam zu gehen.

Daniella Fenton
HYBRIDE MENSCHEN
Wissenschaftliche Beweise für unser 800.000 Jahre altes kosmisches Erbe
176 Seiten, gebunden, oranges Leseband
€ [D] 19,99 / € [A] 20,60 • ISBN 978-3-95447-428-8

Eine lange Liste von DNA-Anomalien beim Menschen ist nur durch die gentechnische Veränderung des *Homo sapiens* aus einer frühen menschlichen Spezies erklärbar. Nun wurde ein rätselhaftes Material entdeckt, bei dem es sich um Wrackteile eines Kolonisten-Raumschiffs handeln könnte. Die erörterten Fakten führen alle zu dem einen Schluss: Wir sind direkte Nachfahren der Plejader!

»Dieses Buch ist ein Meilenstein zum Verständnis unserer Vergangenheit. Es sollte zum Lehrbuch an allen Schulen werden.« – Aus dem Vorwort von Erich von Däniken

Alle Bücher auch als eBooks. Leseproben auf www.AmraVerlag.de